KB096421

삐뚤어진 또라이의 작가 일지

삐뚤어진
또라이의
작가 일지

내 안의 작가 본능을 깨우는
전략적 글쓰기

| 김영돈 지음 |

다연
DAYEONBOOK

Prologue

　지상에서 어리석은 시절과 단절하지 못하면 어둠의 제국에 배속됩니다. 어둠의 제국은 지상에서도 확인해볼 수 있습니다. 화려한 불빛과 육신이 감당할 수 없는 쾌락으로 눈이 멀었던 일, 도박장 앞 다리에서 새벽마다 대롱거리던 시체들, 자녀를 탐욕 수단으로 키워낸 부모, 인간 위에 군림하고자 하는 권력욕, 그리고 무엇보다도 자기를 기만하며 주어진 생명을 그대로 땅속에 묻어둔 채 일생을 보낸 인간은 어둠의 제국에서 고통받게 됩니다.

　_《어둠의 제국》

내가 쓰고 있는 그 아이 '진이' 이야기다. 삶의 관성을 벗어나고 싶을 때 나는 매일 진이를 만난다. 한순간도 예측할 수 없는 하루하루를 보내면서 나는 '쓰는 자'의 자세를 세우고 분투하며 견디는 사람들의 고뇌를 주목한다. 잠자리에 들리치면 이내 꿈속에서 바람의 광장에 올라 동네를 내려다보며 하루를 마무리한다. 나는 이곳에서 노래하며 춤추는 나비가 된다. 광장에서는 전사들의 노랫소리와 율동 그리고 유리도서관의 불빛을 본다. 저물녘이 되면 나는 음악회에 초대받은 사람들의 마음을 느낀다. 진이는 전사들과 함께 당신을 바람의 광장으로 초대할 것이다.

천상제국에도 고뇌의 온도를 간직하지 못한 자들의 처소는 준비되어 있지 않다. 애도 없이는 누구도 지상을 떠날 수 없다. 속 깊은 만남과 막힘없는 통곡 이후에 비로소 민낯을 볼 수 있다. 고뇌를 견디는 힘, 하물며 그 안의 자신을 수용하고 감당할 힘은 누구에게나 있다.

손이 곱고 피부에 온통 검버섯이 내렸어도 사랑하는 마음은 꽃이다. 세상에 할 말을 못 다한 꽃이 지천이다. 책을 써서 꽃들의 사랑을 전하는 나비가 되자. 글에는 사랑을 전하는 힘이 있다. 표현하지 않으면 사랑도 돌처럼 지푸라기처럼 무심히 구르고 흩어져버린다. 그 불씨를 가슴에 담아놓고 화톳불처럼 키우자. 전하지 않는 사랑에는 세월의 먼지만 쌓여간다. 가슴에 묻어둔 사랑이 넘쳐나 눈으로 쏟아져 나와야 탁한 눈을 씻을 수 있다. 연못은 장맛비가 차고 넘쳐야 연을 키울 수 있다. 고인 물을 퍼내고 뿌리에 생수를 공급하듯 눈물이 솟아야 눈동자가 투명해진다. 나비가 되기 위해서는 알몸으로 추운 겨울을 나야 한다. 어떤 숭고한 사랑도 작가의 섬세한 감각과 표현 없이는 세상의 빛을 보지 못한다. 그러므로 작가는 통로이며 연결자이다. 그 어느 누구도 깊은 고뇌의 눈물 없이는 도달할 수 없는 경지가 있다. 그곳이 바로 생명으로 가는 임계점이다. 아주 작은 애벌레가 나비 되는 과정에서 터득한 말들이 있다.

어떤 예술 행위도 숭고한 밥벌이를 뛰어넘는 글쓰기는 없다고 생각한다. 테니스 공 하나를 치는 데도 수많은 설이 난무한다. 끝날 것

같지 않은 하수의 길에서 선배들은 늘 말한다.

"어깨의 힘을 빼라, 공을 끝까지 봐라, 잡고 쳐라, 풀스윙을 해라!"

이는 글쓰기에도 적용된다.

"비워라, 집중하라, 타이밍을 잡아라, 거침없이 써라."

어디 글쓰기뿐인가. 인생살이에서도 마찬가지다.

"비워라, 너에게 집중하라, 지금 여기에 충실하라, 너답게 살아라."

아닌 게 아니라 실력이 한 치의 발전 기미조차 보이지 않던 어느 날, '아무려면 어떠랴' 하는 생각으로 한 점을 보고 공의 보푸라기의 떨림까지 응시하며 있는 힘껏 휘둘렀는데 위닝샷이 된 적이 있다. 그 느낌은 통쾌한 승부로 이어졌다.

나대로 마음껏 휘두르며 사는 일이 왜 그토록 어려웠을까. 무엇이 그 작은 행복을 가로막을까? 사람들은 좀처럼 변화하지 않는다. 하물며 사람이 사람을 변화시킬 수도 없다. 그러나 '공감과 이해'를 충분히 받은 사람은 귀갓길에서 이런 생각에 닿곤 한다.

'내 인생이잖아. 이건 누가 해줄 수 있는 게 아니잖아. 나 아닌 누군가가 이만큼 나를 이해하려고 노력하는데…….'

한 번의 깊은 공감과 이해에는 죽음을 이겨내는 힘이 있다는 사실을 발견한 건 '협동, 동징, 수용, 유발' 정신으로 나누어주는 동기면담 훈련가들과의 만남, 그리고 생면부지의 작가들이 책으로써 언제나 내 곁에서 속삭여준 덕분이다.

《말주변이 없어도 대화 잘하는 법》으로 많은 사람을 만났다. 쥐면

깨질 것 같은 재활 대상자·마약중독 재소자·알코올중독자, 안락이라는 이름의 늪에 빠져 정체 중인 공직자, 헌신짝 같은 대접을 받지만 이 악물고 옷매무새를 가다듬는 직장인, 어떤 말로도 어쩌지 못할 깊은 상실감에 휩싸인 취업준비생…… 저마다 곤란한 하루하루를 견뎌내며 쓴웃음을 짓는 그들을, 수많은 이웃을 만났다. 모두 나의 책 덕분에 만날 수 있었던 사람들이다.

그들을 만나고, "그까짓 스펙, 조건 없어도 당신 괜찮아요. 정말이에요!"라고 호방하게 말한 뒤 돌아오자면 왠지 늘 먹먹했다. '그까짓 스펙과 조건 앞에서 나는 얼마나 자유로운 인간인가?' 하는 생각 때문이다. 그럼에도 또 써낼 용기를 얻었다, 버텨주는 그들 덕분에. 집필하면서 '필생의 역작을 준비 중인데 나는 지금 이렇게 버텨내며 살고 있다, 그러니 괜찮다, 가보자', '기왕이면 우리 즐겁게 가자'는 말을 전하고 싶었다. 주변머리가 없어서 언제나 '말주변'을 다스리려 했지만 역부족이다. 부족한 말들은 '침묵'으로 삭여 책을 통해 말하기로 한다. 직장생활을 하며 당신이 세상과 맞바꾼 심장, 그 심장이 피로에 지쳐 쭈글쭈글해졌어도 포기하지 말길 바란다.

《삐뚤어진 또라이의 작가 일지》는 나 역시 인생을 살아내면서 이런저런 기대와 궁금증으로 썼다. 이는 아마도 내 작가 인생의 바로미터가 될 것이다. 그 연유는 다음과 같다.

첫째, 2021년 5월 4일 출간 예정인 장편의 초고 일부를 '나비 일지'로 선보였다. 둘째, 이를 통해 작품의 핵심 주제 '고뇌의 온도'를 선언했다. 셋째, 직장생활을 하는 작가의 모습을 생중계하듯 공개했다. 넷째, 프로그램을 시작하여 궁금한 독자들과의 나눔터를 마련했다. 다섯째, 이 땅에 앙금이 남아 있는 사람들에게 나만의 방식으로 애도 메시지를 건넸다. 아울러 내 안의 앙금도 털어냈다. 여섯째, 집 필하면서 '이 정도면 나도 쓸 수 있겠다'는 만만한 생각이 든 독자가 나타나주기를 기대했다. 일곱째, 첫째에서 언급한 장편의 초고, 천상 제국·바람의 광장·유리도서관·수국의 화원·세상을 구원할 전사· 붉은 깃털·통곡의 계곡·바람의 박물관·용선과 집사의 이야기를 실 었다.

지금 내 안에는 어둠의 제국과 빛의 제국이 있고, 그 사이에 깊은 강이 흐르고 있다. 가죽 장정의 책꽂이가 있는 유리도서관 바람의 광 장에서 매년 열리는 전사의 음악회를 준비하여 사랑하는 사람들에 게 초대장을 보내기로 약속했다. 황당하고, 민망하고, 슬프고, 외로운 꽃들이 보인다. 그럼에도 깃을 타고 거침없이 날아오르는 전사들이 귀환하는 이야기를 파지처럼 던져두었다. 그 속내를 책 속에 담아두 었다.

《삐뚤어진 또라이의 작가 일지》는 총 5장으로 구성했다.

1장은 책을 통해 인생을 깊이 돌아보고 정리하여 홀가분하게 떠나 는 일지다. 2장은 '진심을 다해 쓰고, 세상의 메신저가 되자'라는 화 두로, 작가로서의 기본을 다진다. 3장에서는 한 권의 책으로 인생 주 제를 찾고 직장을 평생의 업으로 바꾸어 '자기답게' 살아가는 인물 11명을 소개한다. 4장에서는 책을 내기까지의 실제적 방법을 안내한 다. 이는 기술적 영역이지만 많은 이가 간과하는 부분이다. 모든 것이 준비되었지만 담을 그릇이 없어 발을 동동 구르는 예비 작가들에게 큰 도움이 될 것이다. 5장에서는 작가로서 사는 방법, 간직한 꿈, 지금 하고 있는 것, 살아가는 힘 등 삐또의 작가 메시지를 전한다.

더 이상 잃을 게 없을 만큼 바닥을 경험한 사람들이 있다. 그럼에도 그들은 '또 다른 나'를 위로하는 데 아낌없이 헌신한다. 그들은 죽기를 각오하고 열심히 살아간다. 이를 악물고 머리를 흔들며 웃으려 노력한다. 그렇게 애쓰다가 찔끔 눈물을 흘리기도 한다. '사는 이유를 잃어 듣고 싶은 말'을 물었을 때 주먹을 부르르 떨며 눈가가 촉촉해지던 그들…….. 그럼에도 그들은 죽음과 바꿀 수 없는 자신만의 파릇파릇한 생명력을 드러낸다.

이러한 만남은 거듭 말하지만 모두 내 책 덕분이다. 겸손을 배운 것도, 염치 있게 살아가려 애쓰는 것도, 시간을 아껴 쓰려는 것도, 사람을 귀히 여기는 것도, 한계에 부딪히면 두말없이 무릎 꿇고 기도하는 것도 모두 책 쓰는 과정에서 겪은 성찰 덕분이다. 2018년 무술년 정초에 '당신의 붓이 되겠습니다. 당신의 붓으로 써주세요'라는 기도 제목을 세웠다.

감당할 수 없을 만큼 쌓아두고 그 썩은 내 나는 곳에 자신의 인생도 묻어버리는 일들이 반복되고 있다. 그럴 때마다 누구보다도 '자기를 기만한 인간'을 단죄하는 당신의 위대한 섭리를 발견하게 된다. 인간의 힘으로 결코 뛰어넘을 수 없는 힘과 질서다. 그 질서 앞에 나를 온전히 비워낼 수 있기를 순간순간 기도한다.

다시 만나게 될 분투하는 이웃들을 생각하면 또다시 고맙고 설레고 기대된다. 포기하지 않고 견뎌주는 이들에게 전한다. 괜찮다. 당신 곁에 그 누군가 있어주길 바란다면, 그 누군가는 기꺼이 '내'가 되어줄 작정을 해본다. 사람은 좀처럼 변하지 않는다. 물론 변할 생각도 없다. 하지만 당신 근처에 내가 서서 두 가지를 갖고 죽을 때까지 어슬렁거릴 작정이다.

'공감과 이해!'

작가, 세상 밖으로 행진하자. 그리고 당신의 책을 닦고 조이고 기름 쳐보자. 성공으로 자유를 찾은 사람들은 모두 책을 썼다. 눈물 나게 아픈 당신의 주제를 이런 방식으로 묶어라. 그리고 오늘 하루를 노래하고 춤춰라. 작가는 글을 써내기 전에 하루를 살아낸 사람들이다.

이제 나의 일지를 독자들에게 인계할 때가 온 것 같다. 물론 이 또한 시작에 불과하다. 모든 근무자가 떠난 외로운 숙소에서 밤새 순찰하는 마음으로 일지를 썼다. 처음이자 마지막, 끝이고 시작인 나의 속내를 드러낸다. '작가'라는 주제넘은 눈으로 세상을 순찰한 일지다. 변변치 않지만 당신이 받아주기 바란다. 이제 한번 노래하며 춤추는 나비가 되기를 바라면서 나는 일지를 마무리한다.

작가라는 불안정하기 이를 데 없는 길에 들어서길 원하는 독자라면 모두가 이 일지를 기꺼이 받아들고 당신만의 일지를 써 나아가라. 사실, 작가 되기는 꼭 갑이 되는 일도, 떼돈을 버는 일도, 인생역전을 이루어내는 일도 아니다. 하지만 가장 사람답게, 당신답게, 세상에 태어난 '염치(廉恥)'를 터득하는 데 이만한 게 없다. 내 경험이 당신의 일상에 인계되어 더 가벼워지기를, 부디 용기를 내주길, 당신이 원하는 길을 제대로 한번 선택하기를, 당신에게 생명을 건넨 세상에 답하기를 바란다.

언젠가 종착역에 도착하면 팡파르가 울리고 '일생을 꿈꾸던 것'들이 나를 기다리고 있으리라는 기대……. 과연, 글쎄……. 내가 알아낸 바로는 결단코, 단언컨대 그런 날은 없다. 그런 날을 기약하며 늘 만남을 주저하는 사람들은 자신의 인생을 남들처럼 살고자 방황하는 이들뿐이다. 《대통령의 글쓰기》를 낸 강원국 작가가 귀띔해주었다. "김대중같이, 노무현처럼, 김영돈답게"라고…….

'삐뚤어진 또라이'의 약어 '삐또'를 외쳐본다. 세상을 나답게 살고자 나 자신에게 붙여둔 주문이다. 나는 '삐또'다! 지금 이 순간 《삐뚤어진 또라이의 작가 일지》를 당신에게 배달한다. 일생에 한 권의 책을 써서 누가 뭐래도 당신답게 살아주길, 한껏 즐기며 세상을 구원하길, 꽃들의 사랑을 전해주길 바란다.

오늘도 작가 일지를 기록하며

삐또 김영돈

Chapter 4
작가로 태어나는 일곱 계단

Chapter 5
작가, 노래하며 춤추는 나비가 되라

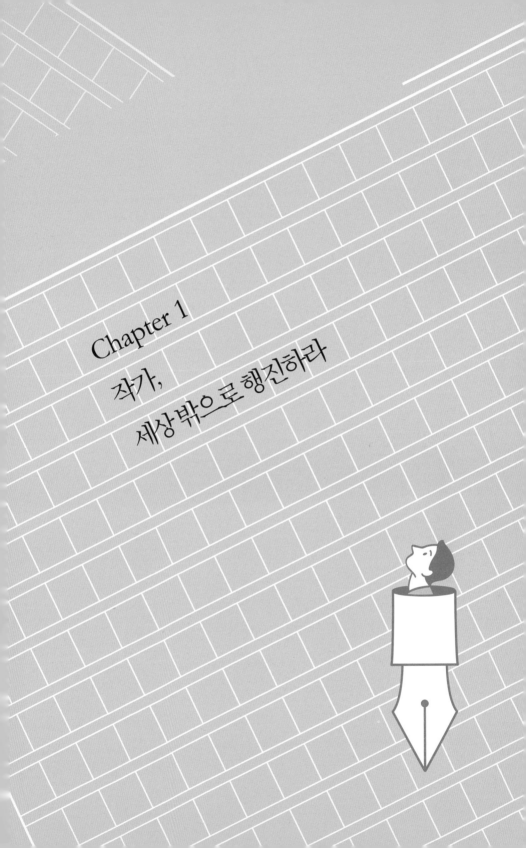

Chapter 1
작가,
세상 밖으로 행진하라

01

 행진,

 세상 밖으로

실용적인 글쓰기가 일반화된 요즈음, 그러나 '실용'만 가지고는 모든 독자의 요구를 완전히 충족할 수 없다. 실용적 글쓰기는 어떤 목표로부터 성과를 도출하는 데 유용하지만 딱 거기까지라는 제한성이 있다. 좀 더 많은 사람의 폭넓은 공감을 이끌어내기 위해서는 문학적 글쓰기가 병행되어야 한다. 오랫동안 먹고살기 위한 실용적 글쓰기를 하다 보면 문득 자문하게 된다.

'그래서 네가 원하는 게 뭐야?'

순간 가슴이 답답해진다.

나는 2016년 7월 5일 출판사와 계약 체결을 했고, 그렇게 작가로서 세상 밖으로 행진을 시작했다. 출판사와 계약하고 나면 출판사에서 최종 원고를 '입고'하라 한다. 최종 입고는 마지막 점검 절차다.

최종 원고를 앞에 놓고 가슴속에 고요한 정적이 몰려든다. '작가'를 되뇌며 알 수 없는 미소를 쓰윽 짓게 된다. 10년 묵은 체증이 내려가는 느낌이 들다 문득 두려움이 엄습한다. 촉은 더 예민해져서 삼라만상이 더 가깝게 다가온다. 먼 하늘을 바라보며 떠가는 구름에 이름을 지어보며 계절을 떠올려본다. 일상의 사소한 경험들이 책의 제목이나 목차와 연결되기도 한다.

누구나 무슨 일을 하든, 세상에 이름을 내보이는 일은 두렵고 떨리는 법이다. 남부러울 것이 없는데 기쁨이 없다면 이렇게 질문할 수 있겠다.

"나는 나대로 살고 있는지? 남들처럼 살고 있는지?"

나대로 살고 있다는 말은 할 말을 하며 내가 원하는 삶을 살아가고 있다는 것이고, 남들처럼 살고 있다는 말은 할 말이 가슴에 맺혀 선잠을 자고 있거나 어떤 말은 이미 죽은 말이 되어 구천을 떠돈다는 뜻일 터다.

출판사와 계약서를 작성하고 나면 '이제 말문이 트이겠구나' 하는 생각이 든다. '나중에 나이 들어 시간이 나면 책이나 써야겠다' 했던 막연한 공상과도 이제 이별할 수 있겠지, 하는 생각이 올라온다. 세상 누구도 관심을 갖지 않는 사소한 인생사를 사진과 함께 이것저것 짜 맞추기를 하여 지인들을 괴롭힐 흉계와도 깨끗이 이별이다. 내 이름으로 된 책을 써내는 것은 그러므로 용기가 필요한 일이다.

책 쓰는 일은 세상과 소통하는 가장 효과적인 방법이다. 30년 옹알이를 하다가 말문이 트이는 순간 무슨 말부터 할 것인가 고민하다가 가장 먼저 떠오른 것은 '내가 그동안 숨겨놓은 수많은 언어가 세상을 향해 걸어 나오겠구나' 하는 생각이었다. 길고 긴 터널을 지나오며 항상 내 곁에서 친구가 되어준 책들과 함께한 독자에서 작가로 거듭난다. 작가가 되었다는 그 기쁨은 말로 다 표현할 수 없을 정도다. 사람은 누구나 할 말이 있다. 할 말을 하며 나답게 살 수 있다면 그것이야말로 더할 나위 없는 행복이리라.

시간관계상 공간관계상 혹은 여러 이유 때문에 우리가 만날 수 있는 사람들은 한정되어 있다. 그러나 책으로써 전국 어느 서점에서나 사람들과 만날 수 있다면 문제는 달라진다. "하고 싶은 얘기는 책 속에 써두었어"라고 말할 수만 있다면 시공을 초월한 소통이 시작되는 것이다. 인생살이에서 얻은 영감, 통찰, 촌철살인(寸鐵殺人)의 메시지를 통해 그 누군가에게 위안과 기쁨과 생의 의욕을 준다면 이만한 보람이 또 어디 있겠는가?

책 쓰는 일은 인풋(Input)에서 아웃풋(Output)으로, 결핍에서 충족으로, 가난에서 풍요로, 방황에서 성장으로 가는 지름길이다. 정보와 지식을 담기만 하는 인풋의 시대는 끝이 나고 있다. 사실, 우리의 교육 현실에서 습득한 지식은 각자 스스로 깨우치지 않으면 그 끝이 얼마나 위태로운지 잘 보여준다. 정작 학문의 세계에 주력해야 할 대학문 앞에서 공부 의욕이 꺾이는 경쟁 위주의 교육 체제에서는 더욱 그렇다. 그 시스템이 바뀌기 전에 우선 준비해야 할 것은 자립하는 방법의 지혜인데, 그것이 바로 세상에 하나뿐인 '나만의 경험'을 책으로 내는 일이다. 그야말로 온전한 아웃풋의 시대인 것이다.

1만 권을 독서한 사람과 1권의 독서가 고작인 사람의 공통점은 무엇일까? 두 사람 모두 '독자'라는 사실이다. 독자는 방황하며 성공을 추구하는 사람이다. 그러나 성공은 정보와 지식을 입력하는 것만으로는 얻을 수 없다. 그것을 산더미같이 입력해놓았어도 이를 가지고 세상과 적절히 소통하지 못한다면 이는 단지 안의 재물에 불과할 뿐이다.

책 쓰는 일은 방황을 멈추고 비로소 돌아보고 가는 길 위의 길이다. 이는 대형 서점에서 한 시간만 둘러보면 금세 경험할 수 있다. 세상에 얼마나 책이 얼마나 많은 정보를 담고 있는지! 그 많은 책 속을 '나의 주제'도 없이 유영하는 일은 구천을 떠도는 아득한 발걸음과 다르지 않다. 세상에서 가장 귀한 나만의 경험 '나라는 작품'의 존귀함을 깨닫지 못한다면 독자를 벗어나는 일은 요원하다.

"나는 그냥 쉽게, 편하게 살다 갈래"라고 체념하듯 말하는 사람들이 있다. 세상을 쉽고 편하게 살아가고 싶다고? 사실 그 방법은 바로 방황을 끝내고 '나의 가치'를 세상에 알리며 가치 있는 생명으로 태어나는 기적을 실현하는 일 아닐까? '한계'를 정해두고 나는 그저 "이렇게 살다 갈래"라고 말하는 독자는 작가의 귀한 책을 읽지 않고 읽은 척하는 사람이다. 독자로서 기꺼이 작가의 책을 선택하고 감사할 줄 아는 사람이라면 그는 이미 독자의 수준을 뛰어넘는 고수임에 틀림없다.

책 쓰는 일은 자신을 세상에 자랑하는 일도, 출세하는 일도, 특정 부류의 선택된 자들만의 특권도 아니다. 적어도 쓰는 일은 남들처럼 살기 위해 몸부림치던 시절을 벗어나 비로소 '나답게' 살아가는 방법을 찾는 일이다. 단 하루도 예측할 수 없는 인생을 살아가면서 '내 것'이 없다면, '기쁨'이 없다면 혹여 나는 구천을 떠돌며 방황하는 독자 신분이 내 생의 전부는 아닌지 돌아볼 일이다. 책 쓰는 일은 특정한 자의 전유물이 아니다. 자기답게 최선을 다해 살아온 사람이 세상과 소통하는 가장 효과적인 방법이다. 또한 귀한 경험의 가치를 여러 사람에게 전파하여 선한 영향력을 행사는 일이다. 가만 둘러보면 많은 이가 꿈꾸는 미래를 이미 살아가고 있는 사람들이 있다. 그들은 바로 지금 책을 써서 평생 지속할 수 있는 직업을 가지고 강연을 한다. 작가들이 하는 일은 바로 수많은 사람이 인생 후반기로 미루어둔 꿈, 바로 그것이다.

나는 이 책에서 세상 밖으로 행진하자고 선언한다. 작가 일지를 통하여 미래에서 당신에게 전해온 편지를 전한다. 당신이 애도하지 못하고 떠나보낸 사람이 있는가? 그 사람이 문득 당신 앞에 나타나서 말한다.

"나는 비로소 인생의 중요한 작업을 시작했습니다. 당신이 걱정하는 그 이상으로 세상은 자유로웠습니다. 당신과 함께하는 동안 세상 밖으로 날아올랐어도 괜찮았다는 생각을 합니다. 무엇이 그토록 우리를 옥죄었는지 이 먼 나라에 와보니 알 것 같습니다. 당신은 짐이 너무 많군요. 생각도 많고요. 언젠가 당신이 이곳에 와보면 그제야 알게 되겠지요. 당신이 이 편지를 읽고 있는 지금이 바로 그때라는 것. 이곳은 당신이 상상한 그것을 훨씬 뛰어넘습니다. 그 상상을 믿고 실천했다면 당신의 짐이 그토록 무겁지 않을 텐데. 무거운 짐들을 내려놓고 지금 이야기를 시작하세요. 그것이 바로 현실입니다."

거듭 말한다. 작가가 되어 세상 밖으로 행진하자. 당신이 누구든, 무슨 일을 하든, 나이가 몇이든 상관없다. 세상에 하나뿐인 당신의 소중한 경험을 책으로 엮어 전국의 불특정 독자들과 만나자. 세상은 지금 당신의 이야기를 기다린다. 작가, 세상 밖으로 행진하자!

: 행진 일지 :

집필하여 세상으로 가는 징검다리 저서 10개를 세워둔다면 어떨까? 당신이 도달한 세상은 당신이 계획한 바로 그곳이 된다. 의심스러운가? 당장 행진을 시작해보라.

: 오늘의 박카스 :

작가, 세상 밖으로 행진하라!

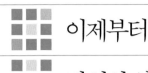

02

이제부터
당신의 인생이 정리된다

"제가 책을 출판하게 되었어요"라고 말할라치면, 대뜸 "그럼 책 좀 사인해서 나한테 보내줘야지? 친구들한테도 좀 뿌리고!"하며 채권자처럼 들이대는 사람이 있다. 이런 류의 사람이 주변에 있다면 그에게는 출판 사실을 알리지 않는 게 좋다. 첫 책을 내고 작가가 되었을 때 너무 기쁜 나머지 함부로 자랑하다가는 하이에나 같은 그들의 먹이가 될 수 있음을 명심하자. 그들은 책 쓰는 일의 수고와 가치를 알지 못할뿐더러 독자로서도 자격 미달이다.

세상에는 당신의 엄청난 성취를 달가워하지 않는 사람이 많음을 잊지 말자. 평소 가깝게 지내던 사람들 중 출판 소식에 어떤 반응을 보이는지에 따라 당신을 대하는 그의 실체를 가늠할 수 있다. 틀림없이 기뻐해줄 것이라 믿었던 친구가 한참 회신이 없다가 하루쯤 지나서 '축하하네. 대단하구만'이라는 짧은 문자를 보내왔다면 그는 당신의 출판 소식에 제법 충격을 받은 것이다. 기뻐해야 할지 슬퍼해야 할지 고민하며 자신은 도대체 무엇을 하고 살았는지 자책하다가 마지못해 답했을 가능성이 높다. 평소 친근감을 과시하며 "언제 우리 밥 한번 먹어야 하는데"를 입에 달고 다니던 이가, 당신의 출판 소식에 좀처럼 회신을 하지 않는다면 그는 당신의 '정리 대상 1호'다. 내내 연락 없다가 뜬금없이 "시나 소설로 등단한 게 아니라 그냥 책 하나 냈구먼. 난 또 뭐라고" 하며 묘하게 안도감을 표하는 인물도 주의하자. 방법은 다양하지만 이런 식의 인물들은 당신의 책을 기꺼이 사서 읽지 않을 대상이니 꼼꼼히 정리해두자. 하긴 정리할 대상으로 두지 않아도 상관없을 터다. 그들은 어느 순간, 당신 곁에서 사라질 테니까.

작가 되기란 감정을 정리하는 일이기도 하다. 어수선한 감정들에 휩싸인 사람들은 산만하고 수다스럽다. 일종의 자투리 같은 감정으로 인간관계를 하다 보니 주변인 대개가 불편해한다. 이런 점에서 자투리 감정을 깨끗하게 '한 권의 책'으로 정리한 '첫 저서'는 그동안 이루어낸 그 어떤 행위보다도 큰 가치가 있다.

'책 한 권'의 가치를 우습게 생각하는 사람은 '인생의 가치'를 우습게 여긴다. 평소 인맥과 이해관계로 다소 애매하게 얽힌 사람들한테 출간 소식을 어설프게 자랑했다가 그들로부터 쓸데없이 마음의 상처를 입을 수 있다. 그러니 출간 소식을 직접 밝히기보다는 입소문을 통해 알도록 만들자. 여러모로 그게 더 효과적이다.

물론, 평소 이해관계에 상관없이 마음을 주고받던 사람이라면 당연히 첫 책 출간의 기쁨을 나눠도 좋겠다. 당신의 역사를 이해하고,

당신의 가치관과 주제에 애정을 가지고, 당신의 마음거리 3미터 근처에서 머문 사람이라면 딱이다. 그런 이 몇에게만 출간 사실을 알리자. 그들은 격하게 반응하며 자신의 일처럼 좋아해줄 것이다. 그 행동은 인사치레가 아닌, 지속적인 관심으로 이어질 것이다. 그들은 꼼꼼히 책을 읽고 댓글을 달아주며 당신의 작품을 사랑해줄 것이다. 자기 주변에 당신의 가치를 솔직하게 전하며 음으로 양으로 알릴 것이다. 그렇게 적극적으로 홍보하며 마니아 독자층을 형성하는 데 일조할 것이다. 그러므로 그들은 가장 먼저 챙겨야 할 사람들이다. 특히 '유독 책을 좋아하는 책벌레 친구'들은 가장 귀히 여겨야 할 사람들이다. 설령 그들이 독자의 전부일지라도 당신은 그들 수만큼 움직이는 양서를 얻은 셈이니 더 바랄 게 없다.

기대와 달리 별일 아닌 듯 시큰둥하게 "어? 그랬어요?" 한마디 하고 다른 말로 넘어가는 사람은 주의하자. 그는, 당신이 작가가 되었다는 사실을 달가워하지 않을 가능성이 높다. 애써 외면하려는 상대를 붙잡고 매달리는 일은 작가로서 품격에 맞지 않는다. 요컨대 마음으로 응원해주는 사람, 시련을 함께한 사람, 긍정적이고 따뜻한 사람, 열정적인 사람, 책 한 권의 가치를 아는 사람들에게 당신의 책 출간 소식을 알리자.

이제 비로소 인간관계를 정리할 때가 되었다. 지금까지 살아오면서 종양처럼 붙어서 당신을 괴롭히던 이들, 당신의 가치를 하찮게 여겼던 이들을 과감히 정리하자. 집요하게 세상 구석으로 몰아붙이며 자유롭게 비상하려는 당신의 발목을 잡았던 '비교와 탐욕'의 관계들을 날려버리자. 그리하여 빚지는 인생을 탈출하자. 혹여 여태 청산하지 않은 감정의 빚이 있다면 마저 청산하자. 하긴 당신의 스토리에 처절히 몰입했다면, 세상 한구석에 스크래치가 날 만큼 즐겼다면, 당신 근처의 하루살이 같은 성가신 관계들 정리 여부는 염두에 두지 않아도 무관할 터다. 이참에 보고 싶지 않지만 체면치레로 내키지 않는 얼굴을 보였던 관계도 하나씩 단절해 나아가자.

'그래도 그들이 나와 소통해주고 내 책을 읽어줄 유일한 독자인데……'

이런 생각이 의지를 방해한다면, 당신이 쓴 원고를 처음부터 다시 한 번 읽어보기 바란다. 그런 책을 출간할 요량이었다면 그 시간에 캠핑을 가거나 가까운 친구와 불행한 이혼을 당한 동료의 재혼 문제를 논하며 시간을 보내는 게 훨씬 유용할 것이다. 당신은 당신의 인간관계에서 체면이나 인사치레를 빼고 당신의 고뇌와 속내를 함께 나눌 사람들과 소통하면 그만이다.

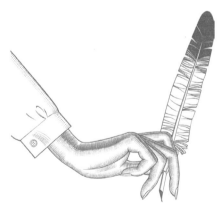

'써주셔서 고맙습니다. 덕분에 위로가 되었습니다', '멋진 풍경 하나 보고 갑니다', '공감이 가네요. 덕분에 다시 시작할 용기가 생겼어요', '이 책은 완전 소장본이다', '이 정도는 나도 쓰겠다. 돈이 아깝다, 정말' 등 책에 대한 선플이든 악플이든 일단 당신에게 소감을 표한 사람들은 이미 당신의 팬이라고 할 수 있다. 이런 존재가 생긴다면 정리된 인간관계만큼 의무감이 생긴다. 이제부터는 정말 제대로 집필할 각오를 해야 한다.

인간관계가 정리된 빈자리에 무엇이 남을까? 시간과 상상력이 남는다. 불편한 관계 속에 묶여 옴짝달싹하지 못하고 보낸 수십 년의 세월을 보상받을 차례다. 직장생활을 하듯이, 엄한 선생님이 내준 숙제를 하듯이 써야 한다.

인간관계가 정리된다는 의미는 무엇인가? 쌓여 있는 책에 라벨을 붙여 순서에 맞게 배열하는 것과는 다르다. 관계의 정리는 버리는 의미가 크다. 마흔 즈음 정리되지 않은 관계에 영혼까지 흔들리며 살아가는 이들이 있다. 인생의 우선순위가 무엇인지 내 여행의 가치는 무엇인지를 정해두지 않고 흘러가기 때문이다.

관계의 정리는 일단 버리는 것으로 시작된다. 버리는 순서는 당신에게 유익하지 않은 관계부터 시작해야 한다. 의미 없는 술자리, 가물가물한 사돈의 팔촌의 경조사, 그리고 당신의 가치를 허투루 여기는 사람들, 하물며 책의 가치를 업신여기는 사람들은 우선 정리하자. 당신에게 불편한 말을 서슴지 않고 하는 사람일지라도 만남의 자리에서 기꺼이 자신의 지갑을 먼저 여는 사람은 남겨두자. 그는 최소한 당신의 가치를 아는 사람일 테니까.

두 번째 정리 대상은 부정적인 인물들이다. 이 대상은 일가친척은 물론 직장동료 등 모두를 망라한다. 부정적인 인물들은 일단 책을 싫

어한다. 왜 가까운 인간이 책을 써서 또 귀찮게 하는지 인상부터 쓴다. 실수로 그런 인물과 엮였다면 빨리 정리해야 한다. 그는 당신의 책이 시중에 유통될 때 혹은 사람들이 칭찬의 댓글을 올릴 때 익명으로 비난의 화살을 날려 당신을 쓰러뜨릴 가능성이 농후하다.

세 번째 정리 대상은 책이 나오면 몇 권 준비해 오라는 이들이다. 그들은 책의 가치를 모른다. 밥이나 간식, 술과 책을 동일시하는, 당신의 책을 받아 자신의 가치를 올리는 수단으로 쓰려는 교묘한 사람이다. 그들은 처음에는 당신의 서명을 원하지 않는다. 일정한 간격으로 한번 만나 식사 약속을 잡으며 항상 "아참 내가 책을 깜박하고 안 가져왔는데 집에 있으면 몇 권 서명해서 가져와" 하는 식이다. 그의 '깜박' 속에 잡히지 않으려면 신속한 조치가 필요하다. 피라미드의 모집책보다 못한 멘탈을 가진 이런 인물들은 깔끔하게 정리하자.

결국 당신이 기준을 세우면 된다. 나는 내 귀한 아들과 다를 바 없는 책을 누구에게도 헐값에 넘기지 않겠다는 기준을 세우는 것이다. 몇 명이 당신의 책을 읽을 것인지보다 더 중요한 것은 책이 세상에 나와 독자를 만나면서 동시에 당신의 불필요한 인간관계가 정리된다는 사실이다.

이때 함께 염두에 둘 것들이 있다. 당신은 아끼는 사람이 책을 냈다고 연락이 오면 어떻게 하겠는가? 그가 당신의 경쟁 상대라면? 기꺼이 그의 책을 손수 구입해서 읽고 그의 집필 활동을 응원해줄 것인가? 당신은 그만큼 용기 있는 사람인가? 한 걸음 더 나가 그의 서명을 요청하며 작가와 우정을 나눌 수 있겠는가? 당신은 그런 사람인가? 주변에 그런 사람을 가졌는가?

책을 쓰면, 당신의 인생과 함께 인간관계가 정리된다.

알아채라, 세상의 모든 공짜에는 덫이 있다는 사실을! 당신의 성취로 정리되
는 관계는 당신을 평온케 한다. 늑대를 잡을 때, 에스키모들은 칼자루를 언
땅속에 박아 칼날을 세우고 그 예리한 날에 피를 흠뻑 묻혀둔다. 이윽고 피
냄새를 맡고 찾아온 늑대들은 칼날을 핥는다. 얼어서 무감각해진 늑대의 혓
바닥이 칼끝을 핥기 시작한다. 늑대는 피 냄새에 끌려 계속 칼날을 핥는다,
죽을 때까지. 세상에 쉽게 얻어지는 것은 없다. 말할 것도 없이 공짜란 존재
하지 않는다. 작가의 성취를 조용히 인정하며 박수를 치는 용기! 이것이 사람
을 얻는 지름길이다.

책 한 권의 가치를 가벼이 여기는 이는 인생의 가치
를 우습게 여기는 사람이다.

03

자립한 원고에
건투를 빌어라

 출판사와 계약을 체결하는 순간, 원고는 자립한다. 자립한 원고의 힘은 무엇일까? EBS 다큐프라임의 〈이야기의 힘〉은 매혹적인 이야기의 조건으로, 탄탄한 구조·등장인물의 명확한 설정·반전의 묘미·비극을 이용한 공감대 형성·아이러니의 활용 등 다섯 가지를 들었다. 이는 영화나 드라마의 이야기 구조를 중심으로 제시한 것인데, 재미있는 이야기의 요건인 셈이다. 원고가 당당하게 세상 밖으로 행진하기 위한 힘은 결국 재미있는 스토리이기 때문이다.
 첫 번째, 탄탄한 구조다. 재미있는 구조는 평범한 경험을 재미있게 바꾸어주는 역할을 한다. 같은 이야기지만 어떤 구조냐가 이야기의 재미를 좌우한다. '누가 무엇을 했다'는 식의 이야기는 우리가 늘 겪고 듣는 재미없는 이야기다. '박지성 선수가 골을 넣었고, 포르투갈을 이겼다'보다는 '평발에 여드름투성이인 박지성 선수가 가슴으로 공을 받아 오른발로 터치, 벼락같은 왼발 슛을 성공시켰다. 월드컵 4

강을 향한 승리의 슈팅이었다'가 눈에 더 잘 들어온다. 이처럼 재미있는 이야기는 구조부터 다르다.

두 번째, 등장인물의 명확한 설정이다. 해리포터 시리즈의 고아 소년 해리와 볼드모트, 〈스타워즈〉의 고아 소년 루크와 다스베이더처럼 재미있는 이야기에는 주인공의 도덕성과 그에 맞서는 적대자의 힘이 팽팽하게 맞선다. 역동적인 갈등 구조는 이야기의 재미를 이어가는 힘이다.

세 번째, 반전의 묘미다. 같은 경험이라도 사람마다 독특한 결말의 의외성, 이것이 이야기의 흥미를 유발한다. 특히 드라마의 경우 결말을 예상하고 있는 시청자조차 짐작과 다른 의외성 때문에 끝까지 보게 된다. 출판사와 독자들의 주목을 받는 이유도 각자의 독특한 경험 때문 아닐까.

네 번째, 비극을 이용한 공감대 형성이다. 독자들은 평범한 이야기보다 비극적인 이야기, 실패담 등에 더 공감한다. 별 탈 없는 평온한 삶이 세상에서 가장 어려운 법이다. 왜냐하면 우리 앞에는 항상 예측 불허의 비극, 상실, 결핍이 도사리고 있기 때문이다. 그럼에도 이 비극적 결핍을 견디며 살아가는 이야기는 독자의 공감을 불러일으킨다.

다섯째, 아이러니의 활용이다. 아이러니는, 나는 알고 주인공은 모르고 있는 어긋난 상황을 말한다. 시청자는 알고 주인공은 모르는 효과는 어떻게든 문제를 해결해보려는 주인공의 노력이 안타까움 혹은 공감을 불러일으키고 시청자의 상상력을 자극해 재미를 더한다. 아이러니를 활용한 글쓰기는 매혹적으로 독자를 사로잡는다. 이렇게 힘 있는 글은 출판사의 러브콜을 받을 수 있다.

마침내 드디어 자립의 시간, 당신의 원고가 독자를 만나러 가는 증표가 출판계약서이다. 계약서에는 통상 이런 조항이 명시되어 있다.

· 이 계약에 의한 설정 출판권은 계약일로부터 본 저작물의 초판 발행일까지, 그리고 초판 발행일로부터 5년간 그 효력이 존속한다.
· 갑(저자)은 을(출판사)에게 20○○년 ○○월 ○○일까지 본 저작물의 완전한 원고를 인도하여야 한다.
· 을은 미비사항이 없는 한 본 저작물을 12개월 내에 출간한다.

세 번째 조항에서 보듯, 계약을 하면 그로부터 1년 내에 출간하게끔 되어 있다. 출판사마다 그해 12월까지 출간 계획이 잡혀 있을 것이다. 그럼에도 출간 스케줄 사이를 비집고 들어가 선순위를 차지할 수 있을까? 출판사가 기꺼이 투자를 결심할 만큼 매혹적인 원고와 출간제안서를 써내야 한다는 결론이 나온다. 나는 출간제안서와 함께 투고한 직후 출판 담당자와 이런 메시지를 주고받았다.

'만남은 늘 사소하고 뜬금없이 시작되지만 그 우연한 시작은 사건이 됩니다. 귀사와의 이 시작이 저의 사건이 되리라 기대합니다.'

'작가님, 궁합이 아주 잘 맞는 인연이길, 그래서 저희에게도 소중한 사건이 되길 저 또한 기대합니다. 이 문자가 명확한 복선이 되어 제 인생에서도 걸작 한 분과 같이하게 된 중요한 날이 되길 바랍니다. 감사합니다.'

'귀사께서 원고를 보시고 말씀하신 믿음, 믿음은 보이지 않는 것들의 실상이라는 저의 신념을 흔들어주셨습니다.'

이렇게 마음 졸임과 기대가 교차한 가운데 계약이 이루어졌다. 출판사에서 원고에 호감을 보이면 천신만고 끝에 자립한 자식을 보는 대견함과 보람이 한꺼번에 몰려온다. 이렇게 느껴지는 믿음직한 마음을 뒷받침하는 것이 '매혹적인 원고'다.

책을 계약할 때는 이미 출판 경험이 있는 선배 작가들의 조언을 받는 것이 좋다. 그리고 계약 후 3개월, 이때 자립한 원고를 위해 조용히 건투를 빌어주자. 책의 포지셔닝, 강연 준비 등을 통해 자립한 책을 독자들에게 알리는 데 시간을 할애하자. 포지셔닝은 책 이미지와 느낌 등을 독자의 마음속에 심어주는 일이다. 한 걸음 더 나아가 '1인 창업특강' 같은 강좌를 통하여 직장생활을 평생 직업으로 전환하는 방법도 연습해두자. 이때 염두에 둬야 할 사항이 있다.

첫째, 인사치레의 무의미한 만남은 자제한다.

둘째, 주로 책을 좋아하는 사람들에게 출판 사실을 알려 책의 존재를 친밀히 각인시키고 대량 구매로 이어지도록 유도한다.

셋째, 책과 거리가 있는 인간관계는 가급적 멀리한다. 그들은 책을 읽지 않을뿐더러 홍보를 입으로만 떠벌리며 당신의 술을 동냥할 가능성이 농후하다. 특히 직장 동료, 가까운 일가친척들에게는 성급하게 출간 소식을 알리지 말아야 한다. 출간을 가족의 흔한 경조사 정도로 생각하여 책과 무관한 행사에 시달릴 우려가 있기 때문이다. 굳이 알려야 한다면 출간 1주일 전쯤 슬쩍 알리자. 할 수만 있다면 동료들은 출간 소식을 서점이나 제3의 독자들을 통해 우연히 알 수 있도록 조신하게 행동하자. 그렇지 않으면 당신은 동료들에게 불필요한 표적이 될 뿐만 아니라 추후 당신의 직장에서 평생의 직업역량을 발휘하는 데 방해가 될 수 있다.

출판 계약을 하고 나서 그동안 수고에 대한 향수에 젖어 책이 나올 날만 안이하게 기다리는 일은 '공모에 당선되어 상금으로 술을 마시고 작가의 추억만으로 10년을 보낸 게 전부'인 작가가 되기 십상이다. 작가의 품격이 가장 고조되는 계약 후 3개월 동안 당신이 꼭 실천해야 할 게 있다. 그동안 수고한 자신을 격려하며 배려하는 시간을 갖는 것이다. 책 속에 빠져 있던 당신을 대견한 저서를 낸 작가로 대접하라. '또 하나의 당신'을 데리고 다니며 작가임을 소개하고, '그'가 겸손과 자신감을 가진 작가라는 사실을 칭찬해주자. 첫 책을 쓸 때처럼 눈곱이 끼도록 초조하게 몰아붙이지 말고 책의 가치를 나누고, 좋은 사람을 만나며, 이제 겨우 살아갈 방도를 눈치챈 생명체가 되었음을 마음껏 즐기자.

"당신은 지적으로 겸손한가? 적절한 시점에 당신을 내려놓을 수 있는가?"

출판사와 계약하고 나서 꼭 염두에 두어야 할 미덕이 있다. 집 떠난 자식이 상사에게 얻어터지지는 않는지, 고문관으로 찍혀 헤매고 있지는 않는지, 분노에 못 이겨 폭행 사고를 치지는 않는지 불안한 부모는 자식의 자립을 위해 어떤 노력을 했는지 곰곰이 생각한다. 떠나보낸 자식이 못미더워 마음 졸이는 부모는 또한 '부모로서 스스로 자립한 인간인지'를 깊이 생각해본다. 이것이 손을 떠난 원고를 대하는 작가의 태도다.

강연 연습을 하고 프로그램을 만들고 블로그를 정비하는 일은 책 출간 전 3개월 동안 작가가 철저히 준비해야 할 부분이다. 나는 출간 후 하루에 세 명 이상 반드시 낯선 사람에게 책을 알리려 노력했다. 이때 절대 잊어서는 안 될 덕목이 바로 겸손과 자신감이다.

백화점에서 벨트를 살 때의 일이다.

"여기서 구입한 벨트를 차고 강연을 할 것입니다. 제게 어울리는 제품 소개해주시면 그 대가로 서명을 해드리고 작가 강연회에 초대하겠습니다."

매장 직원은 깜짝 놀라며 빈 노트 하나를 가져와 서명을 부탁하고 멋진 벨트를 꺼내 보여주었다.

오연○, 임숙○, 김해○……. 내 휴대전화에 '독자'라고 저장되어 있는 사람들이다. 이런 노력을 통하여 나는 꾸준히 독자를 확보했다. 어떻게 이런 용기가 생겼을까? 당신이 똥 기저귀 갈아내며 키워낸 자식이 당당하게 세상 밖으로 행진했다. "이만하면 됐으니 나 스스로 헤쳐가보겠습니다. 존경합니다" 하며 집을 떠난다면 당신은 어떤 기분이겠는가. 매혹적인 원고를 출판사와 계약하는 기분이 꼭 이런 느낌이다. 아비의 자격은 자식에게 많은 돈을 물려주거나 좋은 머리, 훤칠한 키, 잘생긴 외모를 물려주는 것보다 '자립한 인격체'로 당당하게 살아가는 자로 키워내는 일임을 기억하자.

작가, 떠난 원고에 건투를 빌어라.

아일랜드의 시인이자 소설가인 오스카 와일드는 말했다.
"인생에서 두려워할 건 아무것도 없다. 인생에 필요한 것은 이해뿐이다."
당신이 계획하지 않은, 기대하지도 않은 화살은 늘 빗발친다. 그러나 그 화살은 당신이 이해하고 당신의 것으로 받아들이는 한 결코 당신을 죽이지 못한다. 당신을 죽이는 것은 언제나 당신이 이해하지 않고 쏜 화살이다. 누구에게 묻기 전에 자문하라, 허락 없이 당신을 괴롭히는 자가 당신 외에 누가 있는지. 그리고 떠나는 또 하나의 당신에게 건투를 빌어줘라.

:오늘의 박카스:

당신의 아들이 세상에서 온전히 자립하기를 원하는가? 그렇다면 스스로 책임지게 하라!

04

 매일

 신기록을 갱신하라

"형님, 내가 천국을 보았어요. 형님도 이렇게 살지 말고 내 말 좀 들어봐요."

"야, 제발 좀 그만해라. 피곤하다, 피곤해."

"김 주무! 내가 말이야, 천국을 보았어. 자네 더 이상 직장일 때문에 줄담배 피우며 스트레스 받지 말고 자네가 자유라는 사실을 느껴봐."

"팀장님, 저 일이 바빠서 이만."

"조카, 시험이 다가 아니야. 내가 천국을 보고 왔거든. 그런데 네가 하고 싶은 걸 하는 게 맞는 것 같아. 그러니 성적이 안 나온다고 실망하지 말고 최선을 다해 할 수 있는 만큼만 해. 죽고 싶다는 생각은 하지 마. 그건 말이야, 내가 본 천국에서는……."

"저어…… 엄마가 삼촌 말은 오래 듣지 말라고 해서요. 죄송해요."

작가의 옷을 입으면 한계를 뛰어넘어 천국을 보고 돌아온 조나단이 된다. 지인들한테 들려주고 싶은 일이 너무 많다 보니 앞서간다. 하지만 그러다가 그들에게 역공을 당하기 일쑤다.

작가가 되어 할 말이 많아지고 영향력 또한 생길지라도 사람들의 닫힌 의식의 문을 억지로 두드리며 돌아다니는 일을 삼가자. 귀한 시간을 허비할 뿐만 아니라 어차피 의식의 변화는 외부에서 오는 것이 아니라 내면에서 서서히 시작되기 때문이다. 의식의 문이 닫힌 사람들 중에서 가장 주의해야 할 인물은 "이야, 축하해! 계약금 언제 나오지? 거나하게 한턱 쏴봐!"라고 말하는 인물이다. 혹여 그가 직장 상사일지라도 그의 말에 휘둘려서는 안 된다. 이런 사람들은 당신의 유명세를 이용하여 자기 인지도를 높일 목적을 가지고 있을 뿐만 아니라 끝내 당신의 출판을 일회성 이벤트로 전락시킬 인물이다. 책이 출간되면 "여어, 작가님 사인해서 한 부 갖고와봐" 하며 결국 끝내 책을 읽지 않을 하이에나일 뿐이다. 결국 그들에게 작가로서 할 수 있는 가장 큰 복수는 '매일 신기록을 갱신하는 일'이다. 깨달음을 주고 재미와 감동을 전해주는 책을 쓰는 과정은 신기록을 갱신하기 위해 분투하는 과정이다.

계약 이후에 몇 가지 지켜야 할 홍보전략이 있다. 우선 출간을 당신 못지않게 기뻐해줄 사람들의 명단을 작성하자. 나의 경우 딱 50명에게만 알렸다. 내가 책을 쓰는 과정에서 "지금 말하기 화두로 책을 쓰고 있는데 어떻게 생각하세요?" 하며 교감했던 이들이다. 그들은 하나같이 나한테 이렇게 말했다.

"축하하는 의미에서 제가 한번 대접하겠습니다. 시간 내주세요."

사회적 지위 고하, 나이의 많고 적음, 경제적 능력과 상관없이 그들은 심지가 깊고 높은 자존감과 겸손을 지닌 성자들이다. 언뜻 보기에 약자처럼 보이기도 하지만 언제나 승리하는 강자다. 이들은 시련을 감사로 받아낼 줄 아는 여유를 가졌다. 그들은 책이 출간되면 온라인상에서, 오프라인상에서 친구를 몰고 다니며 "내가 사랑하는 작가"라고 당당하게 말해줄 이들이다. 물론 독자들에게 홍보나 댓글을 달아주는 부지런함까지 기대하는 것은 욕심이다. 그 욕심은 진심으로 원고를 쓰는 것으로 대신해야 한다. 홍보를 자처하는 부지런한 독자를 주목하고 그들을 귀히 여기자. 그들이 받은 느낌을 또 다른 독자에게 기꺼이 전해줄 귀인들을 잘 대접해야 한다.

이쯤 되면 눈치 빠른 이들은 알아챘을 것이다. 함께 꿈꾸고 시련을 같이한 친구들이 얼마나 소중한지를 말이다. 높게 잡아도 작가가 평소 가장 믿을 만한 사람들의 10퍼센트 정도만이 작가의 책에 대한 홍보대사를 자청하여 움직일 사람이라면 꿈 친구들과 교류하면서 선한 영향력을 주고받는 일이 작가에게 얼마나 중요한 일인지 알게 된다. 특히 SNS에서 당신의 근황을 전할 때마다 하트를 날리거나 한마디 응원 메시지를 던지는 사람들을 귀히 여기자. 블로그, 트위터 등의 친구들이 얼마나 위대한 존재인지 알아차려야 한다. 그들의 폭발적인 영향력을 알아채지 못하면 책은 서점 진열대에서 어느 순간 자취를 감출 것이다.

출판사와 계약이 이루어져 최종 원고를 보냈다면, 매일 신기록을 갱신하는 행보를 하자. 책을 별로 즐겨 읽지는 않지만 활동적인 각종 모임의 총무를 주목하자. 테니스 동호회, 축구 동호회, 초등학교 동창회 등 각종 모임의 총무들은 전에 말했던 최악의 하이에나들을 민망하게 만드는 힘이 있다.

"알려드립니다. 우리 테니스 동호회의 회원님이 출판 계약을 했다고 합니다."

이렇게 말하면서 총무 특유의 영혼 없는 말투로 떠벌릴지라도 그 파급 효과는 부정적인 사람들을 제압하기에 충분하다. 질투가 지네처럼 기어 올라와 얘기를 다른 곳으로 돌리거나 "잘됐네. 한턱 쏴" 하며 얼렁뚱땅 부러움을 넘겨버리려는 사람들에 대고 총무는 통쾌한 한 방을 날린다.

"오늘은 출판 기념으로 게임 끝나고 전체 축하 모임 한번 하겠습니다."

여기서 주의할 것은 한껏 고무된 나머지 "그럼 오늘은 제가 쏘겠습니다" 하고 방정맞게 말해버리면 책의 가치를 떨어뜨릴 수 있다. 그뿐만 아니라 독서 의지도 떨어뜨린 채 곧바로 일회성 행사나 술자리만을 좋아하는 사람들의 먹이가 될 수 있으니 주의하자. 혹여 분위기상 작가가 부담해야 할 상황이면 "그럼 다음에 책이 나오면" 하고 넘겨야 한다. 그러고는 책이 나왔을 때 과연 누가 책을 읽었는지 동태를 잘 살핀 후 융통성 있게 대처하면 된다. 이는 책의 가치를 적절히 지키는 비결이다.

감동은 자신의 가능성과 만나는 것이지, 자신의 지갑을 여는 일이 아니다. 작가는 계약 체결 이후부터 매 순간 신기록을 갱신해야 한다. 콘텐츠의 안테나를 세우고 매 순간 지속적으로 자신의 모습을 각성하는 습관을 들여야 한다. 행복 전도사 히라노 히데노리는 《감동예찬》에서 이렇게 말했다.

'소명은 눈앞의 일을 누군가를 행복하게 하기 위해 개선하고, 창조하고, 실천한 결과 하늘이 준 선물처럼 갑자기 나타나게 된다. 그것을 찾는 계기는 작가처럼 책이 될 수도, 세미나나 영화가 될 수도, 혹은 누군가의 훌륭한 소명이 힌트가 될 수도 있다.'

작가로서 나의 소명은 한껏 즐기면서 세상을 구원하는 것이다. 나는 죄책감과 자기 연민으로 자신을 허투루 생각하는 사람을 보면 이렇게 말한다.

"너는 파괴하는가? 나는 창조한다."

누군가가 나의 소명으로 자신의 목표를 세우는 계기를 찾는다면, 변화의 힌트를 얻는다면 그 감동은 나의 것이고 또한 독자의 것이 될 터이다. '작가 일지'라는 거창한 키워드로 글을 쓰다 보니, 문득 위대한 작가들 앞에서 오만방자한 것은 아닌가 하는 느낌이 들었다. 작가일기가 아닌, 작가 일지 형식을 빌린 이유는 다큐멘터리 못지않게 생생히 심정을 전하고 싶었기 때문이다.

책 한 권 출판하고 나면 촉이 길게 자란다. 긴 촉에는 이제까지 방치하고 살았던 관계와 태도 그리고 의식, 무엇보다도 여태 버티고 살아 숨 쉬고 있는 나를 뚫어지게 바라보는 눈이 생긴다. 방향을 설정하지 못하고 느슨하게 휘둘리던 눈동자도 세우고, 뱁새눈처럼 기웃거리던 고개와 어처구니없는 공격을 받고도 공손한 척 태연했던 패배주의도 배수진을 칠 수 있게 된다. 주변의 판단에 신경을 곤두세우며 흔들리던 영혼도 바라본다. 한때, 친구가 와서 묻기를 "너는 책을 썼으니 이렇게 살아가는 게 어떠냐? 그런 시절을 보냈으면 최소한 이런 정도는 해내야 한다"는 말을 건네는 바람에 그 자리를 조용히 박차고 나간 적이 있다. 그의 근거 없는 말을 듣고 있는 것 자체가

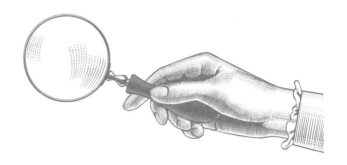

불편할 뿐만 아니라 남의 인생을 간섭하는 그 태도가 불손하게 느껴졌기 때문이다. 물론 이 발끈함은 책을 쓰는 과정에서 간파한 자립과 주도성에 의한 것이었다.

그 일 이후 내 인생을 내가 주도하며 나대로 내 멋대로 창조하며 살아가겠다는 뜻을 더 확고히 세웠다. 책을 쓰며 나를 반추하고 주제와 관련된 300여 권의 책으로부터 배운 통찰이다. 또 다른 친구 하나가 이렇게 물었다.

"너는 어떤 작가가 될 거냐?"

그러나 나는 어떤 작가가 될 생각은 없다. 그저 멈추지 않고 나라는 인간이 살아가는 모습을 매 순간 지켜보며 그가 어떤 글을 쓰는지 쉬지 않고 따라가 볼 작정이다. 나대로의 여행을 떠나고 고뇌가 쌓이면 그걸 책으로 써내며 인생 기록을 갱신하자. 살아갈수록 불필요한 짐들을 정리하는 방법을 배우며 전력으로 써보자. 나는 멈추지 않고 쓰고 남는 시간에 읽고 그러고도 남으면 틈틈이 삶의 현장에서 마음을 나누는 사람들과 밥을 먹는다. "왜 누리지 못하고 이리저리 퍼주고 다니느냐"라고 누군가 묻는다면 이렇게 말하겠다.

"나한테 집중하지 말고 스스로에게 집중해주세요. 내 인생은 내가 알아서 할 테니까요."

당신은 스스로의 기록 보유자다. 당신이 기록을 갱신하는 순간 당신 인생의 기록도 갱신된다. 그 방법도 시기도 목표도 모두 당신의 손에 달려 있다. 살아 있다면 이 말을 기억하자.

"레디, 액션!"

매일 매 순간을 생방송으로 사는 일, 작가는 매일 신기록을 갱신하는 자다. 작가, 매일 기록을 갱신하자.

: 행진 일지 :

미국의 작가 케이 라이온스는 말했다.
"과거는 부도난 수표이며 미래는 약속어음에 불과하다. 당신이 가진 현금은 현재뿐이니 현명하게 사용하라."
하루가 인생이다. 강에 발을 담가보면 알 수 있다. 발을 스치고 지나가는 물, 그 흐름은 시간을 닮았다. 한 걸음 한 걸음 발을 디딜 때마다 다른 물살이다. 발이 시려오더라도 피할 수 없는 것이 강물이듯, 시간도 피해 갈 수 없다. 발을 스치는 강물을 바라보듯 시간을 바라보자. 지금 어떤 강을 선택하여 건너고 있는가?

: 오늘의 박카스 :

행복은 지금 당신이 선택한 것이다.

05

곧바로
후속타를 준비하라

작가는 한 권의 책을 써내고 나서 삶의 목표를 달성했다고 말할 수 있는 단순한 직업이 아니다. 책의 주제는 작가가 세상에 살아 있는 한 끊임없이 작가와 함께 움직인다. 글쓰기는 '목표'가 아닌 '주제'다. 목표와 주제의 다른 점은, 목표점은 한계가 있지만 주제는 결말이 없다는 것이다. 주제로 산다는 것은 자기의 스타일로 살아가는 모습이다. 벌판을 떠돌다가 마침내 길 위로 들어섰다면 이제 멈출 수 없는 여정이 시작된 것이다.

작가라는 직업은 세상의 어떤 직업보다도 독립적이다. 세상에는 본인이 원치 않아도 해야만 하는 일이 부지기수이지만, 작가의 업은 본인이 원치 않으면 결코 할 수 없는 일이다. 책을 써서 세상에 태어난 이유를 선언했다면 곧바로 후속타를 준비하자. 그 이유는 책을 쓰는 동안 경험한 집중력과 감각을 그대로 살려나가기 위해서다. 사람들은 책을 쓰느라 진을 다 뺐기 때문에 더 이상 써낼 체력도 주제도 고갈했을 것이라고 생각한다. 그건 잘못된 생각이다.

월드컵 4강 신화의 주인공, 특히 박지성 선수를 떠올려보면 금방 알 수 있다. '4강까지 들었고 골맛도 볼 만큼 봤으니 이제 됐다' 하며 몇 날 며칠을 마냥 쉬었던가? 그는 각종 언론 방송과 팬들의 열화와 같은 관심에도 아랑곳하지 않고 자신의 매일 운동량을 일정하게 유지하였으며, 곧바로 유럽 진출을 위한 체력과 일정을 준비했다. 성공 경험을 잊지 않고 미래의 비전으로 연결할 수 있는 순발력이 한국 축구의 레전드 박지성을 만들어낸 것이다.

작가도 마찬가지다. 작가가 되었을 시점이 바야흐로 자신의 역량과 필력을 최고로 발휘할 수 있는 때다. 혹여 책 한 권을 써내고 으스댈 목적이라면 후속타를 고민할 필요 없이 삶의 현장에 뛰어드는 게 더 실속 있을 것이다. 자비를 들여 몇백 권씩 찍어내 '회갑 겸 출간기념회'를 여는 것이 꿈이라면 후기작에 대한 고민 자체가 시간 낭비일 것이다.

여기서 잠깐! 자비 출판은 절대 하지 말자. 이는 작가로서의 꿈을 시작 단계부터 회색으로 물들여버리는 행위다. 자비 출판은 사랑하는 자식을 지옥 훈련을 통해 사람을 만들려다가 정말 지옥으로 보내버리는 꼴이다.

다시 돌아와서, 그렇다면 과연 후속타를 어떻게 준비할 것인가? 일단, 첫 책의 경험을 살리는 것이 바람직하다. 예컨대 대화법을 첫 책으로 쓰고 뜬금없이 《거꾸로 보는 세계사》같은 콘셉트의 두 번째 책을 구상했다면 무리가 따를 것이다. 첫 책의 주제를 중심으로 한 걸음씩 자신의 변화 과정을 구성해 나아가는 것은 어떨까? 이 방법의 일환으로, 나는 작가 일지를 쓰고 있다. 첫 책《말주변이 없어도 대화 잘하는 법》을 낸 뒤 나는 공무원, 일반인, 기업체 소속의 직장인이나 취업준비생 등 수많은 사람을 대상으로 강연하였다. 강연의 주제는 개략적으로 이런 것이었다.

"남부러울 것이 없는데 기쁨이 없다면 이렇게 물어보자. 나답게 살고 있는지, 남들처럼 살고 있는지! 나답게 살아간다는 말은 '할 말'을 하며 살아간다는 것이다. 남들처럼 살아간다는 것은 '할 말'을 하지 못하고 '언젠가 여건이 되면' 할 말을 할 날이 오겠지 생각하며 가슴에 한없이 묻어두며 살아가는 모습이다. 그러므로 나답게 할 말을 하며 살아가자!"

강연을 하면서 나는 걸작 같은 사람이 되는 열 개의 계명을 선언했다. 30년 옹알이로 살아오면서 믿었던 사람에게 뒤통수 맞고, 사랑하는 사람을 잃고, 못 볼 것을 보고도 가슴에 담아두고, 죽음의 악령으로부터 도망치려 자살을 탐닉하고, 영혼의 무게를 달아보고, 할 말을 못 하고 죽어간 시퍼런 입술 앞에서 울부짖고, 가능성 없는 꿈을 꾸었다. 그렇게 최종적으로 도달한 지점은 '창조하는 사람'이다.

나는 첫 책을 쓰고 나서 관심 분야가 더 선명해졌다. 변화! 이것이 선명해진 화두다. 내게 변화는 기회다. 은밀하게 시나브로 우리는 모두 죽어가고 있다. 아무 일 없이 조용히 있으면 정말 아무 일도 일어나지 않을까? 사람의 손길이 멈춘 시골집은 금세 거미줄이 난무하고, 쇠붙이에 녹이 슬고, 잡초가 무성해지며 흉가의 기운을 발한다. 그렇게 쇠락한다. 같은 맥락이다. 역설적이게도 변화하지 않고 안정에 머무는 자체가 쇠락이다. 이런 점에서 변화하려는 몸부림은 쇠락을 막아내려는 처절한 몸부림이다.

생물학적으로 인간의 수명은 125세라 한다. 생로병사의 사계절을 보내는데 기본 나이 25세의 5배에 해당하는 125세. 이런 계산으로 본다면 125세는 자연스럽게 인생의 봄, 여름, 가을, 겨울을 보내며 살아갈 수 있는 세월이다. 그러나 우리는 50 정도가 되면 흔들리기 시작한다. 정상에서 굴러떨어진 돌을 죽을 때까지 굴리며 살아가는 시시포스처럼 혹사한 결과다. 우리는 무엇을 먹고 무엇이 되고 무엇을 얻으려 죽을 때까지 시간의 돌을 굴리며 살아가는가? 당신이 인생의 사명을 세웠다면 책을 계속 써냄으로써 인생을 생기 있게 바꾸어야 한다. 작가는 하늘을 두루마리 삼아, 바다를 먹물 삼아 주어진 생명의 역동을 써 내려가는 사람이니까.

"어제는 이미 지나간 역사(Yesterday is History), 내일은 아직 모르는 신비(Tomorrow is Mistery), 바로 오늘이 선물(Today is a Gift)이다!"

이는 미국의 사회운동가이며 제32대 대통령 프랭클린 루스벨트의 아내인 안나 엘리노어 루스벨트가 한 말이다. 또한 애니메이션 〈쿵푸팬더〉의 흥행 열풍을 촉발한 말이다. 복사꽃이 흩날리는 곳에서 거북 스승이 지긋한 눈으로 전해주던 말!

"오늘은 선물이라네(Present is Present)."

이 말이 신체 조건상 쿵푸와 거리가 있어 보이는 포를 용의 전사로 거듭나게 했다.

그렇다, 오늘은 선물이다! 두 번째, 세 번째 저서는 다음 어딘가에 막연히 기다리고 있는 것이 아니다. 오늘, 작가가 된 당신의 눈앞에 생생하게 펼쳐져 있다. 높이 10미터였던 촉이 100미터 이상 높아지고, 반경 1킬로미터였던 파급력이 100킬로미터까지 늘어났다. 전에는 눈을 씻고 보아도 보이지 않던 것들이 보이기 시작하는 것, 그것은 작가가 된 자에게 주는 '하나님의 선물'이다.

대안학교에 다니던 열다섯 살짜리 아들이 "이런 학교 다니려면 아예 학교를 안 다니든가, 차라리 본토에 가는 게 낫겠다"라고 투덜거렸다. 좋은 선생님들이 시도 때도 없이 바뀌고 터무니없이 비싼 등록금에 열악한 학교 환경에 의욕이 떨어진다고 하였다.

"그럼 너 본토에 갈래? 거기 가면 일 년에 한 번 보기도 어려울 텐데 괜찮겠냐?"

"보내줄 수 있어? 그럼 가볼래!"

사춘기 아이는 이마를 차고 오르는 눈빛으로 그 시작을 알린다. 정상인의 눈빛을 넘어서는 흔들림, 말을 건네기 무섭게 쏘아붙이는 말투, 잦은 짜증, 잠, 지치지 않는 게임, 그리고 밥을 먹으면서도 다음 끼니의 메뉴가 무언지를 추궁하는 본새가 보인다면 100퍼센트 사춘기다. 부모들이 좀처럼 이해하지 못하는 사춘기가 아들에게도 왔다. 고심 끝에 결단을 했다. 내 결단의 가장 큰 계기는 최근에 쓴 미래 일기 때문이다.

'첫째, 책을 써서 프로그램과 강연으로 두 자녀 유학 보내기.'

이 말에는 아이에게 전해주고 싶은 '도전과 용기'라는 말이 포함되어 있었다. 이런 황당한 선언을 해두고 '과연 나는 뒷감당을 할 수 있을까?' 하는 두려움이 없지 않았다. 그러나 덕분에 나는 더 자신을 연마하게 되었고 약속대로 아이는 유학길에 올랐다. 의식이 폭발하면 이토록 무모한 도전도 실행할 수 있다.

"너 그럼 한번 해봐라. 알지? 네가 선택했으니 스스로 다 해내야 한다는 거!"

그렇게 무모한 약속을 함과 동시에 나는 미국대사관에서 아이의 비자를 발급받고 있었다. 집에 도착한 비자를 보며 웃음이 나왔다.

"해보지, 뭐. 이것도 선물 아니겠어?"

나는 '천 개의 시어', '작가 일기', '팽이의 온도', '진행 중인 작품 (-1, -2, -3……)'의 폴더를 만들어두고 있다. 천신만고 끝에 작품을 내놓고 나서 지인들의 반응을 미리 본다. 물론 여기서 지인은 이해관계와 상관없이 나의 책을 믿고 기꺼이 읽어주는 애독자다. 그들은 내가 곧바로 써야 할 이유를 말해준다.

책 쓰는 일은 빵을 굽는 일처럼 온도와 타이밍이 중요하다. 스티븐 킹은 3개월 안에 해치워야 한다고 했다. 흥분이 가라앉기 전에 후딱 해치우지 않으면 감흥이 떨어져 더 이상 써낼 수 없다고 한다. 공항에서 작품《미저리》의 영감이 떠올랐을 때 그는 영감을 놓치지 않기 위해 공항 직원에게 서둘러 요청했다고 한다.

"잠시 글을 쓸 공간을 빌릴 수 있을까요?"

그는 화장실이 급한 사람처럼 서둘러 쓸 곳을 찾아 영감을 기록했다. 쇠는 달구었을 때 때려야 한다. 이는 책 쓰기에서도 마찬가지다.

작가, 인생은 생방송이다. 달구었을 때 후속타를 준비하자.

작가 존 스타인벡은 자신이 가지고 있는 모든 물건에 나름대로의 이름을 붙였다. 그는 그렇게 자신이 만든 세상에서 살았다. 양복에는 '오래된 함성', 갈색 양복에는 '갈색 영광' 등을 붙였고, 심지어 신발과 드라이버에까지 이름을 붙였다. 자신이 만든 세상에서 스스로 주인이 되어 살아가자. 버나드 쇼는 말했다.

"이성적인 인간은 자신을 세상에 맞춘다. 비이성적인 인간은 세상을 자신에게 맞추려고 노력한다. 결국 진보란 이 비이성적인 인간의 손에 달려 있다."

"그만하면 됐다, 좀 쉬어라" 하는 말을 들었을 때 "음, 그래. 여기까지군!" 하며 당신의 마지막을 받아들일 날이 있을까? 쉬는 때는 당신에게 더 이상의 접속 대상이 사라졌을 때다.

: 오늘의 박카스 :

작가의 감응은 불시에 온다. 감응을 담을 펜과 수첩을 항상 준비하라.

06

홍보는
상상, 믿음, 실천의 순으로 진행하라

'세상을 보고 무수한 장애물을 넘어, 벽을 허물고 더 가까이 서로를 알아가고 느끼는 것. 그것이 바로 우리 인생의 목적이다.'

영화 〈월터의 상상은 현실이 된다〉에서 주인공 월터 미티가 몸담았던 잡지의 모토다.

홍보는 SNS를 활용하자. 블로그, 카페, 페이스북 활동으로 자신의 활동 베이스캠프를 확보하는 것은 필수다. 카카오톡 등으로 홍보를 시작하기 전에 누구나 쉽게 들를 블로그를 개설하고 고객을 초대하여 소통할 공간, 즉 카페를 만들어두자. 이는 특히나 초보 작가에게 유용하다. 홍보 과정은 저서에 대한 상상, 믿음 그리고 실천의 순으로 하면 한껏 확장된 의식을 유지하고 증폭시킬 수 있다.

첫 번째, 상상이다. 내 첫 책은 10만 독자로부터 러브콜을 받는 상상을 한다. 독자들에게 답변하고 강연하느라 바쁜 연말을 보내는 나를 상상한다. 이런 상상을 해두면 평소 시간을 아껴 강연을 준비하고 강연을 뒷받침할 배경 지식을 연마하기 위해 노력한다. 그리고 간결한 한마디로 나의 메시지를 전달하는 방법을 책 속에서 끄집어내어 반복한다. 상상은 다음의 문장을 세우게 했다.

'말하기의 핵심은 자기 각성으로 시작된다. 말을 잘하는 것은 말을 많이 하는 것이 아니라 경청을 잘하는 것이다. 말은 살아 움직이는 생물이다. 한 번 뱉어낸 말은 상대의 가슴에 남아 서식한다. 그러므로 전략적 말하기의 핵심은 눈을 놓치지 말고, 구체적으로 칭찬하며 맞장구치고, 가까운 사이일수록 정확하게 말하는 것이다. 관심과 반응을 통한 경청은 대화에서 항상 이긴다. 말을 번지르르하게 하는 살찌고 윤나는 도토리들을 부러워하지 말자. 살찌고 윤나는 도토리는 멧돼지나 청설모에게나 중요하다. 진심을 담은 말 한마디를 장착한 사람은 수천의 마음을 품어 안을 참나무가 된다. 우리는 참나무가 된다. 당신, 힘들어요? 이제 괜찮습니다. 당신의 말벗이 왔습니다.'

나는 이 메시지를 세우고 수없이 연습했다. 수많은 독자가 모인 강연장에서 강연하는 상상을 하며 연습했다. 배경음악에는 YB의 '나는 나비'를 넣었다. 이 상상은 작가로서의 내 이미지, 주제, 그리고 책의 파급력을 높이는 데 한몫했다. 이 상상을 강연 자료에 고스란히 포함시켰다.

두 번째, 믿음이다. 집필하면서 단 한 번도 내 원고가 출판사로부터 외면당하리라는 생각을 해보지 않았다. 혹시나 하는 불안감이 들 때마다 '어? 혹여 나를 기만하는 글을 썼는가?' 하고 되뇌었다. 눈을 부릅뜨고 꿈이 성취되리라는 완전한 믿음을 가졌다. 믿음은 나의 노력에 대한 믿음이다. 이는 원고를 쓰는 동안 자기와의 고독한 싸움에서 단련된다. 그래서 나는 공저《미래일기》에서 '창조하는 미래파, 그대는 파괴하는가. 나는 창조한다'라는 비전을 선언한 적이 있다. 여기서 미래를 이루어가는 창조의 핵심 열쇠는 믿음이다. 노력은 목적에 이르지 못하고 빗나갈 수는 있지만 그 결과는 어떤 방법으로든 나타난다. 상상하고, 믿고, 지금 당장 온전히 실천하면 반드시 열매를 얻을 수 있다. 믿음의 성취는 일상에서 확인할 수 있다.

책 쓸 때 나는 계획하는 데 많은 시간을 투자하지 않는다. 부지런히 읽고 상상할 뿐이다. 상상한 것을 믿고 즉시 집필하는 일은 책을 홍보하는 데도 효과적이다. 우물쭈물하는 사람들에게 나는 말한다.

"당신은 파괴하는가? 나는 창조한다."

오랫동안 독자로서 만족하며 살아온 습관을 바꾸는 일은 자신에 대한 믿음으로 시작된다. 중독자들과 만남을 가지다 보면 공통적으로 하는 말이 있다. 내가 나를 못 믿겠다는 것! 중독에서 벗어나지 못하고 한두 번 횟수가 거듭됨에도 좀처럼 발을 빼지 못하는 핵심 요

인은 자기 불신으로 인한 의지의 무력화다. 절대 더 이상은 안 된다고 다짐해보아도 나를 완전히 믿지 못하면 의지는 쉽게 흔들린다. 믿음은 바늘구멍만 한 틈도 없이 완벽해야 한다. 힘겨울 때는 10만 독자를 풍선이라 생각하고 이 풍선에 대한 완전한 믿음을 보낸 것이다. 가끔 들불처럼 일어서는 불안의 요소들 중 단 하나라도 내가 받는다면 그건 바늘이라 생각했다. 바늘 하나만 한 불신도 풍선을 단번에 터뜨릴 수 있다는 생각을 놓지 않았다. 저서를 세상에 알리기 위한 두 가지, 상상력과 믿음을 활성화하자.

세 번째, 실천이다. 책을 써서 아이를 유학 보내겠다는 상상은 결국 아이의 비자를 신청하는 결과를 낳았다. 난생처음 대사관에 가보니 평일인데도 사람이 많았다. 최소한 100미터 이상 줄을 서야 비자 신청 절차를 밟을 수 있었다. 대사관 홈페이지는 비자 신청 시 휴대전화를 가져오면 입장이 되지 않는다고 명시하고 있다. 그러나 사람들은 설마 하며 휴대전화를 가져오고는 막상 입장할 즈음 휴대전화를 어떻게 처치해야 할지 난감해하며 시간을 낭비한다. 나는 휴대전화를 집에 놔두고 온 덕분에 100미터 이상 줄 서 있는 사람 중 제일 먼저 입장했다. 경비가 "휴대전화 없이 그냥 서류만 가져오신 분 나오세요. 먼저 입장시켜 드릴 테니"했을 때 뛰어나가는 사람은 나밖에 없었다. 사람들은 알고 있는 사실을 잘 실천하지 않고 시간을 허비한다.

대사관에서 비자 업무를 마치고 광화문 이순신 장군의 동상을 한참 올려다보았다. 책 속에서 걸작으로 표현했던 장군의 모습은 위풍당당했다. 그 옆으로 교보빌딩이 하늘처럼 버티고 있었다. 나는 생각난 김에 교보문고에 들렀다. 그 광장에 빼곡하게 들어서 있는 책과 사람을 보니 개미굴에 들어선 느낌이었다. 매장 직원에게 "여기 강연장이 어디예요?" 하고 물었더니 직원은 시큰둥한 표정으로 매장 한 구석을 가리켰다.

"거기 몇 명이나 수용할 수 있나요?"

매장 직원은 눈도 마주치지 않고 사무적으로 "한 삼십 명 들어가요" 하고 말했다.

"삼백 명 들어가는 강연장은 없나요?"

매장 직원은 노골적으로 귀찮은 기색을 드러내며 "누구신데 그런 걸 물어보죠?" 하고 쏘아붙였다.

"나는 작가인데요. 거기서 강연을 하려면 어떤 절차를 밟아야 하는지 알아보려고요."

"그런 건 출판사와 상의하시고요, 이 건물 이십삼 층에 있습니다."

나는 자투리 시간을 그렇게 보내고 개미굴 같은 매장을 서둘러 빠져나왔다. 긴장한 탓인지 허기가 몰려왔다. 분당에서 늦은 점심을 먹을까 하며 세종문화회관 앞 정류장 쪽을 걸어가는데 옆으로 지하식당 간판이 보였다. 나는 얼른 식당으로 들어섰다.

갈비탕 집에서 영양갈비탕을 시켰다. 그때 옆자리에 피부가 하얀 중년 후반의 남자와 40대 후반의 여성이 버섯전골을 먹고 있었다. 식당 전체에 손님은 그들과 나 셋뿐이었다. 중년 남자의 말이 흥미 있었다. 남자는 세계 70여 개 국을 여행하고 미국, 영국, 독일 등의 나라에서 근무한 유능한 증권 전문가였다. 30대에 국내 증권사의 수장이 될 만큼 능력을 인정받고 최고의 경력을 쌓으며 살아왔지만 마음이 허전하다고 하였다. 일찍 1등이 되어 세계를 다 돌아다니며, 맛난 음식을 먹고 많은 돈을 벌며 안 해본 게 없다며, 깨달은 바를 말하고 있었다.

"자식은 내 맘대로 되지 않아. 하물며 내 인생도 마음대로 되지 않아. 정해진 순서대로 물 흐르듯 사는 게 가장 현명해. 내가 가장 못 배운 것, 지금도 한이 되는 게 겸손이야."

30대에 잘난 나에게 '배려하는 사람이 될 것'을 조언하는 아버지가 있다면 이렇게 허전하지 않았을 것이라고 그는 고개를 흔들며 안타까워했다. 나는 갈비탕에 있는 인삼을 씹다 말고 그에게 말을 걸었다.

"저 제 술은 아니지만 한 잔 따라드려도 될까요? 좋은 말씀을 들어 감사해서 그럽니다."

그는 "좋은 말은 무슨" 하면서 잔을 내밀었다. 그는 나에게도 소주 한 잔을 따라주며 "사람이 친근감 있고 패기가 있다"라고 했다. 그는 내 밥값을 계산했고, 나는 그에게 커피를 대접했다. 1시간가량 나눈 얘기는 결국 행복에 관한 것이었다.

"선생님은 최고로 살아오셨는데 어떠세요. 행복하신가요?"

"아니, 행복에 관해서는 자신이 없어. 실은 사는 게 뭐 딱히 재미가 없어. 삼십 대부터 항상 최고로 살아왔거든. 누구도 나에게 조언하는 사람이 없었어. 사람을 관리한다는 게 실은 다 거기서 거기더라구."

"아, 그러시구나. 그 점에서 저와 다르네요. 저는 지금 행복하거든요."

"무슨 일을 하는데 행복하지?"

"저는 엊그제 꿈꾸던 책을 냈고 이제 저 앞쪽 강연장에서 강연을 할 거거든요. 쓰고 싶은 글을 써서 너무 행복합니다."

"내 스펙과 지위를 보고 책을 내주겠다는 출판사가 꽤 있었지만 거절했어. 왜냐하면 아직 기쁨이 없는 나를 믿을 수가 없었거든. 나를 믿지 못하는데 어떻게 책을 낼 수 있겠나. 더 불행한 것은 내 딸도 나의 전철을 밟고 있어서 걱정이라네. 절대 겸손해라, 절대 낮아져라, 절대 베풀어라, 아무리 말해도 좀처럼 고개를 숙이지 못하더군. 오만과 독선은 가르쳐서 바꿀 수 있는 게 아니더군. 이제 둘러보니 주변에 일을 떠나서는 사람이 없네. 요즘 종종 '죽음'을 생각한다네. 오만방자한 나를 단죄하고 싶은……."

낮술에 얼굴이 불콰했지만 차창 밖으로 보이는 그는 책의 내용과 제목, 출간일, 작가 강연회 일정 등을 물어본 후 엄지를 척 세우며 가늘게 웃었다.

실천 단계에서 나는 무엇을 얻었을까? 나는 그날 최고의 증권 전문가와 광화문 중국어학원 원장을 독자로 만들었다. 상상하고 믿고, 실천하는 것은 물론 책 쓰기에서 배운 기술이다. 상상하고 쓰는 나를 믿는 것. 그것은 홍보에서 용기와 자신감을 준다.

홍보는 영업이다. 눈에 보이지 않는 가치를 영업하는 일은 신성한 일이다. 세상살이에서 '영업'보다 더 활기 있는 일이 존재할까. 작가는 자신의 하나뿐인 귀한 경험과 가치를 판매하는 영업 사원이다. 좋은 물건을 만들었다면 당당하게 손님에게 권할 용기가 있어야 한다. 이것이 어찌 장사꾼들만의 전유물이겠는가. 책을 써낸 작가라면 자신의 피땀 어린 노력이 서린 책이 많은 독자의 사랑을 받는 상상을 하고 그 상상을 완전하게 믿고 믿음을 뒷받침하는 실천을 해야 최고의 작가로 인정받을 수 있을 것이다.

일찌감치 산속으로 들어가 산과 바람, 구름과 달을 바라보며 '자립하는 인간, 죽음에 주눅 들지 않는 인간, 유한한 생명의 분투 등과 고독한 싸움'을 벌이고 있는 작가도 폭발적 상상, 불완전한 자신에 대한 믿음, 그리고 생업을 실천하는 노력을 쉬지 않고 반복하여 독자층을 확보했다. 홍보는 상상, 믿음, 실천으로 하자.

: 행진 일지 :

"제 소중한 시간을 돈을 버는 데 허비하고 싶은 마음은 없습니다."
스위스의 고생물학자 아가시의 말이다. 수의에는 주머니가 없다고 한다. 죽기 전에 돈을 많이 모아도 넣어갈 곳이 없다는 의미다. 노르웨이의 극작가 입센은 돈에 관하여 말했다.
"돈은 많은 것의 껍데기일 수는 있지만 본질일 수는 없다. 돈은 먹을 것을 살 수 있게 하지만 식욕을 주지는 않는다. 돈은 약을 살 수 있게 하지만 건강을 주지는 않는다. 돈은 아는 사람을 만들지만 친구는 만들어주지 않는다. 돈은 쾌락을 주지만 마음의 평화나 행복은 주지 않는다."
돈을 버는 일보다 더 소중한 가치로 활용하는 방법을 제시한 말이다. 현실은 상상의 결과물이다. 상상의 폭발을 막아서는 것이 불신이다. 직장생활을 하다 보면 상상을 난도질하는 데 일가견 있는 사람을 많이 본다. 늦가을의 단풍, 붉은 까치연시, 심지어 높은 하늘빛까지 회색으로 칠해버리는 사람들이 있다. 책을 쓰는 일은 상상으로 씨앗을 품고, 믿음으로 꽃을 보고, 실천으로 열매를 맺는 일이다.

: 오늘의 박카스 :

창조는 상상, 믿음, 실천의 결과물이다.

07

이젠 스펙이 아니라
스토리다

'작가가 되려 하지 말고 문학을 즐기십시오. 또 문학은 애쓴다고 되지도 않습니다. 하지만 논술이나 보고서, 기획안 등을 쓰지 않고는 살기 어려운 시대입니다. 다행인 것은 이런 것들은 노력하면 잘 쓸 수 있다는 것입니다.'

이는 철학자이자 저술가인 탁석산의《글쓰기에도 매뉴얼이 있다》에 나오는 말이다. 그는 글쓰기 책들이 전하는 여섯 가지의 옳은 말들에 함정이 있음을 지적한다. 첫째, 누구나 노력하면 글을 잘 쓸 수 있다. 둘째, 말하듯이 글을 쓰면 된다. 셋째, 많이 읽고 많이 써보면 글을 잘 쓸 수 있다. 넷째, 글은 서론·본론·결론으로 구성된다. 다섯째, 글은 문장력이다. 여섯째, 글쓰기의 궁극적 목적은 인격을 닦는 것이다.

글쓰기에서 필수로 생각하는 이런 요소들을 실천했음에도 왜 작가가 되는 길이 그토록 험난할까. 탁석산이 이미 못박아둔 '작가가 되려 하지 말고 문학을 즐기라'는 말에 그 실마리가 있다. 사람들이 글쓰기에서 가장 혼란스러워하는 부분이다. 그의 지적을 중심으로 보면 다음과 같다.

첫째, 누구나 노력하면 글을 잘 쓸 수 있다. 여기에서 글은 실용적인 글을 말한다. 글쓰기를 배우는 사람들이 문학적인 글과 실용적인 글을 혼돈하여 무작정 작가에 매달리는 모습을 정확히 지적한 말이다. 그는 실용적인 글쓰기는 논술, 보고서, 기획안, 칼럼, 프레젠테이션 등 먹고사는 데 필수적인 요소들이므로 노력을 통해 배우고 문학은 그저 즐기라고 말한다. 문학적인 글쓰기는 타고난 재능이 있어야 하며 묘사를 통해 인간의 감정과 내면세계를 드러내야 하므로 매뉴얼도 없다는 것이다. 글쓰기를 배우는 사람들이 우선 염두에 둘 내용이다. 이는 한편 실용적인 글쓰기는 일반 독자들보다 특정한 부류를 대상으로 하므로 실용적인 글쓰기만으로는 대중의 주목을 받는 '작가'가 되기 어렵다는 방증이다. 많은 화이트칼라 직장인들이 작가가 되지 못한 증거이기도 하다. 실용적인 글쓰기로 기초를 충분히 다진 후 문학적인 글쓰기에 눈을 돌리면 작가가 될 수 있을 것이다. 이 기조는 나머지 다섯 개의 항목에도 그대로 적용된다.

둘째, 말하듯 글을 쓰면 된다. 말을 하는 것은 이성과 감성의 복합체로 문학적인 글쓰기에 가깝다고 할 수 있다. 그러나 글은 말하듯 쓰면 차가운 논리를 전할 수 없다. 글은 이성적이기 때문이다.

셋째, 많이 읽고 많이 써보면 글을 잘 쓸 수 있다. 많이 읽는 것이 글을 잘 쓸 수 있는 필요조건이지만 충분조건은 아니라고 말한다. 오히려 생각을 글로 표현하는 연습이 중요하다는 것. 이는 실용적 글쓰기와 문학적 글쓰기에 모두 적용할 수 있다. 남들의 저서를 거의 읽지 않고도 자기만의 세계를 구축한 작가가 있으니까. 그의 표현대로 건강한 사람이 대체로 행복하지만 건강하다고 모두 행복한 것은 아닐 것이다.

넷째, 글은 서론 본론 결론으로 구성된다. 기승전결이나 서론, 본론, 결론의 흐름은 문학적 글쓰기에서 여전히 중요하다. 그는 실용적 글쓰기에서 서론과 결론보다는 본론이 핵심이라고 전한다. 본문에 전제와 결론이 들어가면 서론과 결론의 형식은 사설에 불과하다고 말한다.

다섯째, 글은 문장력이다. 글은 문장과 문장의 구조로, 문장력이 좋다고 하여 좋은 글을 쓸 수 있는 것은 아니라고 지적한다. 물론 실용적인 글쓰기 차원에서 거론한 말이다.

여섯째, 글쓰기의 궁극적 목적은 인격을 닦는 일이다. 시나 소설 같은 문학적인 글쓰기는 인격과 관련이 있겠지만 '글이 곧 그 사람이다'는 주장은 받아들이기 힘들다고 주장한다. 실용적인 글쓰기는 인격에 도움이 되지 않는다고 한다. 작가가 되기 위해 글쓰기를 연마하는 사람이라면 주목해야 할 대목이다.

탁석산은 실용적인 글쓰기와 문학적인 글쓰기를 목수의 톱질과 조각가의 톱질로 비유했다. 실용적인 글쓰기를 30년 이상 해온 직장인들이 자신의 이름으로 된 책을 써서 작가가 되는 데 어려움을 느끼는 이유가 여기에 있지 않을까. 실용적인 글쓰기의 독자는 대상이 한정된다. 주장과 이해관계가 있는 대상이나 조직의 목적을 달성해야 하는 정책결정자, 직장 상사 등이다. 그러나 넓은 세상은 감성과 비유, 묘사와 상상력으로 가득 차 있다. 우리가 밥을 먹어야 살아갈 수 있듯 실용적인 글쓰기는 직장생활과 사회생활의 필수 요인이다. 실용적인 글에 대한 이해가 바탕이 되지 않으면 실생활에서 무기력한 글쓰기로 고전하기 쉽다.

탁석산은 탁석산의 글짓는 도서관 시리즈《글쓰기에도 매뉴얼이 있다》,《핵심은 논증이다》,《논술은 논술이 아니다》,《보고서는 권력관계다》,《토론은 기 싸움이다》에서 그 대안을 체계적으로 안내했다. 나의 주장이 설득력이 있기 위해서는 상대가 듣거나 읽어주어야 한다. 여기에 실용적인 글쓰기와 문학적인 글쓰기의 경계가 있다. 사람들은 가르치는 것, 주장하는 것, 설득하는 것을 좀처럼 받아들이지 않는다. 그 주장이 아무리 논리적이고 적확하더라도 일단, 최소한 굶어죽지 않을 만큼만 듣는다. 결국 내가 이해하는 만큼, 마음이 내키는 만큼만 받아들인다는 말이다.

'마음이 내키는 것'을 공감하는 것이 문학적인 글쓰기다. 독자들의 공감을 이끌어내고 감동을 준 책들은 문학적인 글쓰기라는 사실을 주목해야 한다. 그러나 우리의 목표는 작가다. 작가는 특정 대상에 한정되지 않고 일반 독자와 소통할 수 있어야 한다. 실용적인 글쓰기를 넘어 문학적인 글쓰기로, 육체에서 영혼으로, 독자에서 작가로, 직장인에서 저자로 가는 글쓰기는 그러므로 스펙 대신 스토리로 승부해야 한다.

실용적인 글쓰기는 몸담고 있는 직장의 업무와 직결되는 글쓰기다. 먹고살기 위해 필수적으로 갖추어야 할 기술이다. 직장에서 직위에 따라 직급에 따라 독자의 요구에 맞추어 논증을 펼칠 수 있어야 한다. 스토리보다는 팩트와 스펙이 요구되는 부분이다. 직업 중에서 스펙에 영향받지 않고 오로지 진짜 실력으로 인정받는 것은 작가다. 작가는 금수저가 아니어도 상관없다. 학력도, 빼어난 미모나 '식스팩' 몸매 따위도 필요하지 않다. 그럴싸한 직장이 있어야 하는 것도 아니다. 이렇게 누구에게나 기회가 개방되어 있는 만큼 책임도 고스란히 작가의 몫이다. 그러므로 글쓰기는 백지의 공포와 조우해야 하는 외롭고 고통스러운 싸움이다. '고통의 황홀'을 좇아 그 속으로 기꺼이 자신을 밀어 넣는 작업이다. 작가는 오로지 인생을 정면으로 돌파하며 살아온 스토리가 있으면 얻을 수 있는 직업이다.

책을 쓰고 나서 문득 과거에 수없이 많은 출판기념회에 쏠려 다닌 기억이 났다. 국회의원, 기관장, 시도의회의원, 군 의원, 퇴임식에 갈음해서 한 권씩 배포되는 화려한 컬러의 자서전……. 협의회장 자격

으로 꽤 여러 번 참석해서 의전 차원에서 적지 않게 구매했다. 그러나 단 한 권도 읽어본 적이 없다. 땀과 눈물이 고스란히 녹아 있는 작가들의 피눈물과 비교할 때 자신의 활동을 그럴싸하게 짜깁기한 책은 저서로서 가치를 발견할 수 없다. 희한하게 그런 책들은 서점에서 볼 수 없을 뿐만 아니라 사람들은 책의 정가보다 더 웃돈을 주면서 방명록에 서명을 하고는 "책은 됐다"고 사양하며 떠난다. 스펙으로 책을 내는 것은 일종의 홍보물에 불과하다는 결론이다. 그런 책은 사람들에게 감동을 주기는커녕 두통을 불러일으키기 일쑤다.

작가는 발로 뛰는 사람들이다. 출판사에 투고할 때 나는 노트를 하나 들고 9시에 서점에 가서 저녁 6시까지 전자우편 주소를 적었다. 뭐 별 다른 방도가 없지 않은가? 전자우편 주소를 수집하러 갈 때는 가급적 미리 분야 관련 출판사명, 전자우편, 출간한 책의 제목 정도의 칸을 만들어둔 종이를 출력해서 단단한 파일에 끼워가지고 가자. 종이만 들고 갔다가는 책날개 혹은 판권의 전자우편을 적기가 여간 어렵지 않다. 할 수 있다면 대형 집게도 한 개 준비하자. 책이 자꾸 닫혀서 집게로 고정해두지 않으면 한 손으로 잡고 메일을 적기가 만만치 않다. 새 책에 볼펜이 그어지는 우를 범하면 책을 쓴 작가에게도 예의가 아니기 때문이다. 물론 이미 확보한 책 속에 있는 출판사는 가장 우선순위가 된다. 출판사의 전자우편 주소를 모아 집으로 돌아오는 길은 마치 실탄을 장전한 전사의 기분이다.

작가는 스펙이 아니라 스토리다. 비록 빛나는 인생이 아니어도 한바탕 해볼 만한 게임인 이유다. 금수저를 얻고 일찍 사회에서 인정하는 지위를 얻고 머리가 좋아 일찌감치 사람을 다스리고, 더 많은 재물을 쌓아두어 사람을 깔볼 수 있는 권력을 얻은 자들 중에 작가가 없는 것은 왜 그럴까? 작가는 스펙으로 얻을 수 있는 직업이 아니라는 증거다. 야생의 눈빛으로 세상의 한가운데를 가로질러 가는 작가들이 우리 곁에는 있다. 그러나 그들이 써낸 스토리를 따라가다 보면 그 열망과 생기 그리고 눈썰미에 나도 모르게 숙연해진다.

　이런 사람들을 세상은 "똘기 있다", "또라이 같다"라고 말한다. '또라이'들의 공통점은 할 말이 많다는 것이다. 할 말이 많은 또라이들이 스펙 경쟁 속에서 바닥 끝까지 밟히고 뒹굴다 보면 스토리는 꿈틀꿈틀 살아 움직인다. 작가라는 자가 남의 등을 처먹었다던가, 누구를 괴롭혔다던가? 혹은 사람을 죽이거나 도둑질을 했던가? 그런 말을 들어본 적이 있는가? 혹여 그런 작가가 있다면 그는 송장과 다를 바 없다. 작가란 스스로 이야기가 되어 스토리를 쓰는 인간들이다. 그렇게 자립한 인간들과 세상 한가운데를 가로질러 가는 삶은 후회 없는 인생이다. 작가가 되려는 자들이 좀 힘들고 어려워도 견뎌내야 하는 이유다.

:행진 일지 :

자기의 생각을 말하기보다는 상사의 기분을 맞추며 아첨으로 먹고사는 직장인들이 있다. 그런 사람들은 이렇게 말한다.
"상사를 칭찬하는 방법을 배운다면 자네도 지금보다 더 나은 직원으로 인정받을 텐데!"
그러나 좀 더 나은 직원으로 사는 법을 안다면 상사에게 아부하지 않아도 되지 않을까? 미국의 작가 에반 에사르는 말했다.
"당신이 갖고 있는 것과 당신이 원하는 것을 비교하면 불행해질 것이다. 그러

나 당신이 갖고 있는 것과 당신이 가질 자격이 되는 것을 비교해보면 행복해
질 것이다."

어떻게 살아도 성공한 인생은 자기 자신이다. 미국의 작가 몰리는 자신의 인
생을 자기방식대로 사는 것이 유일한 성공이라고 말했다. 세상에 하나뿐인
이야기를 써 나아가는 것은 생방송으로 살아가는 인생이다.

: 오늘의 박카스 :

작가는 "인생아, 덤벼봐라. 한번 붙어보자!"라고 말
할 수 있는 유일한 직업이다.

08

 걸레를 빨아
걸작으로 만들라

학교 다닐 때, '걸레 류 검사'라는 별명의 늦깎이 선배가 있었다. 지금은 박물관에서나 볼 법한 커다란 예비역 마크가 달린 야전 상의에, 안에는 러닝셔츠와 반바지 차림을 하고 다녔다. 늘 양말 없는 알구두를 신었는데 구두에 막걸리 자국이 세계지도처럼 얼룩져 있었다. 그는 자칭 '3수차 고시생'이었다. 왜 자칭이냐면 '3수차'라는 말은 그가 전해준 말일 뿐 그 자세한 내막은 누구도 알지 못했기 때문이다. 우리가 오랜만에 모여 담소를 나누고 있으면 손에 빅토리 표시를 하고 나타나 하는 말이 있다.

"여어, 후배님들! 혹 담배 있나? 없어? 자넨, 자네도 없어? 너는, 너도 없어? 오우 김 사무관, 자네는 있겠지?"

그렇게 담배를 구걸하다가 잠깐 앉아보라고 했다. 우리는 모두 속으로 "아이씨, 멀리서 올 때 신호 좀 보내지, 오늘 또 한 시간 버렸구먼!" 하고 투덜대며 선배의 인생철학 강의를 들어야 했다. 그는 정치·경제·사회·문화 전반에 걸쳐 정말로 아는 것이 많았다. 카리스마 넘치는 강의가 끝나자면 그는 꼭 이렇게 말하면서 자리를 떴다.

"오늘 저녁에 한잔들 안 하나? 시간 장소 좀 찍어줘. 내 스케줄 보고 참석하게."

그의 뒷모습을 보노라면 서부극 영화 〈셰인〉의 마지막 장면이 떠오르곤 했다. 후배들은 그의 뒤에 대고 "저 선배 아직 취직 못 했지?" 하며 씁쓸한 모습으로 헤어지곤 했다. 우린 그 선배를 존중, 아니 존경했다. 그의 해박한 지식과 혜안 그리고 논리 정연한 말투는 혀를 내두를 정도였다. 그러나 그런 모든 것은 그의 가난이 몽땅 잡아먹어 버렸다. 그는 늘 담배를 얻어 피거나 술을 구걸하며 후배들 주위를 어슬렁거렸다. 걸레 류 검사! '걸레'라는 말의 추억은 거기서부터 출발한다. 나는 걸레의 기준에 대하여 심각하게 고민했었다.

"걸레, 걸레 하는데 그럼 우린? 걸레가 아니야? 그 선배의 후배잖아. 그리고 걸레는 빨아도 걸레 아냐?"

이런 결론에 이르러서는 걸레의 뜻에 대하여 진지하게 정의하지 않으면 안 되겠다는 생각을 했다. 그때 내린 걸레의 정의는 이랬다. 혈기왕성하던 20대 시절에 사람에게 표현하는 걸레는 '밥맛없다, 궁상맞다'는 말과 유사했다.

걸레와 항상 맞물려 나오는 말 걸작! 그에 걸맞은 선배가 있었다. 나도 모르게 "그 형 걸작이야" 하는 말이 나오는 인물이었다. 그는 '관우 형'으로 불렸다. 그는 후배들을 작정하고 찾아오거나 약속을 잡지 않는다. 그는 항상 일정한 동선을 유지하며 생활했다. 물론 그의 실력은 전액 장학생 항상 1순위인 검증된 선배였다. 그는 구내식당, 도서관, 수업, 고시원 이렇게 딱 정해진 코스를 벗어나지 않았다. 가난의 지수로 보면 류 검사와 다르지 않았다. 복장과 동선도 유사한 점이 많았지만 결정적으로 다른 점이 하나 있었다. 그는 가끔 후배들을 우연히 마주치면 이렇게 말하곤 했다.

"오복식당 알지? 거기 가서 고기들 좀 먹어라. 내가 계산해뒀어. 내가 시간이 안 되어 함께 못 해도 이해들 하고."

그런 날엔 우리는 오복식당에서 고기를 먹다가 끝물에 관우 형의 무훈을 빌어주며 감동의 눈물을 흘리곤 했다.

무슨 일이든 자신을 드러내지 않으며 상대의 마음을 헤아리는 사람을 우리는 '걸작'이라 불렀다. 사람을 성가시게 하지 않으면서도 마음을 헤아려주는 관우 형이 무척 보고 싶을 때가 있다. 어떻게 그런 마음을 가질 수 있을까? 나중에 안 일이지만 그는 책을 쓰고 있었다. 그는 무엇보다 눈이 청명했다. 그는 고민거리를 가지고 찾아가면 "그랬어? 그랬구나"를 되풀이했다. 아르바이트를 하느라 기말고사를 준비하지 못해 커닝 페이퍼를 준비할 때 "이렇게 사는 내가 수치스럽다"는 말을 털어놓자 그가 말했다.

"그런 생각이 들 때가 있지, 그런데 그것도 부지런한 사람이나 해. 근데 그게 또 남는 건 없지, 스트레스만 받고."

그는 내 마음을 꿰뚫어 보기라도 하듯 공감해주었다. 그는 사리가 분명하고 사람을 배려하는 모양새가 보통 사람의 경지를 넘어선 모습이었다. "와! 저 형은 딴 세상 사람 같다"는 말이 절로 나왔다.

나는 초고를 쓰면서 류 검사와 관우 형 생각을 꽤 오랫동안 했다.

걸레도 걸작도 결국은 '마음그릇'이다. 마음그릇 속에는 담고 싶은 것이 있다. 류 검사도 관우 형도 고독한 사람들이었다. 대놓고 걸식하던 류 검사도 스타일이고, 모든 걸 담아내던 관우 형도 스타일이다. 걸레는 먼지, 오물을 온몸으로 닦아내느라 자신을 돌볼 여유가 없다. 어디든 묻히고 흘리고 뒹굴다가 어디서든 물을 만나 꾹 짜고 나면 팽개쳐진다. 걸작 역시 오물투성이를 마음그릇에 담다가 그릇에 흠집이 생기듯 위장에 염증이 생긴다. 그의 염증 덕분에 우리의 염증은 면죄부를 받는다. 마음그릇에 걸레와 걸작이 어디 있는가? 걸레이든 걸작이든 담아낼 수만 있다면 결국 마음그릇이다. 마음그릇을 다녀가는 무수한 이야기, 못 다한 이야기만 있을 뿐이다.

스산한 초겨울, 암 투병 중인 형을 이끌고 조형물이 전시된 공원을 들렀다. 큰 손목을 하늘을 향해 펼쳐놓은 조형물 앞에서 기념사진을 찍었다. 형은 "내년에도 너랑 이걸 볼 수 있을까?" 하며 점퍼 주머니에 있는 내 손을 꼭 잡았다. 날은 저물고 추워졌다. 함부로 희망을 얘기하기도 힘에 부쳤다. 처음 대장암 수술을 받았을 때 내가 무슨 일이 있어도 살려내겠다고 호언했던 말이 무색하게 형은 병색이 짙어졌다. 일상에 형의 얼굴을 보는 일을 추가하여 백병원에 대장암의 대가를 만나 배꼽 아래 붙이는 고약을 받아오고 민간요법으로 암을 극복한 사람에게 시간대별 식이요법과 운동 방법을 적어 붙이고 소나무 아래 삼림욕장에 눕혀보아도 암 종양은 형을 떠나지 않았다. 24시간을 철저하게 규칙적으로 지키려면 간병인이 그림자처럼 따라붙어야 가능했다. 그러나 우리 모두에게 없는 것이 바로 시간이었다. 집

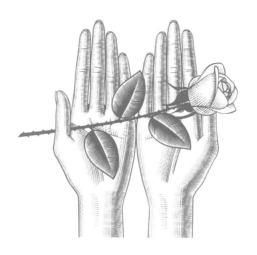

안에 암투병 환자를 지켜본 사람들은 금세 이해할 것이다.

다시 조형물 앞에 서보니 조형물은 있고 형은 없었다. "내년에 너랑 이걸 볼 수 있을까?" 하고 말하던 세상에 둘도 없는 형, 형의 고뇌를 받고 그가 살면서 누리지 못했던 것, 형이 하지 못했던 말들을 나는 오래도록 하며 살고 싶다.

초고를 쓰는 일은 누더기 같은 마음을 그릇에 주워 담는 일이다. 어느 날 문득 그릇이 넘치는 모습을 물끄러미 들여다보면 보인다. 내 마음에 수많은 금이 나 있어 무엇을 담을 수 있을지도, 언제까지 담을 수 있을지도 알 수 없는 그릇. 그러나 우리가 견디며 살아낸 이야기를 담으면 그릇은 걸작이 된다. 담아내야 할 것들을 생각하다 보면 또 백지의 공포가 몰려온다. 그릇에 담을 것들은 내 의지로 할 수 없다. 담고 쏟아내고 담고 쏟아내고 마음의 금을 들여다보고 욱신 하면 참고 누웠다가 잠들지 못하게 보채는 생각들을 미친 듯이 퍼먹고……

그러나 문득 빠져나올 때가 있다. '어차피 걸레는 빨아도 걸레'라는 말은 자의식을 벗어나지 못한 글쓰기에 한한다. 자의식 없이 글쓰기를 할 수 있다면 걸레에서 벗어날 수 있다. 그러니까 '정신의 감응'을 써내는 데 시시콜콜 자의식의 늪을 벗어나지 못한다면 빨아도 빨아도 걸레에서 벗어나지 못한다.

매미는 껍질을 벗어날 때 비로소 윤기 나는 몸과 날개를 갖춘다. 껍질 속 흐물흐물한 매미의 모습을 본 사람은 그 푸르스름한 연약한 매미를 기억할 것이다. 껍질을 벗어나 돌아보면 자신의 형상이 또렷할 것이다. 껍질을 벗어나서 껍질을 바라보는 매미의 눈빛, 그리고 힘찬 날갯짓과 울음. 작열하는 태양 아래에서 7년여 기간을 돌아보지 않고 하루하루를 천년처럼 울어대며 살아가는 매미의 열정적인 여름의 잠시, 매미는 돌아보면 짧은 생이지만 자의식 없는 푸르른 생을 살다 간다. 그저 마음껏 울다 간다. 단 한 번도 7년의 땅속생활과 짧은 일주일을 아쉬워하거나 조급해하지 않는다. 그저 우렁차다.

걸레를 빨면 걸작이 된다. 나는 자의식 없는 매미의 짧은 생에서 걸작을 본다. 축축한 지하에서 수년을 견뎌내며 얻어낸 껍질을 거침없이 벗어내고 숲으로 날아가 울어보자. 작가, 자의식을 벗어나 걸작이 되자. 메튜 켈리는 《위대한 나》에서 사상가, 현자, 수도자, 철학자들이 삶의 의미를 깨닫기 위해 고민한 것을 다섯 가지의 질문으로 정리했다.

나는 누구인가?

나는 왜 여기 있는가?

나는 어디서 왔는가?

나는 어떻게 살아갈 것인가?

나는 어디로 갈 것인가?

우리 각자는 나름대로 인생의 의미를 찾아야 한다. 살아도 그만, 안 살아도 그만인 하루를 살고 있는 것은 아닌지 고민해볼 일이다.

걸작으로 일컬어지는 작품 속에는 그 작가의 일생이 쌓여 있다. 피카소는 자신의 초상화를 그려줄 것을 요청한 여인에게 그림을 그려주었다. 그림을 건네주며 피카소는 5천 프랑을 요구했다. 그러자 여인은 놀라며 불평했다.

"하지만 선생님, 십 분밖에 안 걸렸잖아요."

피카소가 말했다.

"아닙니다, 부인. 그렇지 않습니다. 이 한 장 안엔 제가 지금껏 그렸던 수많은 그림, 또 작업실에서 흘렸던 모든 땀방울과 매일매일의 고뇌가 다 녹아 있습니다."

걸레이든 걸작이든 모두가 그리운 날이다.

: 행진 일지 :

프랑스 의사 슈바이처는 모자 하나를 40년 쓰고 같은 넥타이를 20년이나 매며 남에게는 무엇이든 베풀었다. 하루는 친구가 절약하며 사는 자기도 넥타이가 열 개쯤 있다고 말했다. 그러자 그는 물었다.

"목 하나에 넥타이가 열 개가 필요한가?"

칸트는 "그 무엇보다 소유에 대한 욕망이 자유롭고 고귀한 삶을 방해한다"라고 했다. 날아오르고자 하면 앞에는 언제나 '나'라는 걸림돌이 있다.

"나는 뭐냐, 내가 안전해야지, 내가 손해 보면 안 되잖아, 나를 좋아할까? 정말 부럽다, 나는 뭐 하는 거냐? 나는 어떻게 되는 거냐?"

이런 말들은 누구에게도 묻지 말자. 소유하려고 욕망하는 '나'를 빼면 비로소 걸작이 완성된다.

: 오늘의 박카스 :

걸레를 빨아 걸작으로 만들자!

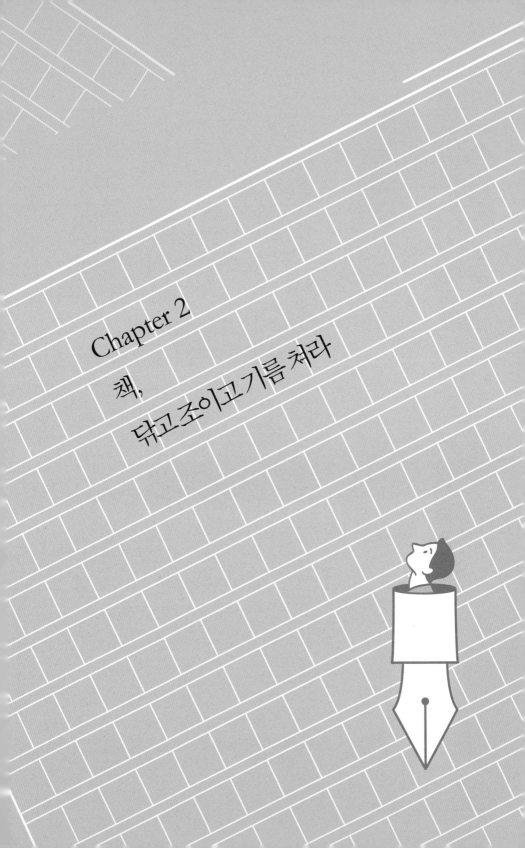

Chapter 2
책,
닦고 조이고 기름 쳐라

01

책의 주제는

인생의 주제다

생존전략! 이것이 생명의 주제다. 종족을 보존하기 위한 생물들의 눈물겨운 생존전략은 살아남기 위한 분투의 과정이다. 짝을 만나 최고의 유전자를 보존하고자 하는 노력은 진딧물부터 두꺼비, 벌새에 이르기까지 다양하다. 등에 알을 품어 상처투성이가 된 채 자식과 하나 되는 수리남 두꺼비, 나뭇가지나 꽃잎 심지어 입을 벌린 뱀의 모습으로 의태하여 포식자의 눈을 피하는 게마투스 꽃사마귀, 낙엽에서 배우는 큰낙엽 사마귀, 풀인지 생물인지 구분할 수 없는 유령실고기, 뱀이나 넙치, 불가사리 등 무려 40여 가지 생물로 변신하며 생존을 이어가는 흉내문어. 동물을 유혹하여 자신의 꽃가루를 날리고 씨에 날개를 달아 날려 보내 생존을 이어가려는 노력에 이르기까지 유전자를 보존하기 위한 분투는 계속된다. 번식의 기회는 언제나 가장 종족에 적합한 종, 가장 자기다운 생명체의 몫이다.

인류가 이제까지 생존해온 생존전략의 주제, '자기다움'은 책 쓰기에도 그대로 적용된다. 책의 주제는 인생의 주제다. 인생의 가장 큰 주제는 행복이다. 내가 아닌 나, 나답지 못한 나, 내 마음과 다른 모습으로 살아가는 시간, 원하지 않는 만남, 의지로 제어할 수 없는 변수, 차마 가슴에 쌓아놓은 말, 열등감을 불러일으키는 콤플렉스, 자기 연민, 이런 것들이 행복을 방해하는 요인이다. 그래서 그런지 행복을 저해하는 요인을 극복하려는 노력은 평생 계속된다. 인도의 성자 라마나 마하리쉬는 '참 자기를 알아차리는 것'을 뛰어넘는 것은 세상에 없다고 말한다. 눈앞에 놓인 자신의 문제, 변화를 향해 나아가는 정성이 독자의 공감을 얻을 수 있다. 이것이 책의 주제가 된다.

심층심리학자 융은 1913년 세계의 종말에 대한 환상으로 정신적 혼란에 빠졌다. 그는 혼미한 정신으로 자살을 시도하는 꿈을 꾸게 되자 환상을 막기 위해 이를 기록했다. 눈을 감고 긴장을 푼 다음 푸른 초원을 상상한다. 환상이 자유롭게 나타나도록 내버려둔다. 그러자 사람들이 나타나고 그들과 대화를 나누고 곧바로 무엇인가를 기록하게 한다. 이것이 융이 상상을 발전시키는 방법이었다. 4년이 지난 뒤 융은 자신의 위기를 극복할 수 있었다고 한다.

거듭 말하지만, 책의 주제는 인생의 주제다. 행복을 방해하는 요인을 기록하며 극복하는 것, 그것이 책의 역할이자 사명이다. 불안한 현실을 극복하고 지금 당장 '현존'을 받아들이자. 그리고 기록하자. 직장 세계에는 '백언이 불여일A4(百言而 不如 一 A4)'라는 말이 있다. 이는 주제를 증명하는 기록 한 장이 백 번 말하는 것보다 낫다는 의미다.

많은 이가 걷기를 좋아한다. 인근 야산에서부터 국토 종단에 이르기까지 걷고 또 걸으며 새로운 경험을 쌓아간다. 지인 중에 등반 마니아가 있다. 그는 산 이야기만 나오면 말을 멈추지를 않는다. 산 이름은 물론 산 근처 숙박 시설, 먹거리, 특산품 등을 모두 꿰고 있어서 그의 이야기를 듣다 보면 당장 산에 가고 싶은 충동이 인다. 그만큼 그의 산행 경험은 책으로 엮어도 좋을 만큼 흥미롭다. 그런데 그는 어느 순간 산이 모두 거기서 거기 같다며 심드렁하게 말했다.

"세상에 안 가본 산이 없고, 안 먹어본 음식이 없고, 안 만난 사람이 없는데도 마음은 늘 허기진단 말이야. 그래서 나는 떠나는 거야. 내가 어디로부터 와서 어디로 가는지 살아생전 답을 찾아보고 싶단 말이지."

그는 또 떠난다. 문득 그를 생각하면 피로감이 몰려온다. 마치 끝이 없는 방랑객을 보는 느낌이다.

방랑객 중에 30년 회사생활을 은퇴한 선배를 만났다. 전형적인 백두대간 스타일이었다. 인증서를 훈장처럼 걸어두고 기념 메달을 꺼내 보여주며 "이만하면 내 인생 괜찮은 거지?" 하고 자꾸만 되묻는다. 괜찮은 경험을 책으로 쓸 것을 권할 때마다 그는 이렇게 말하곤 했다.

"아직 준비가 안 됐어."

"바람이 선선해지면……."

"무슨 일이든 신중하게 해야지."

"이제 할 일도 없는데 아닌 게 아니라 슬슬 책이나 써볼까?"

기록하지 않고 걷기만 하면 안정의 마수에 걸린다. 이 마수에 30년을 사로잡히면 꿈은 회색빛으로 변해버린다. 회색빛 의식은 무시무시하다. 봄 햇살도, 여름의 광채도, 가을의 하늘, 겨울의 흰 산도 회색으로 물들여버린다. 마침내 가장 무서운 '나는 인생을 알 만큼 안다'는 마수에 기를 빼앗기면 세상은 온통 화산재로 오염된다. '뭐 그렇게 복잡하게 살 필요 있나?'라는 생각이 곧바로 이어진다.

20년간 200가지 넘는 취미를 체험한 30대 젊은이를 만났다. 책 천권 모아서 몽땅 읽기, 게임기 사 모으기, 노동을 통해 여행의 참맛 두배로 느껴보기 등등 문득 들어보기만 해도 머리가 복잡한 얘기를 하는데, 결국 그는 아직도 체험 반복하기에 열중하고 있다 한다. 아직책을 쓸 시기가 도래하지 않았다는 것이다. 그는 노벨 문학상을 노리는 것으로 보인다.

'주제 파악'은 책의 주제이자 인생의 주제이다. 주제를 알아채지못하고 인생을 살아가면 방황은 멈추지 않는다. 부뚜막의 소금도 집어넣어야 짜다. 책을 뛰어넘는 인생을 살았더라도 가치를 다른 사람과 나눌 수 없다면 그 인생은 누구도 기억하지 않는다.

"세상 사람들이 가보지 않은 길을 가보고 느끼지 못한 경험을 해보며 인생의 주제를 찾았다. 백두대간을 호랑이처럼 질주하며 밤과낮을 가리지 않고 능선을 뛰어넘었다. 나라의 등뼈는 장엄하고 조국의 허리는 웅장했다. 백두대간을 종단하는 것은 위대한 일이다. 그피와 땀의 기록이 이 속에 들어 있다."

이렇게 말할 수 있다면 얼마나 많은 사람이 멋진 경험을 공유할 수있겠는가? "인생은 생방송이다. 그 생기를 놓치지 않도록 당신도 써라" 하는 정도는 되어야 하지 않겠는가? 인생은 경주가 아니라 여행이다. 여행은 그 자체가 주제다. 일단 책을 써서 여행의 주제를 살리는 것은 어떨까? 생각해보자. 누구나 꿈꾸는 여행의 자유, 당신의 주제를 세우고 '호텔 캘리포니아', '헤이 주드', '레몬 트리' 등을 들으며 질주해보자. 청보리밭 중턱에 도달해서는 차를 세우고 언덕을 굽어보면 될 것이다. 그즈음 맨발로 청보리밭을 걸어보는 것도 멋질 터!

거듭 강조한다. 책의 주제는 인생의 주제다! 시련을 당당하게 맞서는 자의 고뇌를 한 폭의 그림처럼 선명하게 써내는 일, 그것이 일생의 주제다.

: 오늘의 박카스 :

백두대간을 넘을 용기라면 자아의 백두대간, 책 쓰기에 도전하라.

02

사소한 경험은
결코 사소하지 않다

우리는 수없이 많은 사람을 만나고 새로운 경험을 한다. 그러나 주제를 세워두고 경험을 주제와 연결한다면 사소한 경험이 자신의 인생을 뿌리째 바꾸는 전환점이 될 수 있을 것이다. 벌판에 멈추어 네 시간이나 서 있던 기차, 사람들은 난처한 상황을 어쩌지 못해 우왕좌왕했지만 조앤 K. 롤링은 해리포터가 7년간 마법학교에 다니는 구상을 했고, 7권의 마법 이야기를 쓰기로 작정했다.

루츠 폰 베르너와 바바리 슐테-슈타이니케는《즐거운 글쓰기》를 통해 소소한 일상에서 발견할 수 있는 글쓰기 소재를 소개하였다. 매일 벌어지는 일, 의문이 생길 때 스스로에게 던지는 질문, 예전에 읽은 책들 중 기억하고 있는 문장, 산책을 하며 느낀 자연, 비오는 날의 냄새, 남편 혹은 아내 그리고 자녀와의 대화, 어린 시절의 아름다운 추억, 유치한 문장이나 난센스의 은유, 사람들의 성격, 존경하는 작가의 표현방식 등 촉을 세우면 사소한 경험은 결코 사소하지 않다.

《말주변이 없어도 대화 잘하는 법》역시 초등학교 시절 벙어리라 불릴 만큼 말이 없던 콤플렉스를 극복해보고 싶은 마음에서 촉발되었다.

어떻게 사소한 경험을 책 소재로 활용할까? 책을 써보겠다고 작정하면 가장 먼저 다가오는 고민이 있다. 어떤 책이든 세상에 모습을 드러낸 책이 위대하고 거룩하게 느껴진다는 것이다. 이 많은 자료를 언제 어떻게 어디부터 준비해야 할지, 생각만 해도 아득해진다. 한번 주제를 하나 정해보라. 예컨대 '대화법'에 관하여 쓰겠다고 작정했을 때, 시중에 나온 책들의 수량에 한 번 놀라고 그 다양성에 한 번 더 놀란다. 그 화려한 말솜씨들을 뒤적이다 보면 일단 한숨부터 나온다.

'안 되겠네, 이미들 다 썼잖아. 그래, 얼마나 고민들 했겠어. 스펙을 보니 나보다 못한 사람은 단 한 명도 없네!'

이쯤 되면 책의 주제가 분명하지 않고 작가라는 환상에 사로잡혀 섣불리 글을 쓰겠다고 접근한 이들은 저마다 기가 꺾여 다시 하산하게 된다. 팽창된 의식은 온데간데없고 어떻게 빨리 원상태로 돌아갈 핑계를 댈까 궁리한다. 이때 나오는 생각들이 있다.

'주제가 너무 흔해, 다 노출되었네. 하긴 글은 아무나 쓰는 게 아니지, 내 팔자에 무슨 책을 써. 그냥 편하게 숨어서 일기나 쓰자, 바쁜 일 끝내고. 그래, 가을쯤 여유 있게 제대로 써보자.'

그러나 바쁜 일이 끝난 당신의 '가을'은 인생의 황혼이다.

사소한 경험은 사소하지 않다. 사람들은 각자 서로 다르다는 사실을 인정하려 하지 않는다. 특히 우리나라 사람들의 민족 특성상 유독 비교 대상이 많다. 지역, 학교, 학벌 등에 따라 끝없이 비교하다 보면 남에게 보여주기 위해 갖추어야 할 명분을 찾아 명문대, 대기업, 권력기관 등의 자리를 찾아 진로를 정한다. 라인, 계파 등 어처구니없는 패거리문화는 존엄한 각 개인을 변변치 않은 존재로 전락시킨다. 책을 써서 완전한 개별체로 거듭나야 하는 이유가 여기에 있다. 작가가 되려는 사람이 가장 먼저 넘어야 할 산이다.

같은 주제에도 다양한 접근 방법이 있다. 주제를 대하는 태도가 서로 다르기 때문이다. 음식점 사장, 의사, 교사, 공무원, 기업 대표, 국회의원, 판사 등을 보라. 물론 여타 직업인도 마찬가지다. 아이 마음 하나 잡으려고 퇴근 시간 이후에 아이와 떡볶이를 먹어주는 교사가 있고, 남의 자식이지만 내 자식 일처럼 붙들고 선처를 바라는 피해자의 부모가 있고, 수술실에서 종양 한 군데라도 놓칠세라 눈에 핏줄을 세우는 의사도 있다. 생사의 갈림길에서 일분일초를 다투는 외상 환자와 매일 만나며 환자의 생명을 살리기 위해 밤잠 설치는 의사들도 있다.

눈만 질끈 감아버리면 그만인 일이 얼마나 많은가. 그러나 눈을 질끈 감아도 결코 속일 수 없는 사람이 있다. 지금도 심장이 계속 뛰고 있는 자기 자신이다. 참자기를 외면하지 않는 일, 책은 세상에 하나뿐인 '나만의 경험'을 외면하지 않고 써내는 일이다. 남들과 같은 경험을 했을지라도 나의 경험과 이야기는 그 누구의 경험보다 빛난다. 작가가 되려는 이가 가장 먼저 염두에 두어야 할 미덕이다. 어떤 주제를 정했는데 그 주제가 서점에 산더미 같이 쌓여 있다면 당신의 주제는 그만큼 시장성이 좋고 독자도 많이 확보되어 있다는 사실을 증명하는 셈이다. 절호의 기회가 온 거다.

당신의 주제가 매우 뜬금없고 경험도 타의 추종을 불허할 만큼 희귀하다면 그건 당신의 독특한 경험이 바야흐로 세상에 빛을 보게 되었다는 증거다. 그 누구도 아닌 바로 '당신'의 손에서 빛을 뿜게 된거다. 이 작은 진리를 간파하지 못한 채 이리저리 방황하고 있다면 이 말부터 써 붙여놓고 시작하자.

'사소한 경험은 결코 사소하지 않다.'

미국의 시인 윌리엄스는 글쓰기는 별 중요성을 지니지 않는 사건들을 바탕으로 시작해야 한다고 주장했다. 좋아하는 음식, 좋아하는 사람, 눈앞에 닥친 사소한 일상 그리고 매일 벌어지는 사건들, 사춘기 자녀와의 다툼, 감동적인 문장 등 매일 무심코 지나갔던 일들 중 당신의 가슴속에 떠오르는 생각을 글로 써서 남기자. 그 경험이 사라지지 않도록 씨앗을 뿌려두자.

마약사범으로 구치소에 수감 중인 대상자들에게 적용한 동기면담을 집단 상담에서 재현하던 중 경험한 일이다. 법무부 차원에서 시범적으로 실시하는 집단상담 프로그램이었다. 입구부터 삼엄한 검열로 두려움에 휩싸이게 했다. 나는 무엇보다 '어떻게 그들을 더 잘 이해할 수 있을까?', '어떻게 공감할 수 있을까?'에 초점을 두면서도 훈련가로서의 품격을 잃지 않겠노라 다짐했다. 집단 진행 중에 한 수감자가 이렇게 도발했다.

"선생님, 마약 해봤어요? 세상에는 두 종류의 사람이 있습니다. 약을 해본 사람과 해보지 않은 사람. 해보지 않은 사람은 우리를 이해

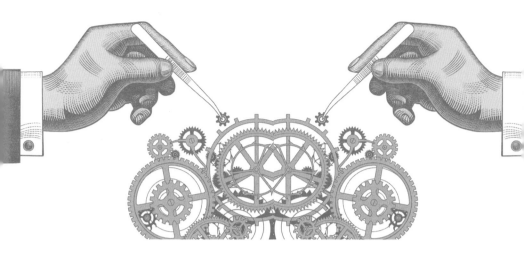

하지 못합니다. 이를테면 선생님이 이제까지 느껴본 쾌감의 천 배 만 배를 경험했다면 어떻게 하겠습니까? 그걸 어떻게 뿌리칩니까? 이곳에서 모든 걸 잃어도 그 생각만 하면 가슴이 뛰는데. 죽거나 세상에서 약이 없어지거나 두 가지 외에는 방법이 없다니까요. 약을 안 해봤으면 말을 마셔."

난감했다. '죽거나 세상에서 약이 없어지거나'라니! 이는 포기를 뜻한다.

"우리는 가르치러 온 것이 아니라 더 이해하려 왔습니다. 그리고 단약에 도움을 드리고자 합니다. 잘 모르겠습니다. 어떻게 도와드려야 할지…… 하지만 그렇게 말씀해주시니 선생님을 더 잘 이해할 수 있게 되었고 얼마나 힘겨운 싸움을 하실지 염려가 됩니다. 하지만 저는 포기하지 않을 겁니다. 우리에겐 포기라는 말은 없습니다. 왜냐하면 할 수 있는 만큼 함께할 것이기 때문입니다. 제가 선생님의 인생을 대신하거나 바꿀 수 없다는 걸 잘 압니다. 그러나 저는 선생님이 아닌, 누구라도 같은 고통 속에서 몸부림치는 분들을 도울 겁니다. 절대 포기하지 않을 겁니다."

프로그램을 마치고 집으로 돌아오는 길에 누군가의 변화를 돕는다는 것의 의미를 되새겨보았다. 동기면담을 훈련하면서 할 수 있을 만큼 하는 것, 상대의 동기에 초점을 두고 따라가는 것, 포기하지 않는 것을 배웠다. 가르치는 것은 면담의 정신에 맞지 않는다는 것. 사람은 사람을 변화시킬 수 없다는 것! 동기면담 기술은 상대의 동기에 집중하여 돕는 것이 효과적이라는 사실이 중독 장면을 포함한 여러 의료 장면, 제소 장면에서 입증되었다. 상대의 동기를 인정하고 자연스러운 흐름을 따라가는 것이 관계에서도, 상담에서도, 인생에서도 자연스럽다.

변화가 극단적으로 어려운 사춘기 아이들이 엄마와 정면 대결하는 모습을 보면 상대의 동기를 인정하는 것이 얼마나 중요한지 알게 된다. 주야장천 게임을 하며 엇나가는 사춘기 아이들의 동기는 찾아내기도 쉽지 않다. 상대의 동기를 인정하고 참고 기다려주는 일은 더욱 많은 인내를 필요로 한다. 그 시기를 참지 못해 상대의 앞길을 막아서고 상처를 후벼 파는 말을 서슴지 않고 내뱉는다.

변화를 유발하는 가장 큰 힘은 상대의 동기를 인정하는 것으로부터 시작된다. 사람의 변화를 돕는 데 '공감과 이해'만 한 게 있을까. 사람은 각자의 욕망이 있다. 그리고 욕망에 대한 강한 동기가 있다. 이 동기들 간의 작은 차이를 인정하는 것으로부터 관계는 시작된다. 어릴 적 시골에서 자란 나는 모래성 놀이를 통해서 물은 낮은 곳으로 흐르고 물길을 막으면 결국 둑이 넘쳐 물길이 제 맘대로 생긴다는 사실을 경험했다. 그 경험은 성인이 된 지금도 확인하고 있다.

내가 사는 신축 아파트 앞에 산등성이를 절개한 부분이 있다. 절개 부분에 안전망을 치지 않고 방치한 상태로 입주하였다. 어느 날, 폭우가 내리자 산은 엄청난 물을 감당하지 못했고, 물은 절개지의 낮은 부분을 따라 무작위로 흐르기 시작했다. 몇 날 며칠 폭우가 내리고 나서 절개지를 타고 움푹한 협곡이 생기며 그곳에 폭포가 생겼다. 비가 멈추었지만 밤새 폭포 소리가 들렸다. 절개지에는 마사토물이 바위를 타고 흐르다가 하얀 폭포가 되어 아파트 단지를 감싸고 돌아 내려갔다.

물이 고여 있다면 물을 머금은 산은 무너질 것이다. 그러나 물은 길을 찾아 낮은 곳으로 깊은 곳으로 흘러 내려간다. 물은 절개지 바위를 훑어내며 물길을 만들고 산은 능선을 지키며 서 있다. 밤이 되면 산에서 개구리, 풀벌레, 까마귀, 새들의 울음소리가 끊임없이 들린다. 물길을 따라서 수많은 새가 목을 축이고 계곡을 따라서 개구리들이 떼를 지어 오르고 있다. 산은 물을 내보내며 수많은 생물을 품어 살아 숨 쉬고 있다.

우리는 종종 물을 가두려 한다. 물길을 막으면 물은 끝없이 낮은 곳으로 약한 곳으로 흘러가다가 더 이상 갈 곳이 없으면 물길 전체를 무너뜨려버린다. 특히 감정의 물길을 막으면 감정은 병이 된다. 사랑하는 두 청춘의 감정을 부모가 막아선다면 그 끝은 죽음으로 치닫는다. 하물며 사소한 감정도 밖으로 내보내지 못하고 가슴속에 켜켜이 쌓아두면 큰 병이 된다. 저마다 나름의 옳음을 가지고 있다. 그러므로 각자가 부딪는 사소한 경험은 결코 사소하지 않다. 견딜 수 없는 시련에서부터 가장 행복한 순간에 이르기까지 모든 경험은 의미가 있다. 촉을 높이 세우고, 인생의 주제를 세워 세상을 바라보자. 사소한 경험은 결코 사소하지 않다.

: 오늘의 박카스 :

사소한 경험은 결코 사소하지 않다. 위대한 작품도 사소한 쉼표와 마침표로 결정되기 때문이다.

03

당신의 주제를
맛있게 요리하라

주문하지 않은 피자처럼 당신의 인생은 당신의 의지와 상관없이 세상에 배달되었다. 진즉 알았다면 어떤 피자를 주문했을까? 아마도 당신의 행복을 보장해줄 그 무엇, 이를테면 명예, 돈, 권력, 건강, 뛰어난 두뇌 등 당신이 이제까지 살아오면서 깨달은 그 무엇이 될 것이다. 그러나 피자는 이미 배달되었고 당신은 선택의 여지가 없이 이 피자를 요리해 먹어야 한다. 피자를 요리하는 것, 그것이 당신 인생의 주제가 된다. 앞에서 내가 요리한 피자는 내 것일 뿐 당신의 피자는 당신의 스타일로 요리하게 될 것이다. 그 요리법을 간단히 소개한다.

인생의 주제, 책의 주제를 찾아냈다면 주제에 대한 믿음을 가지게 되었는지 확인해야 한다. 사람마다 서로 다르겠지만 '지금의 나'를 인정하기에 이르렀다. 그러니까 '주제 파악을 하여 삶의 문제를 찾아내고 구속에서 살아남은 자신을 향한 완전한 믿음을 가지는 것'은 결코 쉬운 일이 아니다. 누구나 시련을 견디며 일생을 살아간다. 그러나 시련 앞에 무릎을 꿇고 좌절하는 이유는 스스로가 시련을 자기 것으로 받아들이고 알아채 '객관적인 자기의 모습'을 분간하지 못하기 때문이다. 멘토에게 물어보고, 책을 읽고, 친구를 만나고, 잠을 설치고, 상처를 주는 말을 서슴지 않는 등의 행동들은 결국 '나를 알고 싶다', '나를 알아 달라'는 또 다른 표현이다.

의도했든 의도하지 않았든 당신은 도달한 피자를 매일 먹고 있다. 살아 있다면 이미 당신은 상당한 양의 피자를 먹은 것이다. 반품 불가, 대체 불가한 피자를 어떻게 요리할 것인가. 이제부터 떨리는 마음을 추스르고 요리를 시작하자. 당신의 피자는 당신이 전문가라는 사실을 알아차리는 데서 시작된다. 전문가는 주제를 해낸 적 있는 성과 기반, 공부했던 연구 기반, 그에 대한 조언을 해줄 수 있는 롤모델로 구분한다. 여기에 고유한 자기만의 경험을 추가하는 장치 준비가 필수다. 어떤 분야의 프로가 된다는 것은 '성실히 연구하고 성과를 내고 좋은 롤모델이 되는 것'이라고 전문가들은 조언한다. 여기에 매혹적인 접근 장치가 준비된다면 맛집을 찾는 손님처럼 독자의 관심을 받을 수 있다.

첫 번째, 성과 기반을 바탕으로 한 스토리텔링이다. 작가는 자신의 주제를 관통하는 핵심 기술을 언제 어디서든 스토리로 풀어갈 수 있어야 한다. 나는 10년이 넘는 상담 경험으로 말에 대한 기반을 닦았다. 상담 이론을 바탕으로 사춘기 청소년의 성 문제, 부모의 자녀교육 문제, 가족 간의 대화법, 상대를 공감하는 대화법 등을 꾸준히 실습하였다. 이런 임상 경험은 일상생활 과정에도 적용하여 상대의 동기가 무엇인지, 상대의 욕구가 무엇인지 상대의 입을 통해서 유발해내는 연습이 되었다.

이 경험은 책의 출간 후 힘을 발휘했다. 나는 작가와의 대화 등을 통해 독자를 만날 때 다음과 같은 스토리를 가지고 만날 수 있었다.

'대화의 핵심은 자기 각성이다. 대화는 경청으로 시작하자. 경청은 상대방에 대한 깊은 공감으로 얻을 수 있다.'

충분한 경청 이후에는 상대의 눈을 놓치지 않기, 구체적으로 칭찬하기, 맞장구로 상대를 신나게 하기, 절대 부정어를 말하지 않기, 관심과 반응하기, 편한 상대일수록 정확히 말하기 등의 과정을 통하여 일상생활에서 대화를 적용할 방안을 제시한다. 그리고 강연 끝에는 힘과 용기를 주는 노래를 배경음으로 하여 나답게 말하며, 나대로 자유롭게 살자, 날개를 펴고 세상 밖으로 행진하자, 하는 식의 마무리로 용기를 북돋아준다.

대화법에 관한 책을 쓰는 과정에서 대화의 기법이나 다양한 장르를 터득했다고 하여 곧바로 전문가로 인정받을 수는 없다. 책이 일단 독자의 공감을 얻어야 하고 다양한 독자와의 만남을 통해 피드백을 받아야 한다. 책을 써서 독자와 만나는 일은 이벤트가 아니다. 이는 인생의 주제로 불특정 다수와 소통하는 일이다. 강연을 통해서 만날 수도 있고 댓글 혹은 블로그나 카페를 통해서 만날 수도 있다. 책의 주제로 독자들에게 재미와 감동을 전해 주는 일은 작가의 의무다.

두 번째, 연구 기반이다. 나는 청소년을 대상으로 한 집단상담 경험으로 2년에 걸쳐 '청소년의 자아탄력성' 관련 논문을 썼고, 이를 바탕으로 독자와 상호작용하는 데 필요한 자료를 준비할 수 있었다. 독자 질문에 답할 근거 기반 없는 경험만으로는 독자의 다양한 요구

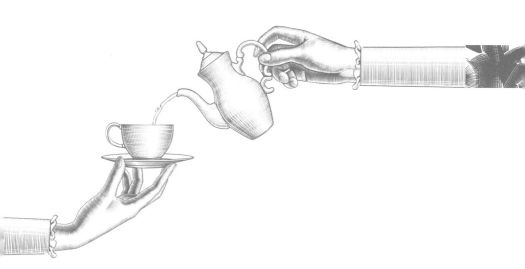

를 충족시킬 수 없다. 대화법이라면 상대의 심리를 이해할 수 있는 상담심리 분야, 동기면담과 같은 의사소통 분야, 스피치 분야, 토론 분야의 관련 서적을 통해, 혹은 각종 세미나에 참석하거나 심리학회나 해결 중심 상담 동기면담협회 등에 가입하는 등으로 자기만의 전문성을 연마해두어야 한다. 요즘에는 조금만 부지런하면 관심 분야와 관련하여 다양하게 활동하는 매혹적인 마니아들을 만날 수 있다.

세 번째, 롤모델이다. 이는 주제가 당신에게 적합한지를 증명하는 증명서다. 주제가 당신에게 적합한지를 어떻게 증명할 수 있을까? 이 질문에 답해보자.

· 주제를 깊이 연구하고 익숙하게 다룰 수 있습니까?
· 당신은 주제 관련 전문가들을 10명 이상 알고 있으며 그중 5명은 실제 만나 차를 마셔본 적이 있습니까?

·당신의 주제로 좋은 성과를 냈습니까?

·주제를 통하여 그를 유익하게 하였습니까?

·사람을 감동시켰습니까?

·사람들은 당신을 본받을 만한 롤모델로 닮고 싶다 말합니까?

본받고 싶다는 말은 당신이 해당 주제를 잘 요리했음을 증명하는 최고의 찬사다. 대화법을 주제로 선택한 나의 경우 소통, 공감, 나눔 등을 녹여내고자 노력하였다. 상담 기법을 적용하여 '통하는 대화법', '품격 있는 대화로 인생을 바꾸기', '소통과 공감으로 조직의 성과 높이기' 등의 강의 주제를 준비하였다. 주제는 재미와 유익함이 필수다.

네 번째, 매혹적인 장치다. 책이든 음식이든 일단 누구나 쉽게 접근할 수 있어야 한다. 어떤 맛일까 궁금하여 한 번쯤 맛을 보니 가격 대비 일품이라서 미안한 생각이 든다면 성공이다. 제목으로 구미가 당기고 목차로 궁금증이 증폭되어 기꺼이 책을 구입해서 읽어보니 크게 실망했다면 당신의 수고는 수포로 돌아가기 십상이다. 이 원리는 우리가 맛집을 찾는 경로를 보면 쉽게 이해할 수 있다. 물론 입소문이 가장 우선이지만 입소문이 나기까지 피나는 노력이 전제된다. 심혈을 기울여 음식 메뉴를 정하고 수많은 시행착오를 거쳐 요리법을 터득한 후 개업했다. 당신의 이름으로 출판한 것이다.

우선 간판이 눈에 띄어야 한다. 제목의 중요성을 말하는 것이다. 제목이 내용 전체를 아우를 수 있어야 한다. '상대를 말 태우고 당신은 걸어라'라는 제목을 두고 신나게 설레었다. 친구들에게 물어보니

"무슨 사극 쓰냐?" 하는 핀잔이 돌아왔다. 제목 '말주변이 없어도 대화 잘하는 법'이 나오기까지 600여 개의 제목을 연습했다면 이해하겠는가.

둘째는 솔깃한 메뉴, 즉 목차다. 상대가 마음의 문을 열어 말문을 틀 수 있게 하고 그 상대를 뒷받침해주듯 인정해주고, 대화법의 문제점과 대화할 때의 주의점을 말한 다음 효과적인 대화전략을 언급한다. 마지막으로 인생을 바꾸는 대화법으로 마무리한다. 간판을 보고 메뉴를 보니 도대체 구미에 당기는 것이 없다면 손님은 메뉴판을 뒤적거리다 이내 식당을 나가버리는 원리다. 여기까지의 과정이 사람들에게 인지도가 전혀 없는 작가가 독자를 끄는 주요 방법이다.

셋째는 무엇보다 맛있는 음식과 친절한 주인의 서비스다. 메뉴에 걸맞게 내용은 주제를 부드럽게 연결하여 독자에게 재미와 감동을 줄 수 있어야 한다. 물론 책 한 권이 줄 수 있는 것은 수없이 많지만 재미와 감동은 그중 으뜸이다.

멋진 간판에 솔깃한 메뉴, 친절한 주인이 갖추어졌음에도 음식이 맛없다면 그 집은 더 이상 손님을 기대하기 어렵다. 그만큼 책의 주제와 내용에 정성을 다해야 한다는 결론이다. 하루에도 수십 종의 책이 서점에 쏟아져 나오는 현실에서 출판된 책이 독자와 눈을 맞추고 독자의 마음을 얻는 데는 엄청난 시련이 도사리고 있다. 식당을 찾는 손님들과는 비교도 안 된다. 식당 손님들은 꼭 먹기 위해 식당에 들르지만 서점을 찾는 독자들은 정글 숲을 유영하는 나비 같아서 언제 어떤 꽃을 선택할지 알 수 없다. 그러므로 주제를 감칠맛 나게 준비해두고 멋진 간판과 메뉴를 준비한 상태에서 독자를 맞이해야 한다.

출판 시장에서도 입소문이 중요하다. 입소문은 재미와 감동으로부터 시작된다. 요즘은 인터넷과 SNS 등 폭넓은 홍보 영역이 있지만 입소문을 따라가기는 어렵다. 책을 읽은 독자가 전해주는 평가는 책의 전파력을 높이는 가장 중요한 요소이다. 그러니 당신이 책을 냈을 때 기꺼이 서점이나 인터넷 시장에서 구입하고 당신에게 서명을 요청하는 독자는 당신의 평생 은인이며 작가가 될 가능성이 높은 사람이므로 귀히 여겨야 한다.

"왜 책을 쓰려고 하세요?"

이 질문에 흔히 이렇게 대답한다.

"열심히 살았는데 뭐 남는 게 없네요. 이대로는 안 되겠다 싶어서요."

이때 "책을 써서 수고한 당신의 인생을 정리해보세요"라고 말할 수 있다면 당신은 작가로서 씨앗을 깊이 품은 사람이다. 주제를 맛있게 요리하는 것, 주제에 구미를 당기게 하는 것, 롤모델로서 사람들이 줄을 선 채 따르게 하는 것, 결국 손님을 매혹시키는 맛집의 비결이다. 책의 주제를 맛나게 요리하자. 당신 책을 읽은 독자에게 잊지 못할 뒷맛을 남기자.

: 오늘의 박카스 :

책의 주제는 당신의 사명이다.

04

당장 멈추고

리셋하라

피아니스트 아서 루빈스타인은 음을 잘 다루는 비법을 묻자 이렇게 답했다.

"내가 남들보다 음을 더 잘 다루지는 않지만 멈추는 것은 잘 다룹니다. 아! 예술이 머무는 곳은 거기입니다."

자동차가 마음껏 달릴 수 있는 것, 우리가 마음껏 여행할 수 있는 것, 낯선 직장에서 열심히 일할 수 있는 것은 휴식이 있기 때문 아닐까? 먼 미래의 꿈을 위하여 현재를 희생하고 있다면 멈추고 돌아보자. 지금 하고 있는 일이 꿈을 이루었을 때 당신이 얻게 될 자유는 무엇인지, 꿈 너머에 어떤 꿈이 있는지를 짚어보자.

'당신은 왜 그토록 열심히 돈을 벌려 하는가?'

'당신이 목표한 돈은 얼마인가?'

'과연 그만한 돈이 필요한가?'

'그만하면 지금을 희생할 만한가?'

이런 질문에 답해보자. 혹여 '이다음에 하고 싶은 일을 하며 마음 편하게 잘먹고 잘살고 싶다'가 목표라면 지금 당장 멈추자. 목숨을 건 직장생활을 견디는 대가치고는 너무 초라하지 않은가? 그리고 그런 삶이 지속된다면 죽음에 가까워진다는 사실을 기억하자. 편안하게 잘먹고 잘사는 것이 꿈의 전부라면 차라리 지금 당장 그렇게 할 수 없을까? 통닭 배달을 해도 100만 원을 넘게 벌 수 있다. 성공 이후에 얻는 것이 자유가 아닌 부의 축적이라면 당신의 꿈부터 다시 세워보자.

그러나 당신의 목표가 '흐름의 통로'라면 어떨까? '돈을 버는 이유는 돈의 흐름을, 음식을 먹는 이유는 피의 흐름을, 모멸감을 견디는 이유는 용서의 흐름을 연결하는 통로가 되는 것'으로 목표를 설정한다면 당신은 지금 당장 주어진 시간을 원하는 대로 쓸 수 있지 않을까. '흐름의 통로'에 대한 성찰 덕분에 나는 뒤늦게 인생 방향을 잡을 수 있었다.

《말주변이 없어도 대화 잘하는 법》에 거론한 '인생 게임의 법칙'을 기준으로 보면 20대까지는 인생의 게임을 준비하는 시기이므로 방향을 정하기 쉽지 않을 것이다. 줄 것이 없을 수도 있다. 이 시기는 나만의 인생 게임을 할 수 있는 모든 내 외적 무기를 준비하고 숙달하는 시기이므로 줄 것은 관두고 몸 하나 건사하기 벅찬 것이 사실이다. 20대는 자신과의 싸움, 낯선 세상과의 만남, 어른들이 만들어놓은 시스템에 대한 이해 등 하루하루가 치열한 전쟁이다. 이 시기에 도전과 시련을 경험하지 못한 채 '항상 배려하며 함께 더불어 살아야 한다'는 막연한 목표를 설정해버렸다면 단언컨대 첫 게임을 제대로 해보기도 전에 목숨을 부지하기 쉽지 않을 것이다. 배려의 가치는 고된 시련을 통해 배울 수 있기 때문이다.

그렇다면 30대는 어떤가? 이 시기를 나는 인생의 '첫 게임'을 시작하는 시기라고 썼다. '인생에서 결코 피해 갈 수 없는 첫 게임을 얼마나 의미 있게 치를 것인가?'가 앞으로 인생의 향방을 결정한다. 승리에 승리를 거듭하여 일찍 부와 명예를 쌓았다면 무엇을 줄 수 있는 인생인지 고민해야 할 것이다. 이때 줄 것이 '교만'뿐이라면 위험천만이다. 그래서 그런지 자립하지 못한 재벌 2세들의 눈빛은 하나같이 불안해 보인다. 어쩌면 시련이 없는 인생은 '깨달음'이라는 축복을 끝내 받지 못하고 죽음을 맞이할 공산이 크다. 첫 게임의 승부가 피투성이로 패배했다면 그때 비로소 '인생'이라는 전쟁터에서 가치 있게 살 기회를 얻게 된다. 인생의 목적이 승부가 아닌 관계라는 사실을 알아차린다면 금상첨화가 될 것이다. 승부를 뛰어넘어서 점차 충만해가는 심장을 갖고 싶다면 나눔으로 시작하자.

40대가 되었는데 "줄 것은 고사하고 내 목구멍 하나 건사하기도 힘겹다"라고 말하는 자는 세상의 변두리를 배회한 대가다. 자문해보자, 과연 당신이 최악인가? 당신이 의도와 상관없이 가진 것을 하나만 들어보시라. 그것이 얼마나 축복인지는 금세 알 수 있다. 그 사실을 알아채는 것, 그것은 글쓰기라는 수양을 통해 배울 수 있다. 인생은 '흐름의 통로'를 넘어서서 볼 수 있는 것이 없다. 길 위에서 끝없이 걸어가며 '나는 어떤 흐름의 통로인가'를 자문하자.

기꺼이 '흐름의 통로'로 살아가고자 한다면 글을 쓰자. 생을 정면으로 맞서며 당당하게 살아갈 요량이라면 작가가 되어 '흐름의 통로'가 되자. 책을 쓰려는 자가 그 시작을 흐름이 아닌 '부의 축적', '일신의 영달'로 잡았다면 처음부터 다시 시작해야 한다. 매튜 켈리의 《위대한 나》에 소개한 한 은행가의 사례를 보면 방황하는 인생의 단면을 볼 수 있다.

한 은행가가 작은 해안 마을에서 휴식을 취하고 있었다. 점심시간 무렵 작은 고깃배 한 척이 부두로 들어왔다. 배 안에는 어부 한 사람과 커다랗고 누런 참치 몇 마리뿐이었다. 그는 의아했다. 대부분의 어부는 많은 고기를 잡기 위해 어두워질 때까지 있었기 때문이다.

"고기를 잡는 데 얼마나 시간이 걸렸나요?"

"그리 오래 걸리지 않았습니다."

"배가 고장 났던가요?"

"아뇨, 십삼 년 동안 한 번도 고장이 난 적 없습니다."

"그러면 왜 더 오래 고기를 잡지 않는 겁니까?"

"식구들한테는 당장 이것만으로도 충분하니까요. 몇 마리는 우리가 먹고 나머지는 팔아서 필요한 걸 사면 돼요."

"나머지 시간은 뭘 하시죠?"

"전 아침 늦게까지 자는 걸 좋아합니다. 일어나선 고기를 조금 잡는데 진이 빠질 때까지 하진 않으니까 일이 재미가 있죠. 오후에는 아이들과 놀다가 아내 일을 거들곤 해요. 저녁에는 식구들과 식사를 하고요. 그런 다음 아이들이 잠들면 마을로 산책 나가서 와인도 마시고 친구들과 기타를 치며 놀죠."

"난 하버드 MBA 출신인데 당신을 도울 수 있습니다."

"어떻게요?"

"매일 더 오랫동안 고기를 잡아야 합니다. 그러면 고기를 더 많이 잡아 돈도 더 많이 벌 것이고 배도 더 큰 것을 살 수 있을 겁니다. 더 큰 배로 바다에 나가면 고기를 훨씬 더 많이 잡을 수 있으니 돈도 더 많이 벌게 될 겁니다. 그러면 배 한 척을 더 사서 그 배에서 일할 사람을 고용하는 거예요."

"하지만 그다음에 뭘 하죠?"

"아, 그건 시작일 뿐이에요. 배 두 척이면 당신은 훨씬 더 많은 돈을 벌 겁니다. 그렇게 되면 이내 더 많은 배를 소유할 수 있게 될 테고, 온 마을 사람들이 일거리를 찾아 당신한테 올 겁니다."

"그러면 또 뭘 하게 됩니까?"

"머지않아 당신은 중개인을 거치지 않고 곧바로 통조림 공장에 납품하여 더 많은 돈을 벌게 될 겁니다. 그러면 당신의 공장을 세울 수도 있지요. 이 작은 마을을 떠나서 멕시코시티로 이사해서 사업을 확장하는 거예요."

"그다음은요?"

"그다음엔 여러 공장을 지어 유럽과 전 세계로 수출하는 것도 가능하죠."

"그다음엔요?"

어부는 또 묻고 은행가는 계속 대답했다.

"그때쯤 당신은 거대한 기업체의 사장이 되고 큰 기업을 운영할 수 있습니다."

"그렇게 되기까지 모두 얼마나 걸립니까?"

"이십오 년쯤 걸리겠죠."

"그러면 그다음엔 전 뭘 합니까?"

"월스트리트에 회사를 상장하고 주식을 공모하면 수백억 달러를 벌어들일 겁니다."

"수백억 달러요? 그다음엔요?"

"그때는 해안에 있는 조그만 마을로 이사 와서 늦잠도 자고 고기 잡는 재미도 느낄 수 있을 겁니다. 오후에는 아이들과 놀고 아내의 일도 거들며 저녁에는 식구들과 저녁 식사를 한 뒤 마을로 산책을 나가 와인을 마시는 거죠. 그리고 친구들과 기타를 치며 놀 수도 있을 겁니다."

사람들은 늘 존재하지 않는 시간에 자신을 가두고 살아간다. 지금 당장, 옥살이를 멈추고 당신이 원하는 방향으로 출발하자. 글쓰기는 인생의 브레이크를 장착하는 일이다. 인생의 경기에서 승리한 사람들의 마음에는 언제나 속도를 조절하는 브레이크 장치가 있다. 안전한 브레이크가 장착된 인생은 최고의 속도를 낼 수 있다. 미시령 내리막길에서 수려한 산세를 보기는커녕 바다 냄새도 느끼지 못한 채 브레이크가 망가진 덤프트럭처럼 달리는 건, 자신의 가치를 알아차리지 못하고 질주하며 살아가는 삶의 전형적인 모습 아닐까. '흐름의 통로'가 되어 소중한 경험의 가치를 알리고 상대를 유익하게 함으로써 사람들을 매혹시킬 수 있다. 쌓아두는 행위에서 나눔으로 가는 일은, 독자에서 작가로 가는 행보와 같다. 지금 당장 멈추고 자신의 목표를 돌아보자.

당장 주변과 창밖을 보라. 당신이 꿈에 그리는 종착
역은 그곳에 있다.

05

최고의 값어치로
가치를 판매하라

책 한 권은 220쪽 안팎으로 보통 15,000원 내외이다. 담배 세 갑, 치킨 한 마리, 막걸리 다섯 병, 설렁탕 한 그릇 정도다. 책이 출간되었을 때 그동안의 피나는 노력에 고무되어 함부로 홍보하는 것을 주의하자. 책의 값어치를 좀처럼 인정하고 싶어 하지 않는 족속이 의외로 많이 있기 때문이다.

정말로 책 한 권의 가치는 얼마나 될까? 그것은 책이 주는 변화의 가치와 맞먹는다. 한 권의 책으로 인생의 전환점을 맞은 이야기는 수없이 많다. 잭 캔필드는 《내 인생을 바꾼 한 권의 책》에서 책으로 인생을 바꾼 48명의 이야기를 전한다. 변화, 지혜, 깨달음, 도전과 용기, 삶의 나침반을 준 한 권의 책. 명사들은 한 권의 책으로 인생을 바꾸고 세상도 바꿨다. 이 한 권의 값어치는 얼마나 될까? '마법은 누구에게나 있다'는 말에 얼마나 많은 어린이의 가슴이 뛰었는가.

'실패는 많은 불필요한 것을 제거해주었다. 자기를 기만하는 일을

당장 멈추고 인생의 중요한 작업을 세워라!'

　조앤 K. 롤링의 상상력을 값어치로 보면 수조 원을 넘는다고 한다. 일본의 위대한 작가 마루야마 겐지는 작가가 되기 전 한 권의 책을 읽고 인생의 행보를 정해버렸다. 허먼 멜빌의 《백경》을 접한 그는 '사내는 이렇게 살아야 한다. 작가는 이 정도 책을 써야 한다'는 통찰을 얻었다. 그가 40년을 고독한 구도자의 모습으로 그려낸 별, 달, 하늘, 숲과 바람, 파랑새, 봄을 끌어당기는 눈먼 노인의 비파 소리는 영상보다 더 선명한 시어를 선사한다. 문장과 문장이 음극과 양극의 전기가 불꽃을 일으키는 듯한 전율을 느꼈다고 말한 시골의사 박경철 원장의 《그리스인 조르바》. 이처럼 책 한 권이 전해주는 값어치는 가격으로 산정할 수 없다. 이 귀한 가치를 아는 사람이라면 책을 쓰고 강연을 하는 일이 얼마나 귀한 일인지 깨달을 수 있으리라.

　직장생활 중에 출판 소식을 전하면 주변 사람들의 반응은 세 가지로 집약된다. 짜증, 외면하기, 그리고 긴 침묵. 특히 긴 침묵 속에서 살아남기 위해 작가는 엄청난 노력을 기울여야 한다.

　첫 번째는 짜증이다.

　'아, 뭐야? 짜증나게 뭔 놈의 책을 써서 또 피곤하게 하려는 거야!'

　사람에 따라 다르기는 하겠지만 특히 회사, 공기업, 관공서에서는 매우 흔한 반응이니 각별히 주의하자. 일례로 정치인들은 자신의 부족한 점을 덮고 장점을 홍보하기 위해 출판기념회를 벌인다. 한 걸음도 내딛지 못한 자신의 인생이 혹여 공중분해가 되지 않을까 하는 불안감 때문에 짜깁기하여 만든 책을 내용보다 더 거하게 소문내는 출판기념회! 이로부터 학습된 피로감이 불러오는 반응이다. 특히 조직이라는 틀에 박힌 생활이 만성화된 사람들은 한정된 사고, 정해진 말, 말속에 갇힌 행동, 반복된 안정주의 때문에 자기도 모르게 주변의 눈치를 본다. 이 눈치 보기는 상상을 초월하는 교만을 키운다.

심지어 "나는 아무것도 모르니 니들이 일하고 책임도 니들이 져라"는 말을 대놓고 하기도 한다. 그런 사람들이 처음 묻는 질문은 "책을 내는 데 얼마 들어갔느냐?", "언제 출판기념회를 해서 뿌릴 거냐?", "누구한테 연락할 거냐?", "어디 식당에서 할 거냐?" 등이다. 왜냐하면 의원 나리들의 출판기념회나 퇴임식기념 회고록 등의 행사에 진력이 났기 때문이다. 고위 간부들의 경우 삶의 여정을 까까머리 시절 흑백사진부터 시작하여 최근의 베레모까지 모아두고 사진 아래에 '어느 공청회 행사에서' 등의 사진을 조합한 관심도 없는 인생 여정에 초대하는 통에 이미 녹초가 되어버렸기 때문이다. 요즈음은 많이 발전하여 말도 없이 지인들과 식당에 조용히 앉아 밥을 먹고는 쓰윽 사라지는 추세인 것 같다. 다행스런 일이다.

두 번째, 애써 외면하는 반응이다. 이는 30년 이상 문학을 꿈꾸었는데 저서 한 권이 없는 직장인으로 전락했다든지 책 읽기를 좋아하여 여전히 작가의 꿈을 꾸고 있지만 좀처럼 방법을 찾지 못해 고민하고 있는 잠재 작가들에게 두드러진 반응이다. 그래서 나는 '마음으로 기뻐해줄 사람들' 외에는 출판 사실을 알리는 일 자체를 단단히 자제하였다. 책이 출간되고 얼마 후, 한 회식 자리에서 모임의 총무가 나의 출판 사실을 공표했다. 총무는 눈빛이 투명하고 말에 군더더기가 없어 나와 친하게 지내던 이였다.

"축하할 일이 있습니다. 처음 알리는 건데요, 우리 팀장님이 평생 꿈꾸던 작가가 되셨습니다. 우리 모임의 경사이니 격하게 뜨거운 박수 부탁드립니다."

회장께서 축하를 해주며 몇 순배 잔이 돌았다. 그런데 그중 문학을 전공한 사람 몇과 평소 책 읽기를 좋아하지만 나와 꽤 껄끄러운 관계를 유지하던 이의 표정이 예사롭지 않았다. 그들은 눈에 띄게 소맥을 연거푸 섞어 마시거나 갑자기 화제를 엉뚱한 행사 등으로 돌려 끓어오르는 질투심을 무마하려 애썼다. 그러나 마음이 통하는 사람들이 격하게 축하해주고 책의 내용을 궁금해하며 '브라보'를 외치는 소리에 슬그머니 "집에 갑자기 일이 생겼다"며 사라졌다. 그들은 집으로

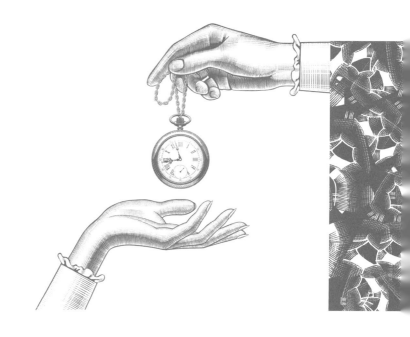

가면서 이런 생각에서 자유롭지 못할 것이다.

'저런 하찮은 인간에게 선수를 빼앗기다니!'

'하긴 뭐 그까짓 책 누가 읽기나 하겠어!'

그들이 마치 작정한 듯 쏘는 두 번째 화살은 '그럼 나는 뭐 했나?' 하는 질문이다. 이렇게 서둘러 외면하는 자들의 뒷모습을 생각하면 책의 가치를 최고로 높이고 싶은 '강렬한 욕망'이 불타오른다. 나는 이런 자들의 무관심이 얼마나 많은 자녀에게 상상력을 무기력하게 하고 의기소침하게 만드는지, 특히 사춘기 아이들의 '죽어버리고 싶은 욕망'을 자극하는지 너무도 잘 알고 있다. 학습된 무관심! 직장생활의 감옥에 갇혀 있는 사람들이 가장 경계해야 할 부분이다.

그렇다면 벌레처럼 스멀스멀 기어 올라오는 질투를 활짝 웃는 얼굴로 표현할 수 있는 사람이 세상에 존재할까? 데이비드 호킨스 박사의 《의식혁명》에 의하면 그들은 부정적 의식의 임계점을 넘어선 사람들이다. 중립, 자발성, 이성, 수용, 사랑, 기쁨을 넘어 깨달음으로 향하는 길목에 들어선 사람들만 이것이 가능하다. 1000을 기준으로 할 때 의식수준이 200의 임계점에서 용기 있게 넘어선 사람들만이 다른 사람의 성취를 기꺼이 기뻐하며 축하해줄 수 있을 것이다.

처음 책을 출판하여 지나치게 흥분한 나머지 "친구라면 당연히 같이 기뻐하며 격하게 홍보해줘야 하는 거 아냐?"와 같은 뜬금없는 말을 했다가는 사람들의 웃음거리가 되기 십상이다. 나는 지인 중 이런 불만을 토로하는 사람에게 '최소한 의식수준이 700을 넘은 예수님이나 석가모니 정도는 되어야 가능한 일'이라 못 박아두었다. 당신은 어떤가? 스멀거리는 질투를 아무렇지 않게 억누르고 기꺼이 기뻐할 수 있겠는가? 아이러니하게도 그 경지에 도달한 사람들은 책을 쓰는 과정에서 긴 어둠의 터널을 통과한 작가들뿐이라는 사실을 명심하자. 그러니 책을 써내는 과정의 시련을 이해할 수 있는 좋은 작가를 친구로 두는 일은 큰 축복이다.

세 번째는 긴 침묵이다. 각종 모임에서 항상 주목받는 자들의 침묵이다. 모임의 변두리에 있는 당신에게 자신이 술값을 계산할 것처럼 술을 강요하는 자들을 조심하자. 평소 당신의 삶에 깊이 관여하여 안내자 노릇을 독차지했던 친구, 자신의 인생관을 관철시키기 위해 말할 틈도 주지 않고 생각을 주입하던 학자, 자신이 터득한 철학을 일반화하기 위해 비교적 멘탈이 허약해 보이는(사실은 겸손한 경청자를 이렇게 잘못 보는 경향이 있지만) 당신을 골라 침을 튀기며 간섭하던 철학자, 계절의 변화에 민감한 당신의 정서를 일거에 묵살하며 강해질 것을 강요하던 현실주의자, 당신이 책을 출간하고 나면 긴 침묵으로 들어가는 사람들의 목록이다. 당신이 열심히 써야 하는 이유가 거기에 있다.

한 권 책에 대한 짜증, 외면, 침묵은 삶의 가치에 대한 반응과 같다. 책의 값어치를 책 한 권의 가격 정도로 생각하는 사람들이 주로 이와 같은 반응을 한다. 한 번쯤 '변화된 인생'를 살고 싶다면 책을 출판한 작가를 향하여 고마움과, 관심 그리고 칭찬의 말을 전하는 용기를 내자. 당신이 늘 접하는 막걸리 다섯 병, 치킨 한 마리, 설렁탕 한 그릇, 담배 세 갑의 값어치 속에 한 권의 책을 포함시키자.

주위를 둘러보자. 당신이 되고 싶고 닮고 싶은 성공한 사람들은 모두 책 한 권의 가치를 알아챘다. 그리고 일생 동안 당신을 괴롭히는 인생의 답을 책 속에서 찾았다. 술을 마시며 실패한 당신의 이야기를 밤새 털어놓아도 친구는 "인생 뭐 있어? 한 잔 들고 잊어버려" 이상의 말을 전해줄 수 없다. 당신은 고분고분 한 잔 들이켜고 잊어버린다.

실패는 고스란히 당신의 앞날에 새싹처럼 돋아난다는 사실은 술이 다시 생각날 즈음 알아차린다. 치킨 한 마리의 유혹도 마찬가지다. 담배는 어떤가. 당신의 영혼을 송두리째 흔들어버린 상사의 질타 후에 찾아오는 자기 연민, 담배는 연민을 깊이 파고들어 몽롱하게 만들어버린다. 당신의 폐를 훑고 지나가는 연기는 막힌 변기 같은 가슴에 구멍을 뚫어준다. 그러나 그 속 시원한 구멍으로 들락거리는 것은 기능을 상실해가는 호흡과 누렇게 변한 이 그리고 같은 색으로 변하는 눈동자뿐이다.

고소하고 바삭한 치킨에 맥주 한 잔, 여름밤을 유혹하는 이 메뉴 세트는 딱 책 한 권의 가격과 맞먹는다. 그러나 당신이 허겁지겁 먹어치운 치킨과 맥주는 당신의 볼록한 아랫배에 고스란히 쌓인다. 당신 책의 가치에 합당한 가격을 부여하자. 그 가격은 사람을 유익하게 하고 변화를 도우며 그가 하는 일을 더 잘할 수 있도록 영향을 준다. 누군가가 당신의 귀한 주제를 공유하기를 원하면 그에 합당한 대가를 지불하도록 하자. 책을 구입하고 강연료를 지불하고 기꺼이 자신에게 소중한 시간을 할애하는 수고를 감수해야 얻을 수 있다.

책의 가치를 술 한 병, 치킨 한 조각 정도로 생각하는 사람은 대가를 지불할 용기부터 가져야 할 것이다. 인생의 가치를 깨닫고 싶거나, 알 수 없는 감정을 스스로 통제하는 방법을 배우거나, 자기 안의 보물을 찾아내고 싶다면, 가치에 합당한 가격을 기꺼이 지불하자. 작가, 최고의 값어치로 가치를 판매하자!

: 오늘의 박카스 :

작가, 책의 가치에 당당하라!

06

고뇌는

에너지다

나의 피자는 80퍼센트의 기쁨과 20퍼센트의 고뇌다. 내 인생 계획에 포함되어 있지 않은 예측 불허 20퍼센트, 이것이 내 삶의 에너지원이다.

80퍼센트 중 45퍼센트의 기도, 15퍼센트의 잠, 20퍼센트의 만남은 최고의 기쁨이다. 이 80퍼센트는 오로지 내가 주인으로 서서 나대로 먹는 기쁨의 피자다. 사람은 사람 때문에 무너진다. 그 원인은 탐욕 때문이다. 내 것을 내려놓지 않으려는 욕심은 결국 신뢰에 구멍을 내어 모든 것을 앗아간다.

알리바바의 회장 마윈은 사람을 존중하는 능력 하나로 세계 최고의 기업을 일궜다. 창업을 꿈꾸는 사람들이 가장 고심하는 것이 믿고 일할 수 있는 사람이다. '인사가 만사'라는 말은 국가를 비롯한 기업이나 각종 조직을 이끌어 가는 핵심 덕목이다.

그렇다면 작가는 어떻게 사람관계를 형성할까? 피자를 누구와 어떻게 먹어야 할까?

내 인생의 피자는 네 조각이다. 즉, 기도(45), 만남(20), 잠(15), 고뇌(20)다. 45퍼센트를 차지하는 기도의 기반은 단연 서울진주초대교회 전태식 목사님이다. 하나님 말씀을 성경 그대로 전하는 분이다. 그 말씀이라는 기본에 충실한 목사님의 설교가 믿음을 불러일으킨다. 나는 이 말씀 덕분에 '기도하는 자', '쓰는 자'로 살아갈 힘을 얻는다.

나의 두 번째 피자 20퍼센트는 내 책을 읽은 독자와의 만남이다. 내 책을 기꺼이 읽어주고 응원하는 독자들과의 만남이다. 책이 전하는 메시지에 공감한 독자와 만나는 일은 기쁨 그 자체이다. 독자 중에는 책을 쓰고자 하는 의욕 충만한 이가 많다. 이들과 만나 세상 밖의 이야기, 경험, 꿈과 상상, 삶의 가치를 나누며 우정을 쌓을 수 있다. 불같은 사랑보다 평온함을 주는 우정을 나눌 수 있는 만남이 좋다. 만남을 통해 '나도 이만하면 그런대로 괜찮은 삶이군' 하며 스스로의 안심지수를 높여주는 만남은 내 피자에는 존재하지 않는다. 작가와 의미 있게 만난 독자가 마침내 저자가 된다면 그를 평생 우정을 쌓을 친구로 정해도 좋다.

만남을 뒷받침하는 것은 팔과 다리다. 스스로 견고하게 지탱하는 힘은 살아 있음을 증명하고 삶에 굴복하지 않도록 도와준다. 자립을 도와주는 두 다리를 견고하게 하기 위해 나는 쪼그려 앉아 뛰기를 꾸준히 한다. 두 다리로 원하는 곳을 향하여 전진할 수 없다면 아쉬운 소리를 하며 성가신 절차를 밟아 이동해야 하기 때문이다. 나는 내 다리로 걸을 수 있는 곳까지 갈 수 있다. 또 하나는 팔굽혀펴기이다.

내가 쓰러질 때 처참하게 넘어지지 않도록 받쳐주는 역할을 하는 것이 두 팔이다. 그래서 나는 팔 근육 단련을 게을리하지 않는다. 이렇게 단련된 팔과 다리로 눈빛이 살아 있는 자들을 만난다. 이렇게 나는 견디며 만남을 이어간다.

세 번째 15퍼센트의 피자인 잠은 나에게는 또 하나의 생이다. 하루를 마치고 잠자리에 들기 전, 나는 또 다른 생을 준비한다. 특히 하루 동안 마음을 혼미하게 하는 사람을 만났거나 원치 않는 일을 당했을 때, 번뇌가 먼지처럼 일어 눈이 혼탁할 때 나는 말한다.

"그래, 오늘은 여기까지다."

그리고 조용히 누워 숲의 능선으로 올라 활강한다. 지친 하루를 날려버릴 여행을 시작한다. 까마귀나 종달새, 독수리와 어깨를 나란히 하며 계절이 보이는 능선과 능선을 힘차게 날아오른다. 이렇게 시작한 또 하나의 생인 잠은 내게 크나큰 기쁨을 전해준다.

"꿈속의 세계도 그대가 꿈을 꾸는 동안은 실재적입니다. 그 꿈이 계속되는 한 거기서 그대가 보고 느끼는 모든 것이 실재적인 것입니다. 꿈은 하나의 꿈으로서 그대가 그 실재성을 의심하는 것을 허용하지 않습니다. 그렇다고 해서 그대가 깨어 있는 동안 경험하는 세계의 실재성을 그대가 의심할 수도 없습니다."

이는 인도의 성자 라마나 마하리쉬의 말이다. 사람에 부대껴 마음이 울적하거나 자기 연민에 사로잡힐 때 사람들은 잠을 이루지 못한다. 불행한 생이 계속되리라는 불안 때문이다. 그러므로 내게 잠은 또 하나의 생이다.

소득보다 꿀잠이 행복을 결정하는 중요한 요소라는 연구 결과가 있다. 영국의 유통 회사 세인즈베리가 옥스퍼드 이코노믹스와 전국 사회조사 연구소에 의뢰해 만든 행복지수의 분석 결과이다. 8,250명을 대상으로 영국인의 일상에서 행복을 좌우하는 핵심 요소가 무엇인지 알아보니 성생활, 직업 안정, 가족의 건강, 가처분소득, 잠 중에서 잠이 행복과 상관관계가 가장 컸다. 소득이 50퍼센트 오르면 행복지수는 0.5포인트가 증가하지만 좋은 수면은 3.8포인트나 지수를 끌어올렸다.

이상의 80퍼센트는 기쁨의 피자다. 내가 세상에 나서 기쁘게 살아가는 이유다. 이 80퍼센트의 피자를 먹을 수 있는 힘은 20퍼센트의 고뇌에서 나온다.

내 피자의 20퍼센트는 고뇌다. 이는 동물과 다른 인간만의 항목이다. 피할 수 없는 고뇌는 매일 매 순간 가득하다. 사람들은 이 괴물을 다루는 방법을 일생을 두고 연습하여 다양한 방법으로 대처해 나아가고 있다. 이 고뇌를 다루는 곳에 행복지수가 고스란히 들어 있다. 나는 고뇌를 바라보며 내 것으로 인정하는 쪽을 택했다.

'어떤 시련도 고스란히 내 것이다.'

이렇게 받아들인 다음 나는 이 조각을 천천히 먹는다. 참을 수 없는 고통 때문에 어깨가 들썩거려질 만큼 호흡이 불규칙하게 움직여도 결국 내 것이다. 20퍼센트의 통제할 수 없는 변수, 이것이 내 피자의 맛을 결정하는 동력이다.

악다구니를 써도 변하지 않는 상사, 맥 빠진 채 하루하루를 견디며 살아가는 동료, 아슬아슬 비켜가는 상대편 자동차, 허락도 없이 남의 심장을 넘보는 수다쟁이, 끊임없이 기웃거리며 권력의 냄새를 찾아

쿵쿵거리는 경쟁자, 호시탐탐 남의 양심을 염탐하는 몰이꾼, 심장을 건네줄 듯 대시하다가 전세가 바뀌면 언제 그랬냐는 듯 호통을 치는 몰염치 등 더 이상 인간으로 볼 수 없을 만큼 타락한 인간들이 득실대는 현실 속에서 온전히 심장을 보존하며 살아가는 일은 그 자체로 시련이다. 이를 인정하고 받아들이고 심장의 뜻대로 행동하는 것, 이것이 고뇌를 다루는 나의 태도다. 이 고뇌의 조각을 영상보다 더 생생하게 문장으로 그려내는 글쓰기, 이것이 내가 예측 불허의 피자를 요리하는 자세다.

이 피자를 어떻게 가치로 환산할 것인가의 문제가 남는다. 내 인생의 피자 한 판이 배달되었다. 물론 내 의도와 무관하게 덜컥 말이다. 책을 쓰면서 피자를 요리하는 방법을 조금씩 깨달았다. 물론 지금 주문할 기회가 주어진다면 '행복한 맛'으로 주문할 것이다. 그러나 이미 피자는 배달되었다. 이제는 피자를 요리하는 일만 남아 있다. 어떻게 먹을 것인가? 그 방법이 인생의 주제 찾기다. 주제를 정했다면 피자는 주제에 맞게 쪼개어 먹으면 된다.

초인종 소리도 없이 도달한 피자 한 판, 당신 인생의 피자는 무엇인가? 어떻게 먹을 것인가?

: 오늘의 박카스 :

인생의 피자, 맛은 당신이 결정한다.

07

최고의 팀을
꾸려라

자신을 중심에 세우고 주인으로 살아가기 위해서는 스스로 '또라이'가 되어야 한다. '삐또(삐뚤어진 또라이)'는 내가 조직생활 속에서 의식의 쇠락을 막아내기 위해 정한 이름이다. 또라이라는 말이 궁금하여 그 뜻을 찾던 중 '우최또(우주 최고 또라이)'라는 말을 발견했다. 또라이는 일명 '똘기'라고도 하는데 '남들이 못하는 걸 하는 사람의 끼'를 뜻하는 말로 '또라이 끼'의 줄임말이다. 오픈사전에 똘기는 '보통 뭔가 부족한 행동을 했을 때 사용한다'고 명시되어 있다.

이렇게 거침없이 또라이를 자처하며 행동할 수 있는 힘은 어디서 나오는 걸까? 나는 '욕망', '자신에 대한 믿음', '행동력'이라 생각한다. 경직된 사고의 틀을 깨고 거침없이 자신의 꿈을 선포하고 나대로 살아가는 또라이의 삶은 유쾌하고 통쾌하다. 이 정신을 가진다면 사축과 같은 직장생활에서도 단연 당당하게 살아갈 수 있다. 자신의 욕망에 충실하고 믿음을 바탕으로 살아간다면 업무의 탁월한 성과를 일구어낼 수 있을 뿐만 아니라 인생의 주인으로 살아갈 수 있다. 이들의 활약상을 보면 눈물겹지만 '인생, 거 살 만하네!' 하는 감탄이 절로 나온다.

나는 내 책에서 이들의 활약상을 '맛집', '걸작', '고수' 등의 용어로 표현하였다. 또라이들은 남들이 하지 못하는 것을 하는 사람들이다. 익히 알다시피 세계 명작의 작가나 명작의 주인공들은 하나같이 또라이들이었다. 안정을 거부하고 집을 뛰쳐나와 길 한복판에서 '자기대로' 상상하고 자기를 중심에 두고 살아가는 사람들이다. 그들은 변화무쌍한 환경에 자신을 세워두고 위기를 극복해간다. 어떤 상황에서도 자의식을 느끼지 않고 현실에 정면으로 맞선다. 살아가면서 그런 사람들을 만날 기회가 있다면 더할 나위 없는 행운이다. 그런 사람 세 명을 얻는 일은 천하를 얻는 일보다 어렵다.

'어떻게 팀을 꾸릴 것인가?'

당신이 지금 만나는 사람, 당신으로 인해 더 행복해지는 사람 중 자립에 성공한 사람으로 팀을 꾸리자. 같이 가치를 창출하는 또라이를 만나 최고의 팀을 꾸리는 일은 일생을 함께할 친구를 만나는 일이다. 그들은 '자기를 비우고, 상대의 동기를 인정하며, 함께 성장하는 사람들'이다. 이는 '상대의 동기를 포기하지 않고 공감하는 정신'이 있을 때만 가능하다.

마윈은 《서유기》 속 삼장법사 현장의 일행을 최고의 팀으로 꼽았다. 리더인 현장은 오로지 경전을 구할 방법에만 몰두한다. 리더의 요건인 확실한 목표의식을 가진 것이다. 손오공은 불같은 성격과 함께 다양한 능력의 소유자다. 저팔계는 게으르고 먹을 것만 밝히지만 유쾌한 성격에 관계의 고수다. 사오정은 평범하지만 충직하고 과묵하다. 현장과 세 명의 손오공보다는 현장과 손오공, 사오정, 저팔계의 팀이 더 끈끈하게 협력할 수 있다는 것이다. 마윈은 알리바바를 만들 때 엔지니어와 고급 관리자 등의 손오공형 인재를 필요로 했다. 아울러 성실한 사오정은 팀의 강한 공감대를 갖고 전체의 가치관을 공유한다. 저팔계는 인간관계에 능숙하여 외부의 힘을 빌려오는 데 탁월하며 유머로 멤버들을 즐겁게 해준다. 마윈의 알리바바 성공의 절반 이상은 창업 초기에 구성한 창립 멤버의 공이었다 해도 과언이 아니다. 인사에 성공하여 그들의 능력을 충분히 발휘하도록 한 것이 적중했다.

"저는 대학원에 다닌 적이 없지만 우리 직원들은 모두 박사, 석사입니다. 처음에 저는 이메일도 제대로 보내지 못했지만 그런 건 문제가 되지 않습니다. 우리 직원들이 할 수 있으니까요."

그는 리더가 만능일 필요는 없지만 반드시 전투력 있는 팀을 갖추는 능력은 있어야 한다고 강조한다. 인재를 적재적소에 배치하고 능력을 발휘하게 하는 시스템을 갖추면 사람의 가치를 극대화할 수 있다. 작가가 영향력을 극대화하려면 메신저로서 도약해야 한다. 세상을 변화시키는 메신저의 아홉 가지 좋은 점을 보면 다음과 같다.

첫 번째, 전적으로 자신의 열정과 지식을 기반으로 한다. 다음 질문들에 답해보자.

'당신은 인생이나 사업에서 사람들에게 도움 될 만한 어떤 지식을 가지고 있습니까?'

나의 경우 상담 분야에서 10여 년의 임상 경험을 가졌다. 그리고 상대의 동기를 변화시키는 '동기면담 훈련가(KAMI, korea Mint)'이기도 하다. 물론 메신저의 꽃은 역시 저서다. 책을 기반으로 하면 자신의 장점을 폭넓게 넓히는 데 유용하다. 나는 사람들과 짧은 시간에 호감을 갖게 하는 '감동 대화법', '변화 대화법'을 가지고 있다. 거기에 상대의 마음을 읽어내는 심리적 기반도 나름대로 닦아두었다. 이런 기초 장치를 기반으로 대화법 관련 책을 쓰는 과정에서 상대가 하는 말이 현재의 문제의 원인이라는 사실을 나는 단기에 간파할 방법을 알게 되었다.

'당신은 다루려는 주제에 그리고 다른 사람의 삶을 향상시키도록 돕는 일에 진실로 열정적입니까?'

나는 대화법을 통해 상대의 변화를 돕는 주제, 이를테면 '마음감옥탈출법', '동기부여', '의식확장', '참나 알기'를 통해 인생의 고뇌를 극복하는 방법을 돕는 일을 가장 큰 사명으로 하고 있다.

두 번째, 공감하면서 창조한다. 이는 첫째, 고객의 신뢰를 얻고 그들이 원하는 것과 꿈을 이해하고 공감하는 일이다. 둘째, 더 좋은 인생을 살거나 사업을 키우는 방법에 대한 유용한 정보를 담을 콘텐츠를 만들어 가치를 제공하는 일이다. 이는 한마디로 정보를 상품으로 만드는 일인데 글, 웹세미나, 비디오, 오디오, 워크숍, 코칭 프로그램 등을 만드는 일로써 그 첫 단추로 책을 써서 구축해야 한다.

세 번째, 컴퓨터와 전화만 있으면 된다.

'당신은 메시지, 지식, 도움을 줄 만한 고객은 있습니까?'

여기에 답해보자. 유료화했으면 적잖이 효과 보았을 것들을 수용할 고객층이 있는지, 무엇을 가지고 있는지 점검하자. 메신저는 줄 것과 이를 받을 고객이 있어야 한다.

네 번째, 성공에 필요한 도구들이 값싸고 구하기 쉽다. 블로그, 카페, 유튜브, 이메일, 콘텐츠관리 프로그램 등 이것은 누구나 시간을 할애하면 쉽게 접할 수 있다. '1인창업수업' 등에서 운용 방법과 전략, 기술을 배우는 법도 있다.

다섯 번째, 두세 명의 직원만으로도 많은 수익을 올릴 수 있다. 마크 빅터 한센의《영혼을 위한 닭고기 수프》는 1억 부 이상 팔린 초베스트셀러다. 그가 함께한 직원은 총 다섯 명이었다. 메신저 산업은 인력을 아웃 소싱하는 방식이 잘 어울린다. 웹사이트 구축, 인터뷰 스케줄관리, 비디오 촬영, 고객 응대, 출판 행사, 글쓰고 게재하기 등은 기업가형 메신저들이 누리고 있는 삶과 정확히 일치한다.

여섯 번째, 마음에 드는 사람과 일할 수 있다. 첫째, 메신저들은 항상 자신의 메시지를 전달하기 위해 자신만의 전문 지식을 다른 사람들과 기꺼이 나누려고 한다. 멘토였던 사람, 동경하는 메신저로 여겼던 사람과 손잡고 같이 일하는 모습은 생각만 해도 신나는 일이다. 둘째, 상호 협력적이므로 자신이 모든 주제의 권위자가 될 필요가 없다. 다른 메신저들의 지식을 활용하면 된다. 셋째, 진정으로 세상을 바꾸고 싶어 한다면 다른 메신저들은 기꺼이 지원해주고 도와줄 것이다.

일곱 번째, 노동시간이 아니라 전달하는 가치에 따라 돈을 번다. 기꺼이 지불할 수 있는 가치, 그것이 메신저의 재산이다. 돈보다는 인생의 변화가 중요한 사람들, 의식이 확장된 사람들, 긍정적이고 미래지향적인 사람들, 고수들, 걸작들, 리더들, 선한 영향력을 지향하는 사람들, 이런 사람들은 인생을 개선할 수 있는 변화에 투자하는 데 지갑 사정을 따지지 않는다. 그들은 그 가치를 알기 때문이다. 내가 던지고 싶은 화두는 이것이다.

'변화를 원하는가? 변화를 얼마나 원하는가? 그 열망지수에 기꺼이 대가를 지불하겠는가?'

여덟 번째, 홍보를 많이 할수록 돈도 더 벌린다. 살아가는 데 도움되는 정보를 담아 무료로 보낸다. 그리고 더 자세한 정보는 유료로 제공된다고 알려준다. 더 많은 소득을 올리고 싶다면 더 많은 관련 가치를 제공하고 홍보 활동을 진행하면 된다. 회원 규모가 얼마 되지 않아 갑갑한가? 잠재고객들을 많이 가지고 있는 다른 메신저들과 함께 일하면 된다. 다른 메신저들이 당신의 메시지가 전달되도록 도와줄 수 있다.

아홉 번째, 다른 어떤 산업보다 높은 소득을 올릴 수 있다. 첫째, 돈에 대한 경직된 태도를 버려야 한다. '메신저가 된다'는 의미는 당신의 메시지를 세상과 나누는 사업을 한다는 뜻이다. 이는 반드시 습득해야 할 메신저의 덕목이다. 둘째, 돈에 관한 자신의 관점이나 개인적인 목표를 진지하게 재검토해봐야 한다. 더 많은 사람을 돕고 그 결과 더 많은 돈을 벌고자 하는 원대한 비전을 가지고 있다면 당신이 이때까지 부모님, 지역사회 및 언론매체로부터 돈에 대해 배운 것들은 더 이상 적절하지 않을 수도 있기 때문이다. 셋째, 사람들을 돕는 일을 통해 돈을 벌면 우리는 죄책감을 느끼고 당황스럽고 마음이 불편할 수 있다. 그러나 이 죄책감은 타인이 그의 메시지를 잘 전달하도록 돕는 일로 전환하면 된다.

미래학자 앨빈 토플러는, 1981년에 "제3의 물결이 정보혁명을 바탕으로 인류의 삶을 바꾸어놓을 것"이라 주장했다. 그로부터 20여 년, 롤프 옌센이라는 미래학자는 소비자에게 꿈과 감성을 주는 꿈의 사회가 올 것이라는 선언했다. 꿈과 감성이라는 제4의 물결이 국가 경쟁력을 좌우할 것이라는 주장이다. 바야흐로 상상력을 자극하는 스토리텔링의 시대가 도래했음을 말해주는 대목이다. 각자의 상상력과 감성을 주고받는 스토리텔링은 말하는 사람이나 듣는 사람에 따라 다양하게 변형될 수 있어 상대방의 공감대를 끌어내는 효과적인 방식이다.

이야기 속에는 상상이 들어 있다. 상상을 현실로 이끌어내는 최고의 팀을 꾸리자. 작가는 자신의 작품을 귀히 여기고 작품을 뼛속 깊이 공감하며 감동하는 또라이들을 주목해야 한다. 13억의 중국을 움직이는 인원은 '9인위원회'라는 팀이다. 그러나 각별히 주의하자. 메신저라는 가면을 쓰고 일신의 영달이나 부의 축적을 목적으로 가치를 가격으로 판매하는 메신저는 더 이상 메신저가 아니다. 메신저는 기꺼이 재산의 가치를 가장 필요한 곳으로 끊임없이 '흐르게 하는 통로'일 때 빛을 발한다. 그 어느 누구도 메신저로 인하여 상처를 입었거나 삶의 허황된 희망에 희생되어 의기소침하게 변해버렸다면 그는 메신저라기보다는 장사꾼에 불과할 것이다. 마음껏 가치를 창출하고, 나누고, 자신을 바쳐 기꺼이 접속 통로가 된다면 그야말로 진정한 메신저가 될 것이다. 누군가 메신저의 활동으로 인하여 변화를 경험했다면 그 자체로 큰 감동이다.

메신저 역할로 지독한 도박으로부터 탈출하여 인생 2막을 열어 크게 성공한 사람이 있었다. 그는 두 번째 인생을 살게 해준 메신저가 너무도 고마운 나머지 어떤 방법으로든 보답하고 싶었다.

"당신이 필요한 것 무엇이든 말해보세요. 제가 무엇이든 해드릴 게요."

그는 고가의 시계를 내밀며 말했다.

"얼마만큼 고맙죠?"

메신저가 말했다.

"말로 표현할 수 없을 만큼이요."

메신저가 말했다.

"그 마음과 느낌 그대로 나(메신저) 아닌 다른 사람에게 나누어주세요. 당신이 받았던 그만큼을 더 필요한 사람에게 흘려 보내주세요. 나는 흐름의 통로이니 그 어떤 것도 쌓아둘 수 없으니까요."

자신이 받은 것을 함께 모아 그 누군가에게 나누어주는 사람들, 그들이 최고의 메신저팀이다. 작가, 같이 가치를 창출할 또라이들로 구성된 최고의 팀을 꾸리자.

: 오늘의 박카스 :

같이 가치를 창출하라.

08
가난한 마음의 감옥을
탈출하자

그동안 이유 없이 미안했던 '가난심리'를 가만 들여다보자.

책 하나로 가치를 창출할 수 있을까? 보이지도 않는 '가치'를 값으로 지불한 사람들에게 미안하다면 당신의 원고를 재검토해야 한다. 서점에 책은 산더미처럼 쌓여 있다. 대화법 책의 경우 전문가는 얼마나 많은가? 대화법으로 가치를 창출한들 얼마나 차별화할 수 있을까? 당신이 창출한 가치에 일단 미안한 마음부터 들었다면 당신은 가난한 마음의 감옥에 갇혀 있는 거다.

'고객의 80퍼센트는 비싸도 구매한다.'

이를 통해 깨달은 것은 '가난심리부터 벗어나야겠다'였다. 가난심리를 탈출하여 부자로 출발하자.

첫째, 가치에 가격을 부여하는 일이 미안한 가난심리에서 벗어나야 한다.

한 권 책의 가치를 허투루 보았던 스스로를 돌아보자. 책 하나로

124

창출할 수 있는 가치는 무궁무진하다. 일상에서 우리는 음식에 대한 대가, 물건이나 옷에 대한 대가는 아낌없이 지불하면서 자신의 의식을 변화시켜줄 책의 가치를 가격으로 환산하는 일은 소홀히 한다.

죽음을 목전에 두고 있던 내담자를 마음의 감옥에서 탈출하도록 돕는 일의 가치는 얼마나 될까? 마음의 감옥을 탈출한 자신감으로 취업을 하고, 세상에 살아갈 이유를 찾고, 사회인으로 자립할 수 있도록 동기를 부여했을 때 그 가치는 얼마나 될까? 어디 그뿐인가, 게임에 미쳐 자전거를 훔치던 고등학생을 프로게이머가 되도록 도왔음에도 나는 부모로부터 그저 '참 괜찮은 분'이라는 한마디와 함께 치맥을 얻어먹는 바람에 속만 쓰리고 말았다. 생각해보니 내 안 구석구석에 가난심리가 도사리고 있었다. 한 번 뿌리박힌 생각은 말과 행동 패턴에 질경이처럼 영향을 준다. '그것이 가치를 헐값에 내던지는 가난뱅이'라는 자조적인 말이 떠올랐다. 지나보니 그건 모두 '가난심리'의 다른 표현이었다.

가난심리를 탈출하여 가치에 합당한 가격을 부여하는 부자가 되자. 부자가 되는 일은 돈의 흐름을 당신이 원하는 방향으로 돌리는 통로가 되는 일이다. 최선을 다하여 책을 쓰고 그 가치에 합당한 가격을 부여하자. 책을 쓰는 일은 쌓아놓는 가난뱅이에서 나눔과 흐름을 주도하는 부자가 되는 일이다. 쌓아놓기만 하는 독자가 될 것인가, 나누는 작가가 될 것인가? 그 선택이 바로 가치에 합당한 가격을 부여해야 하는 이유다. 가치에 합당한 가격을 부여하는 일을 자랑스럽게 생각하자. 단, 부자는 많은 돈을 쌓아두는 사람이 아니라 돈의 흐름을 나눔의 통로로 활용하는 사람임을 명심하자. 세상에 재물을 쌓아두는 거지를 부자로 여기는 사람들이 있다. 가치에 높은 가격을 부여하여 부의 통로가 되는 것, 이것이 당당한 부자다. 가치에 합당한 가격을 부여하여 가난을 벗어나자.

둘째, 너무 전문적인 설명을 하는 아마추어 마인드를 버려야 한다.

지네가 춤을 추는 모습을 넋을 놓고 바라보던 풍뎅이가 말했다.

"너는 어쩜 그렇게 춤을 잘 추니? 나에게 한 가지만 가르쳐줄래? 그 환상적인 스텝 기법을 말이야."

그 말을 들은 지네는 그날부터 춤추기를 포기하고 말았다. 풍뎅이의 질문을 받고 스텝을 생각하는 순간부터 리듬이 깨지고 흥이 사라졌기 때문이다.

주제를 선택하여 이를 브랜딩하기로 작정하였을 때 가장 먼저 경계해야 할 것은 지나치게 '전문가'를 자처하는 일이다. 관련 주제로 책을 내놓았다면 그 자체로 전문가로서 활동하는 데 손색없다는 자신감을 가지고 자기 나름대로 전문성을 살리면 될 일이다.

내가 가졌던 아마추어 생각을 반추해본다.

'세상에 전문가가 얼마나 많은가! 대화 관련하여 국제적인 워크숍을 참여한 인물도 있던데. 대화법 책이 또 얼마나 많은데 책 한 권으로 얼마나 가치를 창출할 수 있을까? 내가 얼마나 차별화할 수 있을까? 과연 누가 내 말에 귀기울여줄까?'

이런 마음은 책 쓰기를 처음 시작할 때부터 마음 한구석에서 집요하게 따라다닌다. 책을 쓰고 강연을 시작하면 독자를 포함한 수요자들로부터 러브콜이 시작된다. 책을 브랜딩하여 프로그램을 운용할 때 지나치게 많은 것을 전달하고자 욕심을 부린다면 '진짜 아마추어'라는 독자들의 평가를 벗어날 수 없다.

책이든 강연이든 사람들은 교육받는 것을 원치 않는다. 교육은 강요와 부담이 작용하면 시작 단계부터 거부감이 들게 마련이다. 작가라면 책의 주제에 대한 선명한 메시지로 독자를 매혹시킬 수 있어야 전문가로 거듭날 수 있다. 세상에 하나뿐인 경험을 존귀하게 여기자. 나의 프로그램은 언제나 일상과 연결된다. '지금 어떠세요?'의 말문 트기로 시작하여 '후 엠 아이 프로그램'의 중심에 고객이 서도록 안내한다. '내용은 깊게, 전달은 쉽고 재미있게'가 프로그램의 생명이다.

셋째, 같은 상품은 가격도 같을 것이라 짐작하는 바보 생각을 버려야 한다.

같은 종류의 상품이라도 가격이 천차만별이라는 사실은 누구나 알고 있다. 가게 주인의 눈빛이나 태도는 그대로 그가 판매하는 물건에 반영된다. 야채를 살 때 가게가 인접해 있다면 잘 정돈된, 친절한 가게로 몰린다.

나는 한때 가격을 더 지불하더라도 유기농 야채 가게에 들르곤 했다. 그러나 가게 주인은 '너는 어차피 올 거니까' 하는 태도로 눈길한번 주지 않았다. 나는 다음부터 가게에 발길을 끊었다. 정돈이 잘되어 있고 친절한 총각네 야채 가게로 단호하게 발을 돌렸다. 얼마후 유기농 야채 가게 자리에는 휴대전화 대리점이 들어섰다.

같은 상품이라도 고객이 얻는 가치는 천차만별이다. 진실과 믿음, 이 두 가지는 모든 고객이 공통적으로 알아채는 가치의 덕목이다. 단지 가난한 심리를 가진 바보들만 진실과 거짓을 구분하지 못한다. 가난뱅이들은 그래서 언제나 "아무거나", "그게 그거야", "뭐 다를 거 있나" 하며 단정해버린다. 어떤 일이라도 진실과 믿음으로 표현하면 고객은 기꺼이 대가를 지불할 것이다. 바보 생각은 책의 가치를 바보로 만든다.

넷째, 값싼 것을 권하게 되는 싸구려 마음을 버려야 한다.

사람들은 밥값이나 술값, 혹은 여자 친구에게 줄 꽃바구니에는 아낌없이 대가를 지불하면서 '의식의 변화', '의식의 확장', '동기부여', '마음감옥 탈출', '마음의 평온', '감동' 등에 대가를 지불하는 것을 주저한다. 점차 의식수준이 향상되어 이런 편견이 조금씩 깨지고 있지만 아직도 사람들은 '싸고 편리한 것'을 선호한다.

우선 가치에 가격을 매기는 데 미안한 마음부터 고쳐먹자. 도대체 무엇이 그렇게 미안하다는 말인가? 가만히 들여다보니 가장 미안해 해야 할 대상은 나 자신이다. 이렇다 할 이유도 없이 '그저 미안하기만 했던 내 인생'은 항상 싼 것을 권한다. 가치에 비하여 헐값에 거래되는 것들은 하나같이 당사자가 정한 한계다. 그렇다고 고가품이 모두 좋은 것이라는 주장은 아니다.

'가치에 합당한 가격을 받는 것'은 정당하다. 이 세상에 단 하나뿐인 '경험의 가치'에 제대로 된 가격을 부여하자. 스스로 인정할 수 없는 싸구려를 남들이 인정해주기를 바라는 일은 집어치우자. 자기 인생의 주도권을 누군가에게 맡기고 살아가는 일은 일종의 직무유기다. 꿈을 꾸고(상상) 꿈을 선포하고 선포한 꿈을 습관으로 다지는 일은 당당한 일이다. 싸고 편한 것만을 권하던 미안한 마음을 버리고 자신의 노력에 합당한 가치를 당당하게 부르자.

다섯째, 돈 많은 사람만을 겨냥하는 헛다리 사고를 바꿔야 한다.

많은 이가 부자들만 명품을 구입하는 것으로 착각한다. 과연 명품을 부자들만 구입할까? 그건 당신이 제대로 된 부자를 못 만나봐서 그렇다. 내가 알고 있는 부자들은 결코 헛되이 돈을 쓰지 않는다. 합당한 가격이 아니면 천 원, 이천 원을 가지고도 악다구니를 하며 가격을 흥정하는 섬세함과 고집을 가지고 있다. 돈 많은 사람은 결코 쉽게 지갑을 여는 이가 아니니, 그런 이들을 겨냥한 전략은 각별히 주의해야 한다.

"거, 돈 있는 사람이 더 하네!"

이 말은 '돈 있는 사람은 돈의 가치를 소중하게 여기고 소비도 빈틈없이 한다'의 또 다른 표현이다.

가난한 마음의 감옥을 탈출하는 데 '자신의 가치, 저서의 가치를 귀히 여기는 것'보다 더 확실한 무기가 있을까? '누구도 인정하지 않는 나의 성장기 같은 책을 누가 읽겠는가?'라고 되물을 수 있다. 그러니 심혈을 기울여 한 땀 한 땀 진심을 다해 정직하게 써내야 많은 사람이 공감한다는 결론이 나온다. 일단, 작가가 되려는 자는 자신의 저서를 귀히 여기는 것으로부터 가난한 마음의 감옥을 탈출해야 한다.

'품격 있는 대화'를 주제로 한 저자 강연을 할 때 나는 참여하는 독자들이 너무 고마운 나머지 적지 않은 책을 독자들에게 서명하여 전달했다가 멘토에게 혼쭐 난 적이 있다. 멘토는 이렇게 조언했다.

"당신의 작품은 명작이다. 독자가 된 자들이 저자의 책 한 권 값이 아까워 책을 사거나 읽지도 않고 맨손으로 들렀다면 그건 저자에 대한 예의가 아니다. 절대 책을 함부로 내놓지 마라!"

그분은 "저자가 자기 책의 가치를 귀히 여기지 않으면 자신이 없다는 증거다"라고 덧붙였다. 그 후로 나는 미안해하는 가난한 마음의 감옥을 탈출했다. 나의 경험을 귀히 여기고, 귀한 경험을 최선의 노력으로 집필하여 독자를 유익하게 하였다면 고마워할 당사자는 가난한 마음의 감옥을 탈출한 독자임을 명심하자.

: 오늘의 박카스 :

작가, 가난한 마음의 감옥을 탈출하자.

09

책을
닦고 조이고 기름 쳐라

책을 닦는 일은 책에 이미지를 부여하는 브랜딩 작업이다. 첫 책을 귀히 여기자. 자신의 책을 귀히 여기지 않는 이는 자신의 자식을 방치하는 무책임한 부모와 같다. 작가는 자신이 쓴 작품의 파수꾼이다. 그 방법은 책의 브랜딩을 통한 작가 강연회로 시작된다. 브랜딩한 책을 강연으로 연결하여 경험의 가치를 알리고 세상에 좋은 영향력을 펼치자.

강연을 하려면 준비가 필요하다. 전자 우편이나 휴대번호, 카페, 블로그 등을 책이 출간되기 전에 정비해두어야 한다. 책의 출간에 맞추어 이미지를 부여하는 작업, 이것이 책을 빛나게 닦는 일이다. 책이 출간되었다는 기쁨에 빠져 사람들이 관심도 없는 업적을 주저리주저리 나열하며 안면 있는 사람들을 불러모으는 우를 범해서는 안 된다.

책에 관심 없는 사람들에게는 출간 소식을 애써 알리지 말자. 그들은 '뭐 책을 썼댔서 안 가볼 수는 없고 체면치레로 얼굴은 내밀어야 겠다'는 생각을 가진 애매한 이들이다. 게다가 사회에서 당신보다 훨씬 잘나가는 동창, 의원, 영혼 없는 직장 상사 등 가슴속에 에고가 가득한 인간들을 당신의 축제에 초대할 때는 신중을 기하자. 이제 막 불이 붙기 시작한 당신의 의식이 누더기가 되기 십상이니까.

당신이 진심을 다해 썼다면 당신의 빛나는 성취를 응원해줄 사람은 얼마든지 있다는 사실을 잊지 말자. 사람의 차이를 인정하며 특별히 이를 용기 있게 책을 써준 작가에게 고마움을 느끼고 함께 눈물 흘려주는 진정한 고수들과 '기쁨을 나누는 강연회'를 열자. 책이 출간되기 전, 블로그를 통해 당신의 소통 창구를 만들고 페이스북 등을 통하여 당신에 대한 인지도를 조금씩 높여 책이 출간되었을 때 '뜬금없다'는 소리가 나오지 않도록 해야 한다.

다음은 책을 조이는 일이다. 각고의 노력 끝에 완성한 경험의 결정체를 관심 있는 사람들의 성장을 도울 수 있도록 정비해야 한다. 퍼주려야 퍼줄 게 없던 아마추어는 이제 없다. 누군가 당신의 가치를 얻으려면 대가를 지불해야 하는 프로가 되었다는 사실을 명심하자. 따라서 정보를 필요로 하는 사람들에게 가치에 걸맞은 대가를 지불할 기회를 주자. 그것이 바로 책을 통한 브랜딩, 프로그램, 강연 등으로 이어지는 '1인창업자'가 되는 비결이다. 대화법을 주제로 잡았다면 작가와의 만남, 변화를 유발하는 의사소통 스타일, 대화의 심리, 품격 있는 대화법, 변화 대화법, 감동 대화법 등의 일련의 과정이야말로 책을 조이는 일이다.

주제를 브랜딩하여 책을 닦고 각종 과정을 통해 조였다면 이번에는 당신의 책을 기름 치자. 책을 기름 치는 일 중 가장 멋진 일은 강연가로 활동하는 일이다. 전국 방방곡곡에 당신의 브랜드를 전파하자. 당신만의 경험을 필요로 하는 사람들을 위해 가치의 전도사로 활동하자. 책이 나오고 나서는 우선 스스로 책의 주제와 관련한 전문가로서의 품격을 갖추어야 한다. 고도의 기술이 필요한 일이다. 책을 쓴 이유, 가장 하고 싶었던 말, 그리고 작가로서의 삶을 통합함으로써 전국 서점에서 낯선 독자와 조우하게 될 저자로서 역량을 기르는 데 힘써야 한다. 어디서 누구를 만나든 책의 아비로서의 품격을 잃지 말고 당당하게 서는 모습을 보여야 한다. 삶의 현장에서 고단하게 살아가지만 아버지는 든든한 버팀목이라는 믿음을 심어주는 일이야말로 책을 써낸 작가의 역할이다.

작가, 책을 닦고 조이고 기름치자. 책을 완전히 믿고, 믿음의 크기만큼 거리를 두어 제 나름대로 세상을 살아가게 하자. 그러나 아버지와 아들은 각자의 길이 있음을 잊지 말자. 내 손으로 낳고 키운 자식이지만 그에게는 그만의 고유한 인생이 있음을 인정하고 믿음의 크기만큼 거리를 두고 부끄럽지 않게 각자의 할 일에 매진해야 한다. 자신의 책을 믿어주되 작가는 곧바로 자기의 할 일, 집필에 매진하자.

열다섯 살짜리 아들을 미국에 홀로 내려놓고 오는 길에 경험한 일이다. SBP라는 앨러버머주의 사립고등학교에 아이를 데려다주고 "지금부터는 너 혼자 다 할 수 있어야 한다"고 말해주고는 돌아왔다. 사춘기 아이는 "한번 해보겠다"라고 했지만 이역만리 지구 반대편에

아이를 두고 오는 심기는 불편했다. 떠나오기 전날 나는 아들에게 맥주를 한 잔 따라주며 편지 한 장을 건넸다. 떠나올 것을 생각하니 가슴이 먹먹했지만 아비로서의 심정을 이렇게 표현했다.

아들에게

상황은 항상 변할 수 있다. 예상치 못한 상실, 견딜 수 없는 슬픔과 외로움, 언어로 설명할 수 없는 미스터리……. 그러나 그런 상황에서 가장 지혜로운 처신 방법은, 모든 환경의 변화가 주는 감정과 느낌을 모아서 현재에 더 집중하는 것이다. 농부는 농부답게, 학생은 학생답게, 성직자는 성직자답게, 군인은 군인답게, 상담사는 상담사답게…….

너는, 너답게 처신해라. 그 처신이 생생하여 먼 훗날 네가 없는 상황에서도 너의 처신이 세상을 좀더 통하게 해라. 너로 인해 세상이 멈추거나 번잡스러워져서는 안 된다. 이 아비는 그렇게 살 테니 너도 사내답게 그렇게 살아라. 그리고 눈물은 여기서 멈춰라. 서툴게 울지 말아라.

나는 애써 붙잡고 있던 눈물을 비행기 안에서 끝내 쏟아버렸다. 감정을 숨기려 무지 애쓰던 말 '아비는 그렇게 살 테니 너도 그렇게 살아라'는 내가 평생 자식에게 해주고 싶었던 말이었기 때문이다.

그 말은 사춘기 아이에게 해주는 심정, 초고를 탈고하여 출판사에 보내고 나서 느껴지는 저자의 마음이다. 작가 된 자가 자신의 작품을 닦고 조이고 기름 치는 일은 이런 믿음이다. 그러므로 나는 내가 내뱉은 말을 지키기 위해서도 책을 닦고 조이고 기름 치는 일을 멈추지 않으며 쉬지 않고 쓰고 있다.

물론 한 개의 작품을 끝내고 나면 떠난 글과 분리하는 시간이 필요하다. 내가 낳은 자식이지만 그의 자립을 걱정할 때는 더욱 그렇다. 그러나 어쩌겠는가. 아무리 보기 싫어도 내 자식인 것을……. 그러나 분명히 밝혀둘 것은 밝혀두어야 한다. 세상은 혼자의 힘으로 잠자리와 먹을 것 정도는 마련할 수 있어야 한다는 것. 무슨 일을 하며 살아가든 독립적인 인간으로서의 품위를 잃지 말고 살아가야 한다는 것. 그것은 아무리 초보 작가라도 분명히 알아두고 써야 한다.

정에 익숙한 우리네의 경우 사람을 만나면 남의 방을 이곳저곳 기웃거리며 궁금하여 묻고 파고든다. '나는 괜찮으니 당신이나 걱정하시게' 하며 분명히 못을 박아두어도 무엇이 그리 궁금한지 한 걸음씩 파고 들어오며 "당신은 왜 이렇게 살아가나?", "당신은 저렇게 살아가는 게 어떠냐"는 등 묻지도 않는 말을 지껄인다. 그는 틀림없이 '자아가 텅 빈 인간'일 가능성이 높다. 상대방이 괜찮다지 않은가. 그리고 내 스타일대로 살아가겠다지 않은가. 그럼에도 궁금증을 참지 못하고 상대의 마음을 파고드는 사람을 주의하자. 그런 족속들은 자신의 불안한 마음을 다른 사람에게 물어보며 답을 찾으려는 위험한 자들이다. 요즘은 조직에서도 업무와 상관없이 터무니없는 간섭으로 시간을 낭비하는 사람들이 있다. 이런 불상사를 미연에 방지하기 위해서도 심혈을 기울여 써낸 작품을 닦고, 조이고, 기름 치자. 그렇게 스스로의 두 발로 우뚝 서자!

이런 말을 하면 위대한 소설가 마루야마 겐지 같은 작가는 "글쓰는 놈이 별 염병을 다하고 있네!" 하고 호통을 칠지도 모른다. 한번은 어떤 젊은이가 작가보다 훨씬 멋진 옷을 입고 나이에 어울리지 않는 고급차를 타고 작가의 집 근처를 어슬렁댔다. 고고한 작가는 어떻게 쓰며 살아가는지 알아보러 왔다는 것이다. 그때 작가는 "네 몸에 걸친 것들과 그 차는 네가 육신을 써서 마련한 거냐?" 호통을 치며 몽둥이를 휘둘렀다고 한다. 그럴 만도 하다. 그는 이미 연필 하나만으로 세상과 단절하고 매년 한 권 이상을 써내는 위대한 작가다.

나는 끊임없이 시와 소설 사이에서 영상보다 더 선명한 영상을 문장으로 써내는 작가를 보며 경탄을 금치 못한다. 지치고 힘든 생이지만 천 개의 시어로 소설을 빚어내는 작가의 글을 보면 기쁘고 즐겁다. 분명한 것은, 그와 비견할 수 없는 나만의 태도는 '내 것'이라는 자부심을 놓치지 않으려 한다. 인생에 대한 나의 태도는 또 그와 다르지 않은가. 내 경험 또한 그와 다르지 않은가. 마치 당신의 경험이 또한 당신의 고유한 것이듯!

작품은 독자의 몫이지만 작가의 사명은 작품을 닦고 조이고 기름 치는 일, 쉬지 않고 상상력을 폭발하는 일이다. 작품을 변호하거나 시시콜콜 비평가의 평가에 응대하거나 독자의 댓글에 일희일비하는 것은 작가의 품격에 맞지 않다. 책을 닦고 조이고 기름 치는 일은 작가의 몫이지만 책을 읽고 감동을 받거나 불쏘시개나 라면 냄비 받침대로 활용할지를 결정하는 것은 독자의 몫이다. 독자는 독자들 나름대로 책의 용도를 정한다. 그 용도가 무엇이든 그것은 거역할 수 없는 독자의 영역이다.

그러므로 아비 된 자로서 작가는 제 몫을 다하는 것으로 소임을 다하면 그뿐이다. 책을 썼다면 이미지를 부여하여 브랜딩하자. 프로그램을 만들어 사람들을 유익하게 하자. 강연으로 가치를 전파하자.

: 오늘의 박카스 :

작가, 책을 닦고 조이고 기름 치자.

10

메신저가
되라

메신저는 자기가 가진 경험과 지식을 메시지로 만들어 이를 필요로 하는 다른 사람들에게 전달한다. 자신만의 경험과 지식으로 사람과 사람을 연결하는 메신저가 되는 일은 세상을 변화시키는 일이며 사람을 이롭게 하는 일이다.

브렌든 버처드는《메신저가 되라》에서 수백만 명의 사람에게 메시지를 전하고 수백만 달러를 벌어들인 메신저들이 밟아온 공통적인 과정을 10단계로 정리했다. 이는 책을 쓰고 나서 책의 가치를 활용하여 강연가로 나서거나, 중요한 변화의 유발자 역할을 하거나, 상담가나 코칭전문가로 활동하는 데 효과적인 방법으로 보인다.

내일 나의 주변 환경이 예상치 못했던 상황으로 변할지라도 감정의 소용돌이에 휩싸이지 않고 평정심을 유지하며 평온하게 살아갈 방법은 무엇일까? 내가 내린 결론은 '내가 잘하는 것을 발견하고 이를 필요로 하는 사람에게 전하는 일을 하는 것'이다. 이는 주제를 선택하는 단계에서부터 출판 후 마케팅과 차별화된 메시지를 전달함으로써 독자에게 흥미와 유용성의 두 가지를 동시에 전할 수 있는 책 쓰기의 과정과도 유사하다. 브랜든 버처드가 제시한 10가지 단계를 보면 다음과 같다.

1단계, 주제를 선택하라. 주제는 현재 자신이 흥미롭게 배우고 있는 것, 현재 즐겨하는 것과 관련된 것, 항상 배우고 싶었던 것, 그리고 나만의 경험과 앞으로 5년 이상 즐겁게 열중할 수 있는 것으로 선택하라.

2단계, 고객을 선택하라. 다루려는 주제를 배웠을 때 가장 혜택을 받을 것으로 보이는 고객, 주제에 대해 배우기 위해 가장 기꺼이 돈을 지불할 것으로 생각되는 고객, 주제에 대해 더 배울 필요가 있어 보이는 고객, 내 주제를 배울 필요가 있는 사람들이 속해 있는 조직 등을 확인해야 한다.

3단계, 목표 고객의 문제점을 찾아라. 이는 잠재고객을 만날 때 가장 먼저 묻는 질문으로 고객이 성취하고자 노력하는 것, 소득을 두 배로 높이기 위해 필요한 것, 사업이나 생활에서 지금 가장 힘든 것, 상황을 개선하기 위해 시도해본 것은 무엇이며 어떤 것이 효과가 있었는지에 대한 질문을 통해 찾을 수 있다.

4단계, 당신의 이야기를 정리하라. 사실은 이 단계가 당신이 책을 써야 하는 이유와 가장 밀접한 관련이 있다. 평소에 자신의 경험을 말로 떠벌리거나 고생담을 무용담이나 되는 양 술을 마실 때마다 반복하는 사람, 성공 경험을 떠벌리는 사람들의 말에 귀 기울여본 적 있는가. 사람들은 할 말을 들어줄 상대를 필요로 할 뿐 기꺼이 말을 들어주는 이는 쉽게 찾아보기 어렵다. 하물며 감응도 없는 자기 자랑을 떠벌리는 이의 말에 귀 기울여주는 사람은 없다. 사람들이 궁금한 점을 깔끔히 정리하여 친절하게 이야기하듯 정리한 한 권의 책이 필요한 이유다. 어떻게 어려움을 극복했는지, 그의 경험을 내가 얼마나 공감할 수 있는지, 더 나은 인생을 살아가기 위해 무엇을 배울 수 있는지 등의 궁금증을 해소해줄 수 있도록 경험을 정리하자.

5단계, 나만의 해결법을 만들어라. 이 단계가 바로 고객과 직접 만날 수 있는 단계다. 책을 쓰고 연설문을 다듬고 세미나를 주최하고 코칭 프로그램을 만들어 온라인 등으로 교육을 준비하는 일이다. 고객은 읽기, 듣기, 보기, 경험하기, 익히기의 과정으로 정보를 소화한다고 한다. 이 모든 방법을 원하는 사람도 있지만 어느 방법이든 고객과 연결하는 해결 방안을 제시하는 일이다. 책 쓰기, 훈련 프로그램 만들기, 교육 이벤트 개최하기 등의 방법으로 자기만의 해결법을 만들어 전할 때 고객의 구미를 당길 수 있다.

6단계, 웹사이트에서 해결법을 판매하라. 이는 현대 정보화 사회에서 가장 쉽게 접할 수 있는 방법이다. 웹사이트에서는 고객의 정보를 입수하고, 가치를 제공하며 동시에 수입으로 연결시킬 마케팅전략을 구축해야 한다. 사이트를 방문하는 사람들이 배우고 싶어 하는 내용, 그들이 접속했을 때 무료로 제공할 수 있는 것, 그리고 고객들에게 알려 판매하고 싶은 상품이나 프로그램을 구비해야 한다.

7단계, 가치를 제공하는 캠페인을 진행하라.

8단계, 온라인에 올리는 콘텐츠는 무료로 하라.

9단계, 마케팅 파트너를 구하라. 마케팅 파트너는 이전의 단계를 성공적으로 마쳤을 때 구해야 한다. 브랜든 버처드는 자신이 다룰 주제, 잠재고객, 이야기도 없으면서 누군가에게 홍보를 부탁하는 일은 바보 같은 짓이라고 했다. 마케팅 파트너를 구하는 일은 그러므로 신중을 기해야 한다는 결론이 나온다. 이 단계에서는 파트너로 함께할 메신저들이 판매하고 있는 상품, 상품의 가치 그리고 등록된 메신저들의 고객 규모 등을 확인하는 데 주목해야 한다.

10단계. 차별화·탁월함·서비스를 잊지 마라. 어떤 사업에서도 그렇겠지만 자신만의 독특성, 경쟁자들보다 뛰어난 가치, 그리고 고객들에게 삶이 더 향상되도록 유용한 정보를 제공하는 일은 책을 매개로 한 메신저의 가장 뛰어난 점이 아닐까. 사람들의 삶을 더 나아지

게 하기 위하여 정보와 정보, 경험과 경험, 돈과 돈, 상품과 상품을 연결하는 메신저가 된다는 것은 흐르는 자로 살아가며 나눔을 실천하는 일이다.

　이상과 같이 메신저로 성공하기 위해서는 자신의 주제를 세우고 경험을 나누며 자신만의 방법으로 프로그램을 구축해야 한다. 이 과정에서 메신저가 익혀야 하는 기술적 목록은 자신의 메시지를 전달하기 위해 선택한 구체적인 소통방식에 달려 있다. 강연을 주로 한다면 발표와 설득 기술, 세미나에 능숙해야 하고 상담 메신저라면 경청과 감화에 뛰어나야 한다. 이때 유용한 실무 기술로는 블로그를 만들고 소셜미디어 웹사이트에서 활동하고, 이런 사이트에 글을 써서 올리는 것이다. 또한 비디오를 찍고 편집하여 이런 사이트에 올리는 방법이 있다.

　브랜든 버처드는 이를 실천하는 방법으로 다음과 같이 메신저의 행동 수칙을 제시했다.

　첫 번째, 시장에 자신을 포지셔닝하라. 그는 자신이 다른 메신저들과 다른 점은 무엇인지, 어떤 점이 유용한지, 가격을 얼마로 정할 것인지를 기준으로 차별화했다. 구체적인 내용은 다음과 같다. 첫째, 자신의 이야기와 성공전략이 독특하고 사람들의 인생을 전환시킬 수 있다고 생각하기. 둘째, 콘텐츠는 매우 좋은 관행들을 포괄적으로 종합하여 최신 내용 담기. 셋째, 다른 사람들보다 자신의 태도와 설명 스타일이 더 눈에 띄고 매력적이도록 하기. 넷째, 세미나에서 사람들에게 수십 개의 유료 프로그램을 홍보하기보다는 교육 콘텐츠에 더 초점을 맞추기. 다섯째, 교육용 자료들과 현장 행사 및 사업에 대한 접근방식이 기존의 것들과 매우 다르다고 판단하여 품질과 탁월함에 집중하기. 여섯째, 분야의 최고 매신저들을 모두 만나기. 포지셔닝의 방법으로 다루는 주제에서 신뢰할 수 있는 사람으로 포지셔닝하기, 정보를 최고의 교육콘텐츠로 포지셔닝하기, 같은 분야에서 일하는 동료 메신저들과 가깝게 지내기 등을 활용하였다.

두 번째, 내 경험을 상품으로 만들라. 그는 경험을 상품화하기 위해서는 상품화에 대해 배운 점, 브랜드와 자신을 세상에 표현하고 싶은 방식, 건강과 활력을 유지하기 위해 해야 할 일의 목록을 챙겼다.

세 번째, 판매보다 홍보를 우선하라. 이때 우선해야 할 질문은 만들어 홍보할 다음 상품 혹은 프로그램, 사람들이 이 프로그램에서 얻을 수 있는 것, 이 프로그램을 판매하기 전에 무료로 제공할 부분이다. 브랜든 버처드는 여기서 사람들이 프로그램을 사고 싶어 하는 이유와 이때 지켜야 할 덕목으로 '주장하라, 문제점을 상기시켜라, 공감대를 형성하라, 신뢰를 쌓아라, 차별화하라, 가격은 상대적으로 결정하라, 고객의 염려에 답하라, 구매를 유도하라' 등을 들었다.

네 번째, 같은 분야의 전문가들과 제휴하라. 위대한 '가치와 콘텐츠'를 통해 입소문을 내줄 파트너를 구하는 단계다. 우선 같은 주제를 다루는 다른 메신저들을 파악해야 한다. 이때 주요 경쟁자들을 모두 파악해야 함을 기억하자. 같은 주제를 다루는 다른 메신저들을 파악하지 못하는 것보다 아예 신경을 꺼버리는 것은 심각한 일이다. "입소문 좀 퍼뜨려주세요, 귀하의 프로그램을 홍보해드리고 싶어요"라고 말할 수 있기 위해 준비해야 할 항목은 네 가지로 '내가 이미 알고 있는 메신저들 중 접촉하고 싶은 홍보 파트너', '이들에게 내가 제공할 수 있는 가치', '이들에게 지원받고 싶은 캠페인', '지금 당장 해야 할 일' 등이다.

다섯 번째, 올바른 목적을 지켜내라. 사람들이 더 나은 삶을 살도록 돕는 것, 모든 이야기는 '하는 일이 좋은 일을 하면서 돈도 벌 수 있다는 것을 보여주기 위함'임을 말할 수 있어야 한다. 여기서 전할 수 있는 주요한 질문은 '내 일의 목적을 더 강하게 의식하면서 일하면 어떤 일이 일어날까?', '고객을 섬기지 않는 사람들은 어떻게 됐나?', '목적을 의식하며 훌륭하게 일하는 사람들로부터 나는 무엇을 배웠나?', '이 사업에서 흔들리지 않고 서비스에 초점을 맞추려면 어떤 식으로 해야 하는가?' 등이다.

브렌든 버처드는 젊은 시절 경험한 교통사고를 '축복'이라 표현한다. 세상을 살아가면서 최고의 경지인 깨달음을 얻었기 때문이다. 그가 죽음을 넘어서 살아났을 때 그는 세 가지의 질문을 스스로에게 던졌다.

'나는 정말 인생을 충분히 만족스럽게 살았는가?'

'주변 사람들을 충분히 사랑하고 보살피며 그들에게 감사했는가?'

'내 마음속 깊은 곳에는 삶의 목적이 있었는가?'

죽지 않고 살아 있음을 느끼는 순간 그는 이런 답변을 들었다.

'이것을 받아라. 너는 아직 살아 있고 다시 사랑할 수 있으며 앞으로 더욱 가치 있는 존재가 될 수 있단다. 지금 이 순간이 소중하다는 것을 깨달았으니 가서 열심히 살아라.'

자, 자문해보자.

'당신에게 인생의 두 번째 티켓이 주어진다면 당신은 어떻게 살아가겠는가?'

'방금 당신이 답한 것을 지금 당장 하지 못할 이유는 무엇인가?'

'세상에 하나뿐인 당신이라는 작품의 감동을 전할 메신저가 될 용의가 있는가?'

당신의 경험과 지식을 나누고 세상에 태어난 빚을 갚으며 성장하는 일, 당신만의 책이 줄 수 있는 최고의 선물이다.

: 오늘의 박카스 :

세상으로 통하는 메신저, 그것은 당신의 저서로 시작된다.

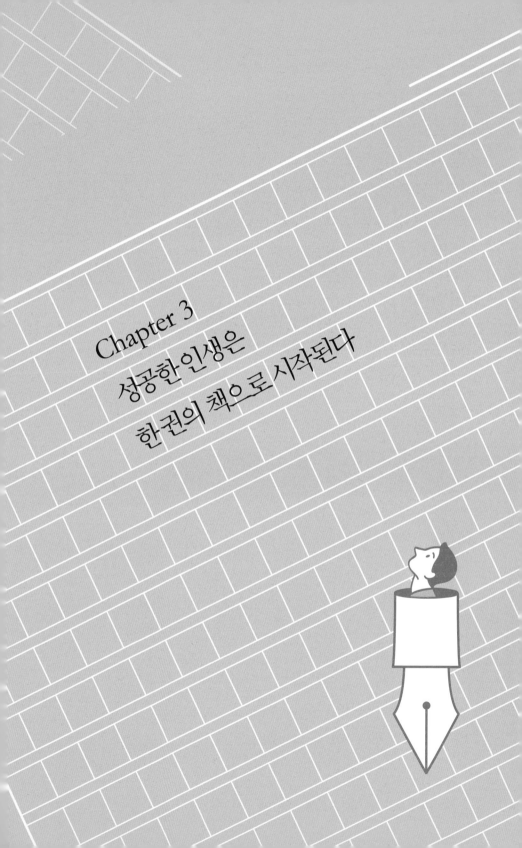

Chapter 3
성공한 인생은
한 권의 책으로 시작된다

01

고전평론가 고미숙의
백수 행복, 열하일기

'붓다와 공자, 소크라테스와 예수 등 동서고금을 막론하고 인류의 위대한 스승들은 다 호모로퀜스(언어적 인간)였다! 춤이나 음악, 스포츠가 아니라 언어를 통해 진리를 구현하고자 했다는 뜻이다. 그 언어의 기록이 곧 고전이자 책이다. 그러므로 아무리 문명이 발달한다 해도 인간은 결코 책을 떠날 수 없다. 책이 없다면 삶도, 우주도 없을 것이므로. 우리 시대 대학이 위기에 봉착한 것도 글쓰기를 포기한 데에 있음을 환기하라.'

고전평론가 고미숙이 전하는 글쓰기의 매력이다. 길을 걷다가 문득 '내가 어디로 가고 있는지', '왜 이토록 서둘러 가고 있는지' 궁금하다면, 이유 없이 가슴이 답답하고 배가 불러도 울적하다면 고미숙 작가를 따라가자. 그녀는 왠지 세상의 이치를 깨달았지만 꿈을 펼치지 못한 조선 중기의 여류 시인 허난설헌이 21세기에 부활한 느낌을 준다. 수다쟁이가 된 허난설헌. 고전을 통하여 몸, 생명, 삶의 이치와 방향에 관하여 문리를 터득한 책벌레, 고미숙 작가의 눈을 트이게 만든 책이 바로 연암 박지원의 《열하일기》다.

열하일기 3종 세트를 필두로 달인(공부, 연애, 돈) 3종 세트, 동의보감(몸, 우주, 운명) 3종 세트, 근대성(계몽, 연애, 위생) 3종 세트를 들고 시공을 초월한 글쓰기 공중부양을 하고 있는 작가 따라잡기는 진즉 글렀다. 그러나 만나고 읽고 배워 깨우치고, 깨우친 것을 공동체와 함께 나누는 그녀의 우정 어린 행보는 훔쳐보는 것만으로 유쾌하고 즐겁다. 그녀는 자기 구원으로서의 앎, 자기 수련으로서의 글쓰기를 놓고 과연 '우주 사이의 이 통쾌한 일이라 할 만하지 않은가. 그러니 모두 이 기막힌 행운을 결코 놓치지 말 것'을 주문한다. 그녀는 《열하일기》를 통해 무엇을 깨우쳤기에 이토록 거침없을까. 내가 수십 년간 잡독을 통해 겨우 얻어낸 진리를 그녀는 200년 전의 천재 연암의 《열하일기》에서 발견했다.

주체와 대상 간의 '경계 허물기의 도'는 연암의 성품과 맞물려 《열하일기》를 최고의 여행기로 만든 핵심 깨달음이다. '물을 땅으로 생각하고, 물을 옷으로 생각하고, 물을 내 몸이라 생각하고, 물을 내 마음이라 생각하리라'는 경지! 연암은 극도의 위기 속에서 마음과 대상 사이에 분별심이 사라질 때 비로소 '자유의 공간'이 열린다고 역설한다. 이 깨달음으로 연암은 인간이 살아가는 데 필요한 덕목 세 가지를 보여주었다. 즉, 유머와 우정 그리고 유목이다.

기존의 가치를 일거에 허물어 새로운 배치를 만들어내는 유머. 열하행 무박 4일의 강행군을 하는 동안 하룻밤에 아홉 개의 강을 건너는 초인적인 여정 속에서도 그는 사람들과 필담을 나누고 글쓰기를 멈추지 않았다.

"중국 제일의 장관은 저 기와 조각에 있고 저 똥 덩어리에 있다."

연암이 중국에 도착하여 내뱉은 첫마디였다.

우정은 연암이 해온 인간관계의 핵심 아이콘이다. 우울증을 앓던 청년 시절에 저잣거리로 나서 건달, 도사, 이야기꾼, 분뇨 장수 등 다양한 사람과 스스럼없이 우정을 쌓았다. 그의 우정은 사람에 한정되지 않는다. 장소와 대상을 뛰어넘어 그의 촉은 생생하게 살아서 그들과 우정을 나누고 허물없이 접속한다.

호곡장(好哭場)에 보면 연암은 일천이백 리 요동 벌판을 보고 '멋진 울음터로구나! 크게 한번 울어볼 만하다'라며 울기 좋은 장소라고 생각했다. 울 수도 없는 40대라 하였던가? 배는 부르고 등은 따습지만 우리는 울지 못한다. 마음껏 울고 싶어도 딱딱하게 굳어버린 심장과 오염된 호흡은 뜨거운 눈물을 퍼 올리지 못한다. 나도 종종 울고 싶을 때가 있다. 어디 울기 좋은 울음터가 있다면 목 놓아 울어 가슴속 응어리를 모두 토해내고 싶다.

고미숙 작가는 저서 《나의 운명 사용설명서》에서도 '일상의 구원은 약속과 청소로부터 온다'라고 했다. 연암에게 길 위에서 관찰하고 교감한 것을 글쓰기로 연결하는 일은 체화된 것으로 보인다. 그녀가 되고자 하는 사람에게 이보다 더한 귀감이 있을까? 연경과 열하를 잇는 구베이커우를 나서면서 연암은 이렇게 썼다.

'때마침 상현이라 달이 고개에 드리워 떨어지려 한다. 그 빛이 싸늘하게 벼려져 마치 숫돌에 갈아놓은 칼날 같았다. 마치 달이 고개 너머로 떨어지자 뾰족한 두 끝을 드러내면서 갑자기 시뻘건 불처럼 변했다. 마치 횃불 두 개가 산에서 나오는 것 같았다. 북두칠성의 자루 부분은 반쯤 관문 안쪽으로 꽂혔다.'

200년이 훌쩍 지난 지금의 글쓰기에 적용해보아도 이보다 더 명쾌한 작가의 자세가 있을까 싶다. 그래서일까?《열하일기》에서 문리를 튼 고전평론가 고미숙은 이미 고수의 경지에 들어선 것으로 보인다. "당신을 책 쓰기 달인으로 모셔 이야기를 듣고 싶습니다" 하고 요청하면 그녀는 이렇게 답변할 것이다.

"고전으로 접속하여 존재와 세계로 통하세요. 낭송하고 암송하여 몸속에 담으세요. 그리고 닥치고 쓰세요."

고미숙 작가를 고수의 경지로 이끈 것은 역시 그녀의 저서《열하일기, 웃음과 역설의 시공간》이다.

리라이팅은 샘물이다. 현대인들은 멘토를 찾아 방황한다. 물속의 물고기가 목말라 죽을 지경이라고 말하는 형국이다. 고전으로 통하는 길목을 열어준 고미숙은 그런 면에서 샘물의 위치와 맛을 안내하는 작가다. 그녀의 리라이팅 시리즈를 따라가다 보면 어렴풋이 알고 있던 몸, 우주, 흐름과 자유에 이르기까지 폭넓은 고전으로 통하는 길을 발견할 수 있다. 그녀는 몸과 우주에 관하여 이렇게 말한다.

'붓다와 공자 그리고 예수 혹은 소크라테스 등 인류의 공통의 메시지가 있다. 너를 구하는 건 오직 너 자신뿐이다. 스스로를 구원할 수 있어야만 비로소 자신의 운명을 사랑할 수 있는 까닭이다. 그리고 그것을 향한 구체적 활동 지침이 바로 지혜와 열정이다.'

그녀의 리라이팅 세트를 따라가보자. '운명? 그건 공부하는 네가 주인이야'라는 깨달음을 얻게 될 것이다.

고전으로 시공을 초월하라.

02

아나운서 손미나의 여행,
스페인 너는 자유다

'떠나기 좋을 때란 없다. 떠나고 싶은 마음이 간절한 지금 떠나라!'

어디론가 훌쩍 떠나고 싶을 때 떠오르는 손미나 작가의 말이다. 출발과 도전 앞에서 힘 빠지게 하는 "그 나이에 무슨, 하던 일이나 하며 남들처럼 편하게 사세요, 인생 뭐 있어? 무난히 살아" 하는 말들이 그녀에게는 예외인 듯하다. 그녀는 잘나가는 아나운서였지만 일과 삶의 불균형을 경험했다. 직장생활을 하면서 인간관계 맺기의 한계를 경험한 것이다. 그녀는 말한다.

'새로운 무언가를 하기엔 늦었다고 느껴졌던 그때야말로, 실패한다 하더라도 한 번쯤 도전해볼 수 있는 시기였음이 분명하다. 모든 것을 훌훌 털고 떠날 수 있는 용기가 있다면 다시 새롭게 채울 수 있는 기회를 얻는 것이다.'

열심히 집중하고 있는 일을 왜 하고 있는지 어디로 가고 있는지 궁금할 때 보통 사람들은 "인생 뭐 있어? 그냥 한잔하고 잊자" 하며 술

집에 기댄다. 새로운 시도를 피해 가는 전형적인 방법이다. 그러나 언제나 의문이 남는다.

'내가 왜 그토록 퍼마셨을까? 세상이 끝날 것처럼…… 나는 대체 왜 이렇게 살고 있을까?'

이 의문의 고리를 끊어버린 손미나 작가는 참으로 용기 있는 사람이다.

10여 년 아나운서생활의 변곡점에서 번지 점프하듯 써낸《스페인, 너는 자유다》는 작가로서의 비상 신호탄이었다. 글쓰기를 통해 자신의 내면을 성찰하며 만날 수 있었다고 말하는 그녀는 스페인에서 돌아와 더욱 생동감 넘치는 활동을 해나갔다. 바르셀로나대학교 언론학 석사 과정을 밟는 동안 자기보다 어린 라티노 친구들과 어울리며 경험한 생생한 체험기가 고스란히 담겨 있는 책이다. 고민을 털어놓을 때마다 친구들은 "부모님이 돌아가신 게 아니면 슬퍼하지 마", "인생을 뒤흔드는 일이 아니라면 그냥 웃어버려" 하며 어깨를 툭툭 쳐주었다고 한다. "문제가 있으면 해결하고 해결이 안 되면 그냥 포기해" 하고 쿨하게 말해주는 그런 친구들…… 나는 그녀의 책을 읽으며 지금 당장 모든 걸 정리하고 어디든 떠나고 싶은 충동을 느꼈다. 유난히 다른 사람의 사생활에 관심이 많은 우리네 문화와 너무 다른 모습이다. 허락도 없이 타인의 감정과 인맥까지 간섭하며 나름대로 비전까지 제시하려는 우리의 관계 맺기와 비교하면 얼마나 간편한가.

그녀는《스페인, 너는 자유다》이후《태양의 여행자 손미나의 도쿄 에세이》,《파리에서는 그대가 꽃이다》,《페루, 내 영혼에 바람이 분다》,《여행이 아니면 알 수 없는 것》등의 후속타를 통해 베스트셀러 여행 작가로 거듭났다. 2011년에는《누가 미모자를 그렸나》라는 작품으로 소설가로서의 역량도 보여주었다. 그녀는 손미나앤컴퍼니의 대표이자 알랭 드 보통의 인생학교 한국 분교장이다. 나는 그녀의 여행사를 읽으며 여행의 방법이나 준비물, 예기치 못한 만남이 주는 깨우침 등에 관한 정보를 얻을 수 있었다.

그녀의 변신을 가장 확실하게 자리매김한 메신저는 무엇일까? 나는 단연《스페인, 너는 자유다》를 꼽는다. 안정 속에 자신을 가두지 않고 '지금 아니면 안 되는 것'을 찾아 떠나는 용기! 아나운서 손미나를 여행 작가로, 자유로운 영혼 보헤미안으로 인도한 길목에 그녀의 저서가 있다.

그러나 여기서 빼놓을 수 없는 중요한 대목이 있다. 그녀는 지금 하고 있는 일에 열정을 쏟고, 꿈을 찾아서 떠날 때는 '자기가 하고 있는 직장의 열정'을 기반으로 확장하는 방법을 택해야 한다고 조언한다. 그녀는 감정에 치우쳐 준비 없이 직장을 함부로 떨치고 나가서는 안 된다고 말한다. 여행 작가로서 화려하게 변신했지만 각종 강의나 인터뷰, 인생학교 한국 분교장 등 모든 활동은 그녀의 아나운서 경력이 단단한 베이스로 작용하는 것을 알 수 있다. 책을 써서 강의를 하고 프로그램을 운영하며 카페 활동을 하더라도 자신이 몸담은 직장 경험의 장점을 충분히 살릴 때 시너지 효과를 낼 수 있음을 알려주는 대목이다.

어떤 출발이든 실행에 앞서 자기 상황을 면밀히 확인하는 일이 무엇보다 중요하다. 손미나 작가는 고등학교 이래로 꾸준하게 일기를 썼고, 휴일에는 서점에서 들러 책을 즐겨 읽었고, 서반아문학을 전공하면서 작가의 세계를 꿈꿔왔다. 그녀는 방송 활동을 하는 중이나 음악이 나가는 휴식 시간에도 글쓰기를 계속했고, 방송이 없는 날에는 고시생처럼 도서관에서 문이 닫힐 때까지 글을 썼다. 그만큼 그녀는 치열하게 준비했다.

변신에 성공한 사람들은 지금 이 순간에도 변신한 삶을 살아가며 연습하고 시도한다. 작가는 결국 오늘 하루 글을 썼는지 여부로 결정된다. 누구나 한 번쯤 꿈꾸었을 변신, 손미나 작가는 이 모든 것을 한 권의 책으로 보기 좋게 실천했다.

당신의 비상을 돕는 가장 확실한 추동력을 얻고 싶은가? 그렇다면 책을 붙잡아라. 그녀는 늘 떠나고 싶지만 주저하는 사람들에게 '여행은 한 권의 책 그 이상이다. 용기와 자신감을 가져라'라고 조언한다. 번지점프를 하듯 운명에 자신을 맡기고 떠난 스페인, 그때 그녀 앞에 놓인 인생의 갈림길에서 다른 길을 택했다면 어떻게 되었을지는 아무도 알 수 없다. 그리고 그녀가 선택한 길이 앞으로 그녀를 어디로 이끌지도 아직은 알 수 없다. 그러나 아나운서 손미나를 작가, 보헤미안, 여행 전문가, 강연가로 만들어준 것은 다름 아닌 그녀의 책이었다.

여행은 인생 공부를 하는 최고의 도구다. 통찰력, 자유, 여유 그리고 꿈을 한꺼번에 흡수할 수 있기 때문이다. 대통령부터 국회의원, 철학자, 박사, 기자, 억울한 누명을 쓴 피의자에 이르기까지 거침없이 질문하는 방송인 〈나는 꼼수다〉의 김어준을 보라. 그의 폭넓은 안목과 호기심 그리고 자립심은 50개국이 넘는 자유여행을 통해 얻은

'궁금해서 가보니 별것 아니더라'는 여행철학 덕분이다. 여행을 통해 인생을 배운 사람들은 하나같이 이렇게 말한다.

"결코 후회 없는 선택이었다. 인생 최고의 경험이었다. 가장 행복한 시간이었다."

아나운서 손미나에게 작가라는 자유의 날개를 달아준 책, 그것은 《스페인, 너는 자유다》에서 시작되었다.

: 오늘의 박카스 :

바로 지금이 떠나기 좋을 때다.

03

정신과 의사 이시형의 배짱,

배짱으로 삽시다

"키워준 사회에 빚을 갚는 마음으로 살아간다."

이는 우리 시대 최고의 현업 작가 이시형 박사의 말이다. 40대 중반에 찾아온 디스크, 퇴행성관절염 덕분에 그는 진짜 자신과 마주했다. 의사가 몸 하나 관리 못해서 수술하고 약을 먹어야 한다는 사실이 의사 양심상 용납할 수 없었다. 그는 '중요한 것은 치병(治病)이 아니라 예방이니, 자연체로 살아야 한다'는 사실을 깨달았다. 허리 통증으로 지팡이에 의존했을 때 비로소 사회와 사람들이 보였다. 자신을 내려놓고 낮은 자세로 사람들에게 전해주고 싶은 말을 일주일 만에 봇물처럼 쏟아낸 책이 바로《배짱으로 삽시다》이다. 이 책은 출간과 동시에 폭발적인 반응을 일으켜 170만 부가 넘게 팔려 나갔다. 그는 일약 베스트셀러 작가가 되었다. 이 책은 1982년에 발행되어 국내 출판사상 최초의 논픽션 밀리언셀러로 기록될 만큼 거침없고 솔직한 문체로 '배짱 신드롬'을 일으켰다.

고등학교 시절 의기소침해 있던 우리에게 선생님이 칠판에 크게 제목을 쓰며 "이 책 한번 읽어보고 힘내라" 했던 책도 바로 《배짱으로 삽시다》이다. 책이 30주년 기념 개정판이 나올 정도이니 책 한 권의 위력이 얼마나 대단한지 새삼 알 수 있다. 군부정권 시절에 맞이한 교복자율화의 바람, 물질적 풍요 속에 마음이 텅 빈 채 '불안증'에 떨던 우리의 속을 잠시나마 후련하게 해주었던 책이다.

뇌과학자이자 정신과 의사로서 대한민국을 대표하는 그는 자기계발, 자녀교육, 공부법, 힐링 등 다양한 주제로 70여 권의 책을 썼다. 실체가 없다고 여겨지던 '화병(Hwa-byung)'을 세계 정신의학 용어로 만든 그는 자연치유센터 '힐리언스 선마을', '세로토닌문화원' 건립 등을 통해 '대한민국 국민들에게 건강한 생활습관과 환경을 전파하는 전진기지로 삼겠다'는 포부를 밝히며 평생 공부하고 도전하는 파워시니어로 살고 있다. 그는 여든이 훌쩍 넘었지만 여전히 현역일 뿐만 아니라 매일 성장하며 "아직 팔팔하다"라고 말한다. 이 자신감의 원천은 《배짱으로 삽시다》이지 싶다. 배짱을 통해 얻은 자신감으로 연이어 출간한 70여 권의 책이 줄 수 있는 영향력, 그는 3년에서 5년 단위로 자신의 화두를 바꿔가며 인생의 주요 쟁점으로 세우며 살아왔다. 배짱으로 시작한 그의 책 쓰기는 '여성·청소년', '세계화', '건강', '자기답게 살기', '세로토닌'을 거쳐 '둔하게 살기'에 이르렀다.

《둔하게 삽시다》는 덜 상처받으며 덜 불행해지는 방법을 제시한다. 이 기조는 왜 자꾸 화가 나는지, 자신이 어떤 사람인지, 어떤 환경에 특히 민감한 사람인지를 안내하고 둔하게 살아가면 과민증후

군에 빠지지 않을 수 있다고 조언한다. 둔하게 살아가면 작은 행복을 느낄 수 있으며 비로소 병을 예방할 수 있다는 것이다. 여유 있고 느슨하게 못 본 척하면서 주위의 눈을 내 마음의 소리에 집중하는 것, 이것이 현대를 살아가는 사람의 지혜라는 것이다.

'옷을 벗어라', '몸은 바로 마음이다', '뛰고 나서 생각하라', '플러스 발상', '소신 있는 거물들', '안 돼, 라고 말하는 용기', '남과 달라지는 연습', '눈치작전의 대가들', 미래의식을 가져라' 등등 이러한 말들에서 당신은 무엇이 느껴지는가. IMF 외환위기 직후부터 자기계발서가 폭발적인 열풍을 이어갔다. 사회가 혼란스럽고 마음이 불안할수록 사람들은 변화와 위안을 얻기 위해 책을 찾는다. 그중 가장 가까이에서 독자와 호흡할 수 있는 분야가 자기계발이다. 자기계발 서적의 폐해를 말하며 무책임하고 막연한 희망을 마구잡이로 전하는 책이 있다고 비판하는 사람들이 있지만 자기계발서는 바쁜 우리 일상의 힐링 장소이며 시와 소설로 가는 관문임을 나는 감히 말할 수 있다.

수많은 자기계발서가 전해주는 '나대로, 두려움 없이, 실천하며' 살아가는 방법이 《배짱으로 삽시다》에 모두 들어 있다. 당신은 당신대로 두려움 없이 실천하며 살아가는가? 세상을 살아가면서 가장 답하기 어려운 질문이다. 이 책이 30년을 꾸준히 독자들 곁에 머물 수 있던 비결이다.

1950년 8월 23일 도쿄의 여름밤은 무겁게 흐르고 있었다. 한밤의 맥아더 사령부, 해군 참모가 먼저 반대 의견을 냈다. '인천항은 좁고 얕다, 간만의 차가 심하다, 상륙할 시간 여유가 없다'는 게 이유였다.

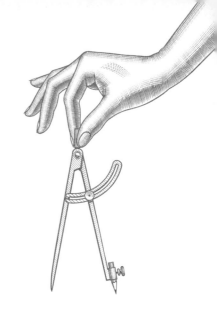

육군 콜린스 장군도 반대했다. '낙동강 전선과 거리가 너무 멀다. 차라리 군산 상륙이 좋겠다'는 의견이었다. 백악관에선 처음부터 반대였으니 아무도 그에게 동조하는 사람은 없었다. 어려운 결정이었지만 맥아더는 말했다. "가자"라고! 인천상륙작전의 포문을 연 것이다.

어떤 일이든 완벽한 일은 없다. 문제는 '배짱 있게 해보는 것' 아닐까? 소로우는 다음과 같이 말했다.

'글쓰기에서는 어떤 것도 운 좋게 찾아오지 않는다. 글쓰기는 어떤 속임수도 허용되지 않는다. 자신이 가장 좋은 모습이 되었을 때에야 가장 좋은 글을 쓸 수 있다. 모든 문장은 기나긴 수련의 결과다.'

이시형 작가는 말한다.

"누구나 그렇게 살지만 나도 죽어라고 열심히 공부했습니다."

배짱은 저절로 얻어지는 게 아니라는 사실을 증명하는 말이다. 의사 이시형을 지탱해온 기폭제 그것은 그의 저서《배짱으로 삽시다》

이다. 그의 배짱은 지금 '자연체로 둔하게 사는가'의 경지에 도달했다.

배짱은 액션이다. 호기와는 다르다. 선택의 순간에 책임을 감수하며 용기를 내는 일이다. 거듭 말하지만, 의사 이시형을 40년이 넘게 직업인이자 현역 작가로 성장시킨 원동력은《배짱으로 삽시다》이 한 권의 책이다.

: 오늘의 박카스 :

가장 낮은 곳에 가장 위대한 내가 있다.

04

기자 김훈의 애끓는 선율,

칼의 노래

　쉰이 넘은 나이에 《칼의 노래》를 발표한 소설가 김훈. 그는 스물두 살에 《난중일기》를 읽고 '더 나이 먹어 나의 언어를 확실히 장악할 수 있는 어느 날 나는 난중일기와 이순신이 처한 절망에 대해서 무언가를 말할 수 있게 되겠구나'라고 생각했다. 삶의 구체적 가치를 중시하는 작가는 "인격은, 인간의 도덕성은 자기 손으로 제 밥을 벌어 먹어야 시작된다"라고 말한다.

　절망의 시대 한가운데를 정면으로 살아갔던 인간 이순신, 이 시대를 살아가는 누구든 그의 고뇌 앞에서 자유로운 사람이 있을까?

　망원경을 들고 홀로 이곳저곳 들여다보며 살아가는 작가는 지겨운 밥벌이지만 결코 돈벌이를 우습게 여겨서는 안 된다고 말한다. 그는 재주 없는 인간이 살아가는 방법으로 부지런함을 꼽는다. 아침에 일찍 일어나서 운동하고 일을 열심히 하며 근면하게 살아가는 것, 그것이 삶을 유지해가는 힘이라 말한다.

나는 '지나간 모든 끼니는 닥쳐올 단 한 끼니 앞에서 무효였다. 먹은 끼니나 먹지 못한 끼니나, 지나간 끼니는 닥쳐올 끼니를 해결할 수 없었다'는 말을 잊지 못한다. 풍전등화의 조국, 의심하고 오해하며 질투하는 임금, 공을 빼앗고자 혈안이 되어 있는 장수들, 이들과의 불화로 경험한 옥살이, 어찌 위장병에 걸리지 않을 수 있을까. 아니나 다를까 이순신은 평생 고질적인 위장병에 시달렸다.

"내가 죽지 않는 동안에는 적이 감히 침범하지 못할 것이다."

비상용 식량을 비축해놓으며 이순신 장군이 한 말이다. 막내아들 면의 사망 소식을 듣고 '어둘 무렵이 되어 코피를 한 되 남짓이나 흘렸다. 밤에 앉아 생각하고 눈물짓곤 하였다. 어찌 다 말하랴' 하며 어둑한 바다를 하염없이 바라보는 장군 이순신. 그가 그렇게 지켜온 나라는 여전히 권력자들의 탐욕으로 이리저리 흔들린다. 속을 끓이는 사람들은 광장으로 가고 몇은 술을 퍼마시고 몇은 타국으로 떠나고 몇은 분을 속으로 삭이며 침묵하는 사이, 작가는 침침한 눈을 껌벅이며 분노의 칼을 노래로 써 내려갔을 터다.

나는 《칼의 노래》를 머리맡에 두고 밥벌이가 지겨울 때나 삶이 심드렁할 때, 떠난 사람이 견딜 수 없이 그리울 때, 삶의 고삐를 놓고 허투루 살고 싶을 때 아무 쪽이나 펴서 읽는다. 특히 밥벌이를 하다가 사람에 치여 마음이 어처구니없이 난도질당해 영혼이 만신창이가 되었을 때 쓰러지듯 누워 《칼의 노래》를 읽는다.

'내가 가진 한 움큼이 조선의 전부였다.'

'방향을 감지할 수 없는 바람줄기의 틈새마다 적들은 서식하고 있었다.'

'내가 죽지 않는 동안에는 적이 감히 침범하지 못할 것이다.'

나는 이러한 문장 속 결기를 가슴에 담는다. 대학 시절 학교 식당에서 '근로장학생'이라는 명목으로 청소를 했었다. 밥 한 끼 해결할 수 있었고, 15만 원 정도의 근로비를 받을 수 있었다. 사방 어느 곳도 의지할 곳이 없고, 딱히 내세울 재주도 없었던 나는 그 돈을 쪼개 책을 사서 읽었다. 등록금을 벌면 학교에 다니고 벌지 못하면 1년 더 벌어야 했다. 다 때려치우고 밥벌이를 하고 싶었지만 학교에 다니는 아이들이 너무나 부러웠다. 팔에 책과 스프링노트를 끼고 걸어가는 선남선녀들의 모습에 눈이 부셨다. '볼품없는 인생'이라는 자기 연민이 몰려올 때 늘 머릿속을 지배하던 먹고사는 문제! 김훈 작가의《칼의 노래》를 읽다 보면 자주 그 시절이 생각난다. 이순신 장군은 쉰세 살에 숨을 거두었고, 장군의 나이를 훌쩍 넘어선 어느 날 김훈 작가는《칼의 노래》를 썼다.

《칼의 노래》는 2001년 출간되어 6년 만에 100만 부가 팔려나갔다. 책을 읽은 사람이 누구든 어떻게 활용하든 우리는 이 책을 통해 장군 이순신의 고뇌를 한 번 더 느껴볼 수 있을 것이다. 나는 이 시대를 살아가는 '염치'를 이 책을 통해 되살린다. '작가 일지', '당직 일지', '난중 일지'를 써놓고 눈을 감는다. 자전거를 타고 계절이 바뀌는 가을 강가를 지나 단풍이 들기 시작하는 주왕산 쪽으로 덜거덕덜거덕 페달을 밟고 가는 작가의 모습이 보인다. 충혈된 눈을 한 채 연필을 깎아 꾹꾹 눌러쓰며 지우개로 지우고 또 써 내려갔을《칼의 노래》. 주왕산 앞에는 뽀얀 막걸리에 사과, 배, 대추, 밤이 둥실둥실 떠 있고 파전과 도토리묵이 채반에 놓여 있을 텐데……. 기자 김훈의 글 문은

'칼의 노래'로 시작되었다.

"나는 문학이 인간을 구원하고, 문학이 인간의 영혼을 인도한다고 하는, 이런 개소리를 하는 놈은 다 죽어야 된다고 생각합니다."

그는 이렇게 말하며 글 쓰는 자들의 자세에 일침을 가한다.

"문학은 인간의 의식주생활보다 높은 곳에 위치한 것이 아니다. 나라를 지키고 밥을 먹고, 도시와 교통 문제를 해결하고, 애들을 가르치고, 집 없는 놈한테 집을 지어주고, 이런 문제 중 맨 하위에 있는 문제가 문학이다."

그럼에도 그는 "인간만이 인간을 구할 수 있고, 인간만이 인간에게 다가갈 수 있으며, 인간만이 인간을 위로할 수 있다는 그 단순명료한 진실을 나는 질주하는 소방차를 보면서 확인한다"라며 역사 속에서, 인간 근처에서 살아가는 사람들을 인정한다.

역사는 뿌리다. 뿌리를 알면 내가 어떤 종인지 알게 된다. 튼실한 뿌리를 통해서 강한 가지와 꽃으로 실한 열매를 맺을 수 있다. 내 몸 어느 구석에 어떤 뿌리가 자리하고 있는지 왜 이런 기분인지, 어떻게 살아야 하는지 알고 살아가는 일은 앞날의 길을 정하는 방향타다. 사람을 안고 역사의 수맥으로 시대를 초월하는 작가 김훈은 역사의 진액을 캐는 심마니다.

누군가의 변화를 돕겠다고 구치소로, 사회복지센터로 요청을 받아 발걸음을 옮길 때마다 나는 느낀다. 비록 변변치 않아도 사람을 위로할 수 있는 것은 결국 사람이라는 사실을! 글은 역사 속에 흐르는 사람을 안고 간다.

말빛은 역사를 안고 간다.

05

소설가 조앤 K. 롤링의 마법,
해리포터

"실패는 내 삶에서 불필요한 것들을 제거해주었다. 나는 스스로를 기만하는 일을 그만두고, 내 모든 에너지를 가장 중요한 일에 쏟기 시작했다. 삶에는 성취보다 더 많은 실패와 상처가 존재한다. 그러나 실패가 두려워 아무것도 하지 않는 게 가장 큰 실패다."

이는 조앤 K. 롤링의 말이다.

지구촌을 흔든 해리포터의 전설이 생기기까지 어떤 과정이 있었을까. 그녀가 걸어온 길을 보면 작가가 말한 "마법은 누구에게나 있다"는 말이 실감난다.

꿈 세우기, 매일 쓰기, 상상 계속하기, 완성하기. 그렇다. 꿈을 세워 완성하는 것, 이것이 그녀에게는 마법이었다.

첫째, 책 읽기를 좋아했던 그녀는 지어낸 이야기를 친구들에게 들려주었다. 어린 시절부터 글을 쓰며 소설가의 꿈을 키웠다(꿈 세우기).

둘째, 어머니를 잃고 큰 충격에 빠진 상태에서도 자신을 돌아보았고, 결혼과 출산 그리고 이혼이라는 좌절을 경험한다. 정부보조금에 의존하는 모멸감 속에서도 글쓰기를 놓지 않았다(매일 쓰기).

셋째, 부모님 집으로 가던 중 기차 고장으로 시골 한복판에 정차했을 때 네 시간 동안 '11세부터 17세까지 주인공의 학교생활 일곱 권 시리즈, 작품의 장소, 인물' 등을 구상했다(상상 계속하기).

넷째, 구상 5년 후 1995년에 첫 원고를 탈고했다(완성하기).

조앤 K. 롤링은 어린 시절부터 이야기 쓰는 것을 좋아하고 즐겼다. 홍역에 걸린 토끼에 관한 이야기를 노트에 써서 어머니에게 읽어주었다. 이때 어머니가 깜짝 놀라는 모습을 보고 책을 쓰는 사람이 되겠노라 결심한다. 동생과 어머니 친구와 선생님들은 모두 하나같이 그녀의 이야기를 좋아했다. 작가가 되겠다는 꿈을 더욱 강하게 가슴에 품었다.

하지만 그녀의 환경은 글 쓰는 일을 쉽게 허락하지 않았다. 적성에 맞지 않는 비서일, 항상 응원해주던 어머니의 사망, 2년을 채우지 못한 결혼생활, 이혼 후 찾아온 생활고와 우울증……. 자살을 생각했던 그녀는 몇 달에 걸쳐 우울증을 완치했고, 가난한 미혼모로서 3년여를 주당 15,000원의 생활보조금으로 연명했다. 그녀에게 시련은 터널인지 동굴인지 구분할 수 없었다. 두렵고 힘겨운 긴 터널을 지나는 동안 그녀는 가장 좋아하는 일을 하며 보냈다. 시련이 진정 자신에게 왔는지 여부를 염두에 둘 틈도 없이 몰입하지 않았을까.

그녀는 시련을 끊임없는 글쓰기로 견뎌냈다. 어머니의 사망, 남편의 폭력과 이혼, 생후 4개월 된 딸에게 우유에 물을 타서 줘야 하는 미혼모 그리고 생활보조금을 받아야 하는 실업자 시절에도 그녀는 쓰기를 멈추지 않았다. 책을 쓰기 시작한 초기, 아이를 유모차에 태워 산책하다가 아이가 잠들면 근처의 카페에 들어가 글을 집필했다. 뜻하지 않은 기차 고장으로 정차한 시간에도 우연히 마법사 학교에 들어간 소년의 이야기를 한 학년에 한 권씩, 일곱 권으로 만들 것을 구상했다.

시련을 정면으로 바라볼 틈도 없이 그녀는 마음속에 간직하고 있는 중요한 작업을 계속 실행했다. 그녀는 자신이 좋아하는 일을 '즐기는 사람의 힘'을 보여주었다. 세상에 제일 무서운 사람이 '잃을 게 없는 사람'이라면 그보다 더 무서운 사람은 '즐기는 사람' 아닐까? 그녀는 글쓰기로 혹독한 시련을 견디며 무아지경 속에서 즐겼다.

그 때문일까. 그녀의 책은 세상을 뒤집어놓았다. 그녀의 억눌렸던 꿈은 책으로 폭발하여 67개 언어로 번역, 4억5천만 부 이상 판매되었다. 마법이 현실에서 펼쳐졌다. 그녀의 초판은 500부만 간행될 만큼 인지도가 없었지만 이 초판은 추후 경매에서 약 7,000파운드 (1,300만 원)에 낙찰되었다. 책은 8편의 영화 시리즈로 만들어져 이로부터 거둬들인 수입도 70억 달러 이상 추정된다. 《해리포터와 마법사의 돌》(1997), 《해리포터와 비밀의 방》(1998), 《해리포터와 아즈카반의 죄수》(1999), 《해리포터와 불의 잔》(2000), 《해리포터와 불사조 기사단》(2003), 《해리포터와 혼혈 왕자》(2005), 《해리포터와 죽음의 성물》(2007) 등 해리포터 시리즈는 게임에 몰두하던 아이들이 책을 집어 들게 만들었다.

사람들은 오직 성공을 향해 매진한다. 그러나 그녀는 그 와중에 돌아봤다. "성공이 내가 원하는 자유를 얻을 수 없는 종류의 것이라면 방향을 다시 한 번 점검해보아야 한다"라고 말하면서! 그녀에게 돈은 이제 화폐를 훨씬 뛰어넘는 가치가 되었다. 그녀는 초심을 잃지 않고 불치병 연구를 위해 185억 원을 기부했고 편부모 가정협의회 대표로 활동하며 소외된 젊은 여성을 위한 재단을 운영했다.

인생살이에서 가장 두려워하던 실패가 현실로 다가오면 당신은 어떻게 받아들이는가? 여기서 성공의 의미를 되새겨볼 수 있다. 그녀는 "두려운 실패가 현실로 다가오면 오히려 자유로워질 수 있다"라고 한다. 마법은 누구에게나 있다. 자신의 경험과 상상을 책으로 써내는 일은 마법이다. 조앤 K. 롤링은 이를 증명했다. 미국의 작가 브렌다 유랜드는《글을 쓰고 싶다면》에서 말했다.

'우리가 창조력을 사용하여 글을 쓰는 작업을 반드시 해야 하는 이유는 세상의 그 어떤 것도 사람들을 그토록 관대하게, 기쁘게, 생동감 있게, 과감하게, 동정적이게, 싸움에 대해서나 혹은 물건과 돈의 축적에 대해서 무관심하게 만드는 것이 없기 때문이다.'

해리포터의 성공 요인을 묻는 질문에 그녀는 "나도 모르겠다"라고 대답했다. 전설적인 SF 판타지 작가 어슐러 르 귄은 "문체는 평범하고, 상상력은 진부하고, 윤리적으로는 인색하다"고 지적했다. 그러나 스토리의 기본 구도, 선과 악의 대결, 죽음과 복수, 영웅의 활약이라는 기본은 승리했다. 그녀는 마법의 힘을 증명했다.

마법은 시작되었다. 상상력을 일깨우는 나의 주문이 있다.
"나는 붓이다!"
가을 한가운데 잎이 떨어지는 가로수 길을 달려보자. 바람에 쏠리는 잎들은 쏜살같이 자리를 옮기며 움직인다. 잎들의 배치는 알 수 없지만 그 움직임들은 내가 살아 있음을 증명한다. 고뇌의 움직임이 감지된다. 가만히 들여다보면 소리도 빛도 없다. 생명들의 움직임이 느껴진다. 꼼지락꼼지락 살아내려는 움직임. 생명이 있는 것들은 하나같이 움직이며 자기답게 살아내려 분투한다. 종족을 돕고 배려하며 때로는 종족의 더 큰 생명의 연장을 위하여 기꺼이 자기 생명을 바친다. 그렇게 번식하며 삶을 이어간다. 죽을힘을 다하여 견디며 날아오르는 것, 내가 부리는 마법의 주제다.

팽이가 날아오른다. 고뇌의 온도가 육신이 타들어가는 고통을 동반하며 상승한다. 스스로 날아오르기 위해서 심장에 모든 것을 집중한다. 그리고 보이는 대로 느낌대로 들리는 대로 심장이 시키는 대로 느끼고 써 나아간다.

"나는 붓이다!"

각자의 주문을 외우자 정원의 수국이 부르르 진저리를 친다. 조앤 K. 롤링은 말했다.

"어머니의 투병생활을 보면서 어려운 상황에서도 삶을 포기하지 않는 의지가 해리포터 소설에 많은 영향을 주었습니다."

그녀는 하버드대학교 명예박사 학위 수여식에서 이렇게 말했다.

"세상을 바꾸는 데 마법은 필요하지 않습니다. 우리 내면에 이미 그 힘은 존재합니다. 우리에겐 더 나은 세상을 상상할 힘이 있습니다."

사람들은 바야흐로 성공한 사람의 이야기를 듣기 원한다. 그리고 이런 질문을 퍼붓는다.

"어떻게 현실 속에서 마법을 실현할 수 있는지 이야기해주세요."

조앤 K. 롤링을 성공으로 이끈 해리포터의 마법, 그녀에게 성공은 자유의 다른 이름이었다.

: 오늘의 박카스 :

작가에게 책은 마법이다.

06

경제학자 양병무의 리더의 품격, 디지털시대의 리더십

경제학자 양병무가 책을 쓰지 않았다면 어떻게 되었을까? 한정된 분야의 독자만을 확보하였을 뿐만 아니라 내 손에 그의 책이 들어올 일도 만무하지 않았을까? 노사관계, 임금관리, 인사 문제를 알아보기 위해 그의 저서를 찾아 서점에 가지는 않았을 테니까.

《일생에 한 권 책을 써라》를 통해 나는 양병무 작가를 알게 되었고 덕분에 고구마 캐듯 줄줄이 그의 저서 10여 권을 사 읽었다. 그는 책의 가치를 체험을 통하여 몸소 보여준 인물이다. 그가 40여 권의 다양한 책을 저술하기까지 그 시발점이 된 책은《디지털시대의 리더십》이다. '40대는 아날로그 세대와 디지털 세대의 교량적 역할을 할 나이가 아닐까' 하는 생각으로 2000년에 쓴《디지털시대의 리더십》은 그를 일약 리더십 전문가로 세워주었다. 그는 이 책을 쓰면서 '한글 타이핑'을 배웠다고 한다.

요즘은 전자결재의 시대다. 대면을 할 일이 거의 없다. 각자 필요한 문서를 전자문서로 올리면 관리자는 올라온 결재 문서를 검색하고 검토한 후 전자결재를 하면 그만이다. 이때 문서 내용 못지않게 중요한 것이 결재 시스템에 대한 이해다. 담당자가 어떤 시스템에 의하여 어떤 경로를 거쳐 결재를 올리는지, 전자결재로 상신된 사항이 계약에 관한 내용일 경우 전자계약의 특수 조건은 어떤 것인지도 알아야 한다. 그러나 요즘의 중간관리자들은 그런 지식이 부족하다. 그런 상태에서 그저 문서를 보고 손가락 결재를 하다 보니 내용을 검토하다가 결재자 의견을 제시해야 할 경우 난감해한다.

"어이, 오 대리! 일루 와 봐. 이거 어떻게 된 건지 설명 좀 해봐."

호출해서 가보면 시스템 자체를 이해하지 못하여 엉뚱한 방에서 헤매고 있기 일쑤다. 간단한 시스템을 이해하지 못한 자신의 부족함을 보충하기 위하여 뜬금없이 문구 수정을 요구하거나 상식적인 내용을 장황하게 설명하여 업무를 방해하기도 한다.

양병무는《디지털시대의 리더십》을 쓰는 과정에서 아날로그에서 디지털로 전환하는 계기를 마련하였고 이 책을 통해 디지털 마인드를 갖게 되었다. 이 책 출간 뒤 그가 국방대학원에서 강의할 때 장군들은 이렇게 말했다.

"리더십은 군에서 장군들이 평생 공부할 주제입니다. 그러나 디지털이라는 말을 들으면 무기력해집니다. 우선 타자부터 배워야겠어요."

양병무는 이 책을 계기로 리더십 분야의 전문가로 활동하게 된다.《감자탕 교회 이야기》,《주식회사 장성군》,《숙명여대를 혁신으로 이끈 이경숙의 섬김 리더십》,《행복한 논어 읽기》등의 저서는 그의《디지털시대의 리더십》을 계기로 확장된 리더십 책들이다. 그의 최신작 《행복한 로마일기》에는 천년제국 로마에서 배우는 자기계발과 리더십이라는 전제가 달려 있다. 로마를 흔히 천년제국이라고 하는데 그는 '천년제국 로마에서 배우는 자기계발과 리더십'이라는 프로그램을 10년 넘게 운영해오고 있다.

로마는 반도국가로서 스스로 살아남기 위해 세계화를 목표로 한다는 면에서 우리나라와 공통점이 있다. 창업과 승계의 가장 성공적인 모델을 로마제국의 창업자 카이사르와 승계자 아우구스투스의 관계를 통해 그 정통성과 역량을 기준으로 평가했다. 로마의 아우구스투스는 전형적인 노블레스 오블리주의 표본으로 지도층 재산의 사회 환원을 국가 정책으로 만들어 솔선함으로써 시민의 신뢰를 얻었다. 시민들은 신뢰를 바탕으로 전쟁터에서 목숨으로 화답했다.

이런 거시적 리더십은 로마가 천년제국으로 성장하는 원동력이 되었다.

양병무의 리더십은 로마를 우리나라에 도입하여 천년제국의 비법을 전수하는 단계까지 도달했다. 개방성, 포용성, 끊임없는 훈련과 벤치마킹을 통한 학습에 이르기까지 현대를 살아가는 우리가 배울 천년의 리더십이 로마제국의 역사에 숨어 있다. 천년의 역사를 현대로 끌어내 벤치마킹할 수 있는 힘의 원천은 무엇일까? 나는 그의 꾸준한 책 쓰기의 힘이라 생각한다. 다양하고 폭넓은 저작 활동 없이 그저 경제 전문가로 활동했더라면 현재 그의 부드럽고 폭넓은 이미지가 가능했을까 싶다. 경제학자가 과연《일생에 한 권 책을 써라》를 선보이며 책 쓰기를 강권할 수 있었을까? 전문가라는 자부심과 권위에 사로잡힌 채 스스로의 '전문성' 속에 빠져 대중과는 멀찌감치 떨어져 있는 '나 홀로 학자'들이 주목해야 할 대목이다.

같은 내용을 강의하는 두 개의 홍보물이 붙어 있다. 첫 번째 홍보물에는 '하와이주립대 경제학 박사 양병무의 경제 동향을 분석한 취업시장 공략법'이다. 두 번째 광고물에는 '작가 양병무의 좋아하는 일을 하면서 먹고살기'이다. 당신은 어느 강연회에 참석하겠는가? 책 쓰기로 작가가 된 전문가는 유사한 주제를 더 매혹적으로 전달하는 힘을 가지고 있다. 한 권의 책을 쓰는 과정에서 이미 내용 전체를 아우르는 핵심 카피를 발견하는 연습을 하기 때문이다. 경제 전문가 양병무 박사를 대중이 공감할 수 있는 작가로 만든 것은《디지털시대의 리더십》으로 촉발되었다. 그는 말한다.

"분야의 전문가가 되고 싶은가? 문제의식을 가지고 오십 개 이상의 꼭지를, 소제목을 모아 일생에 한 권 책을 써라."

: 오늘의 박카스 :

일생에 한 권 책을 써라.

07

차동엽 신부의 감사와 감동의 메시지,
무지개 원리

'긍정적으로 생각하라. 지혜의 씨앗을 뿌리라. 꿈을 품으라. 성취를 믿으라. 말을 다스리라. 습관을 길들이라. 절대 포기하지 말라.'

이는 행복 전도사 차동엽 신부의 책《무지개 원리》에 나오는 행복과 성공을 가져오는 일곱 가지 원리다.

'미래사목연구소소장'이라는 공식 직함에 맞게 그의 책은 하나같이 '학술적 사고'와 '주제의 근거'에 바탕을 둔다. 그의 책을 읽고 나면 그 명쾌한 논리 때문에 속이 뻥 뚫리는 기분이 든다. 나는《무지개 원리》를 열 번도 더 읽었다. 내가 세상을 살아오면서 궁금했던 많은 질문에 대한 답을 제시했기 때문이다. 신부의 콘셉트답게《무지개 원리》는 철저히 성경의 구절을 근거로 한다.

'이스라엘아 들으라. 주 곧 우리 하나님은 유일한 주시라 네 마음을 다하고(정) 목숨을 다하고 뜻을 다하고(의) 힘을 다하여(지) 주 너의 하나님을 사랑하라.'(막 12:29-30)

《무지개 원리》출간 전까지는 차동엽 신부를 작가로 기억하는 사람은 그리 많지 않았을 것이다. '공동체 사목의 기초', '소공동체의 기초' 등을 시작으로 말과 언어의 근거를 탐색한 그는 드디어 일생의 키워드 '무지개 원리'를 발견한 것이다.

데일 카네기는 말했다.

"인생을 살면서 얻은 가장 큰 교훈이 있다면 그것은 '사고의 중요성'이다. 자신이 무엇을 생각하고 있는지를 정확히 안다면 그는 자신이 누구인지를 아는 사람이다. 생각이 자기 자신을 만들기 때문이다."

"내 마음은 운명을 결정하는 가장 중요한 요소다"라고 말한 차동엽 신부는 한 발짝 더 나아갔다.

"생각은 의식의 영역이지만 자아상은 무의식, 잠재의식의 영역이기 때문에 자아상은 사고를 바꾸는 것 그 이상이다."

여기서 그는 적극적 사고 훈련가인 지그 지글러 박사의 예를 들었다. 뉴욕 지하도를 들어가려는데 거지 한 명이 연필을 팔고 있었다. 지글러도 다른 사람들처럼 1달러를 주었지만 다른 사람과 달리 "일 달러의 대가로 연필을 주세요"라고 했다. 다른 사람들은 1달러를 주고 연필을 받지 않았지만 지글러는 연필을 받아들며 이렇게 말했다.

"당신도 나와 같은 사업가입니다. 당신은 더 이상 거지가 아닙니다."

이 말 한마디 때문에 거지는 '나는 거지가 아닌, 연필을 파는 사업가다'라는 생각의 변화를 경험했다. 거지는 훗날 큰 사업가가 되어 지글러 박사를 찾아갔다.

"당신의 말 한마디가 나를 변화시켰습니다. 연필도 안 받은 채 돈

일 달러를 주고 간 사람들 때문에 나는 늘 거지 자화상을 가지고 있었죠. 그러나 당신이 연필을 받아가면서 '나와 똑같은 사업가'라고 말해주어 내 인생이 이렇게 바뀌었습니다."

작가가 되면 같은 책, 같은 말, 같은 풍경도 새로운 관점으로 바라보는 눈이 생긴다. 나는 지금 차동엽 신부의 책《천금말씨》를 읽고 있다. 대화법을 주제로 집필할 때 나는 이 책을 옆에 끼고 있었다. 이 책 속에서 작가는 '언어 치유', '네이밍과 콜린', '말씨 하나가 수천 수억의 사람을 죽일 수도 있고, 다 죽은 사람을 살려낼 수도 있다', '생명의 말씨는 의미 발견을 도와줌으로써 스스로 생의 의욕을 갖도록 해주므로 자주 주고받자'와 같은 주옥같은 통찰을 내게 안겨주었다.

《무지개 원리》는 내게 성경을 읽게 하였고 의식을 바꾸는 계기를 마련해주었으며 삶에 대한 많은 궁금증을 풀어주었다. 결국 대화법을 통해 사람들을 변화시키려는 나의 의지에 불을 당겨주었다. '감동 대화', '변화 대화', '언어 치유' 등의 말들이 나에게 왔다. 나는 이러한 콘셉트가 성공하리라 확신하고 있다. 최선을 다하여 감사와 감동을 실천하는 일이기 때문이다.

남들이 부러워하는 안정된 직장에 몸담고 있으면서도 기쁨이 없는 사람들이 있다. 이들에게는 공통적으로 감사가 없다. 시련이 왔을 때 하나같이 주변 환경 혹은 운을 탓하며 시련을 피해 가거나 굴복한 사람들이다. 시련이라는 빙산이 닥쳤을 때 이들은 산을 남에게 의지해서 마지못해 오르다 한두 번 미끄러지면 포기해버린다. 그들은 늘 이렇게 말한다.

"왜 하필 나에게만 이런 일이 닥치는 거야?"

그들에게는 비교와 욕심만 있다. 그러므로 시련이 닥칠 때마다 패배의 먹구름이 몰려온다. 크고 작은 성취를 이루었어도 패배의 먹구름은 가시지 않는다. '겨우 이 정도밖에 하지 못했다'는 먹구름이다. 그들의 꿈은 남들이 보기에 자기보다 훨씬 많은 것을 가진 사람이 되는 것이다. 그러나 부러움의 대상은 끝이 없다. 다음의 사례를 보자.

신발 회사의 두 영업 사원이 아프리카 출장을 갔다. 아프리카의 시장성을 살펴보기 위해서다. 아프리카의 상황은 황당 그 자체였다. 사람들 모두 맨발로 다녔기 때문이다. 두 사람은 답사를 하고 본사로 돌아와 답했다. 한 사람은 "모두 맨발로 다니고 있어서 신발 수출은 불가능합니다. 시장성 영 퍼센트입니다"라고 보고했다. 다른 한 사람은 "모두 맨발로 다니고 있어서 최고의 황금 시장입니다. 시장성 백 퍼센트입니다"라고 보고했다. 누가 과연 시련을 극복한 경험이 있는 사람이고, 누가 시련 앞에 좌절한 경험이 있는 사람일까?

차동엽 신부의 감사에는 시련을 극복하는 힘이 있다. 감사할 줄 아는 사람은 시련이 닥쳤을 때 "드디어 절호의 기회가 왔군! 이참에 나의 가능성을 시험해봐야지" 하며 시련을 성장의 기회로 삼는다. 시련을 감사로 받아 즐길 줄 아는 사람은 "누구도 내 허락 없이는 나를 불행하게 만들 수 없다"라고 말한다. 나는 《무지개 원리》에서 감사는 시련을 이겨내는 힘이라는 사실을 발견했다. 그의 역서 《365 땡큐》가 처음 출간되었을 때 모 라디오 방송에서 감사할 사람에 대한 메시지를 보내면 책을 준다고 했다. 나는 차를 갓길에 세워놓고 이런 메시지를 보냈다.

'세상에서 가장 행복하기를 바라는 사람이 있다면 작은형입니다.

흑백 같은 작은형의 인생 마지막 5년을 컬러풀하게 지켜준 형수! 당신께 감사합니다.'

그 메시지 덕분에 내 책꽂이에는 방송국에서 보내준《365 땡큐》가 떡하니 버티고 있다. 차동엽 신부의《무지개 원리》가 내게 준 또 하나의 선물이다.

: 오늘의 박카스 :

인생은 365일 땡큐다.

08

혜민 스님의 이해와 위로,
멈추면 비로소 보이는 것들

'행복해지고 싶다면 다른 사람이 나에 대해서 어떻게 생각하는지 걱정할 시간에 나 자신이 진정 하고 싶은 것을 하십시오.'

'나에게 솔직해져보십시오. 도대체 무엇이 나를 행복하게 하는지. 세상이 일방적으로 정해놓은 성공의 기준이 아닌 내 안에서 무엇을 원하는지.'

이는 예수님을 깊이 존경한다는 혜민 스님의 《멈추면 비로소 보이는 것들》에 나오는 말이다. 출간 7개월 만에 100만 부를 돌파한 이 책은 그를 한국의 가장 영향력 있는 인물 중 한 사람으로 만들어주었다. 그의 글은 '공감과 위로'로 독자들의 지친 마음을 달래준다.

사람들은 변화를 필요로 하지만 좀처럼 변화하지 않는다. 변화하려는 욕구, 능력, 이유 등에 대해서는 자신 없어 하지만 자신이 변해야 할 필요성에 대해서는 쉽게 말한다.

힘들고 지칠 때, 믿었던 사람에게 배신을 당했을 때, 경쟁에서 반복된 실패를 경험했을 때, 인생이 마음먹은 대로 풀리지 않을 때, 사랑이 혼란스러울 때, 끓어오르는 분노를 잠재우고 싶을 때, 모멸감을 참을 수가 없을 때, 변화하고 싶은데 방법을 찾을 수 없을 때 우리는 선택의 기로에 선다.

'포기해버릴까, 좀 더 견디어볼까?'

어떤 선택을 하든 양가감정의 균형추는 팽팽하다. 이때 답답한 심정을 공감해주며 들어주는 사람을 찾게 된다. 어떤 선택이든 문제를 쉽게 해결할 수는 없다. 문제 해결의 출발은 상대방에 대한 '이해'에서 시작한다. 누군가 문제를 있는 그대로 이해해주고 그의 동기의 방향에 대하여 들어준다면 그것이 비로소 변화의 출발점이 될 수 있다. 그러나 상담을 오래 수련했다는 전문가를 만나도 '이해, 위로'를 받는 느낌을 경험하기란 쉽지 않다고들 한다. 문제를 진단하고 상담 시간을 정하고 목표를 정하는 과정에서 이미 부담을 느끼기 때문이다. 심지어 내키지 않는 속내를 캐묻는 듯한 전문가를 만나면 설상가상이다.

상대가 전문가를 자처하는 사람일수록 그의 전문성에 주눅 들어 '그가 나를 판단하지 않을까?' 혹은 '내 문제를 해결해주지 않을까?' 하는 의존심부터 들어 자신을 있는 그대로 드러내기가 꺼려진다. 친구나 동료는 물론이고 가족에게조차 털어놓을 수 없는 문제에 접했을 때 우리는 나의 말을 온전히 들어줄 사람이나 위로의 말을 해줄 사람이 필요하다. 그러나 바쁜 일상을 살아가다 보면 모두들 여유가 없다.

그런 면에서 혜민 스님의 위로와 이해의 메시지는 많은 이의 공감을 얻는다. 그는 어떻게 승려의 길로 들어섰을까? 그는 말했다.

"왜 사는가? 그리고 죽으면 어떻게 되는가? 늘 궁극적인 삶의 이유가 궁금했다."

혜민 스님을 승려의 길로 이끈 화두였다. 영화 공부를 시작했지만 파티문화에 적응하기도 어려웠고 종종 새벽까지 시끌벅적한 분위기도 그를 불편하게 했다고 한다. 그럴 때 근처 절로 가서 명상을 하며 좋은 이들을 만나서 나눔을 가지는 것이 그에게는 일종의 힐링이었다. 그렇게 진로 방향을 틀어 종교학을 공부하고 한국에 돌아와 은사 스님을 만나 승려가 되었다. 그는 자신에게 닥친 시련을 어떻게 이겨 냈을까?

"행복은 생각이 작을수록, 같이 할수록, 나눌수록, 지금 바로 이 순간에 마음이 와 있을수록 더해집니다. 눈을 감고 숨을 깊게 쉬시고 속으로 '내 주변 사람들이 모두 평온하길' 해보세요."

하는 말을 보면 미루어 짐작할 수 있다. 이만큼 담아내려면 얼마나 오랫동안 자신을 들여다보고 내면의 자신을 만나 명상하며 성찰해야 할까 싶다. 혜민 스님은 "매 순간 고삐 풀린 망아지처럼 뛰는 생각들을 길들이는 방법은 내 주변 사람들이 모두 평온하길 기도하며 빌어주는 것"이라고 말한다. 그는 자신에 대해 이렇게 말한다.

"이래야 한다는 틀이 없다는 게 제 특징인 것 같아요. 미국에서 살아서 그런 것일 수도 있고, 원래 타고난 성향일 수도 있고요. 무슨 척하거나 숨기는 거 잘 못해요."

이 말은 지금 여기서 있는 그대로 조용히 수용하며 살아간다는 뜻일 터다. 사람들은 척하며 상대의 말을 조용히 들어주는 일을 어려워

한다. 사실, 사람들은 상대의 동기를 이해하는 데 인색하다. 우선 상대방의 말을 끝까지 들어주는 일을 못 견뎌 한다. 괜찮은 아이디어가 떠올랐다고 하여 상대방의 말허리를 잘라 가로채는 일은 허리를 자르는 일 만큼이나 잔인한 일이다. 자신의 동기를 송두리째 빼앗긴 상대는 더 이상 말할 의욕을 상실하고 만다. 나름의 '동기'를 가지고 있는 각자는 동기라는 면에서 나름대로 옳다. 그가 옳지 않다는 것을 알려주기 위해서는 그의 동기를 끝까지 경청할 때만 가능하다. 그의 말문을 트게 하고 신나게 말하게 하고 상대가 준비되었을 때 마음으로 한 걸음씩 들어가는 태도는 상대에게 배려받는 느낌을 준다.

앞서 언급한 마약을 경험한 이들의 집단상담을 하는 동안 제소자와 했던 대화 내용을 보면 상대의 동기를 인정해주는 것이 어떤 힘을 발휘하는지 알 수 있다

"약 해보셨어요? 약을 해보지 않은 사람이 어떻게 중독자를 돕는다는 거요?"

"물론 약은 선생님들이 해보셨으니 더 전문가죠. 어떻게 선생님들만큼 알 수 있겠어요. 저는 단지 선생님을 더 잘 이해하여 돕고 싶을 뿐입니다. 선생님 표현대로 '지옥을 나와 가족의 품으로 돌아가는 일'을 돕고 싶어요."

일상에서 이런 마음으로 관계를 이어나간다면 많은 사람이 각자의 올바른 동기를 찾아갈 수 있으리라. 혜민 스님은, 글쓰기는 자기 삶 즉 마음을 들여다보는 일이라고 한다. 세상과 마음의 관계 속에서 글이 나오면 글쓰기 자체가 수행에 도움이 되었다고 한다. 그는 하루를 살면서 사람을 만나고 마음을 들여다보고 첫 느낌, 그 직관으로

글을 쓴다고 한다. 그의 위로는 상대의 동기를 인정하는 것에서 출발한다.

혜민 스님이 운영하는 마음치유학교에는 그의 응원 메시지가 가득하다. '이 말이 옳으니 명심하라'는 식의 훈계가 아닌, '이해하려는 태도'로 조용히 쉬엄쉬엄 가라고 속삭여준다. '위로와 이해'의 세상을 살아가면서 이보다 더 큰 에너지원이 있을까? 그는 10만에 가까운 팔로어를 가진 트위터리언이다. 엄청난 정보가 업데이트되는 창에서 따뜻한 위로와 공감으로 다가오는 그의 트위터는 에세이집 《멈추면 비로소 보이는 것들》로 거듭났다. 이 책 덕분에 수많은 사람이 위로를 받고 있다. 그는 현재 마음치유학교를 통하여 수많은 이의 '마음 잇기'를 이어가고 있다. 그의 '위로와 이해'의 마음 치유는 한 권의 책 《멈추면 비로소 보이는 것들》로부터 비롯되었다.

: 오늘의 박카스 :

사람을 변화시키는 가장 센 힘, 그것은 이해다.

09

교사 스티븐 킹의 공포, 캐리

스티븐 킹을 보면 '작가는 닥치고 쓰는 사람'이라는 생각이 든다.

그는 두 살 때 아버지를 잃고 홀어머니 밑에서 자랐다. 어린 시절부터 동네 신문에 '자기의 창작품'을 게재했다. 열두 살에 이모 집에서 발견한 잡지 박스의 책들을 탐독하며 지내던 그는 생계를 위해 세탁 공장, 건물 경비원 등을 하며 지냈다. 그는 장편 《캐리》를 완성하기도 전에 원고를 쓰레기통에 처박으며 포기하고 말았다. 그러나 그의 아내가 쓰레기통에서 끄집어낸 작품에 조언을 했고 이 작품은 계약금 2,500달러로 출판 계약을 하였다. 작가들의 첫 작품은 이렇게 아프고 사소하게 시작된다. 30년이 넘는 세월 동안 소설 500여 편을 발표한 현대 최고의 작가로 우뚝 선 이야기꾼도 그 시작은 이토록 암울했다.

그는 소설의 등장인물처럼 대형 교통사고를 당하는데 승합차량에 받쳐 4미터 이상 튕겨나가 복합골절 및 폐 출혈 등 심각한 부상을 입었다. 이때 그는 인생에서 가장 중요한 진실을 깨닫는다. 글을 쓰는 진짜 이유는 바로 '자신이 글쓰기를 원하기 때문'이라는 것, 글을 써서 아들을 대학까지 보냈지만 그런 것들은 일종의 덤이며 글쓰기는 삶을 되찾는 하나의 방법일 수 있다는 사실이다. 그는 저서《유혹하는 글쓰기》에서 말한다.

'글쓰기는 마술과 같다. 창조적인 예술이 모두 그렇듯이 생명수와도 같다. 자. 이 물은 공짜다. 그러니 마음껏 마셔도 좋다. 실컷 마시고 허전한 속을 채우시기를.'

그는 글쓰기의 방법을 이렇게 전한다.

첫 번째, 제일 먼저 떠오르는 낱말이 생생하고 상황에 적합하면 첫 말을 써라. 궁리하면 첫 낱말만큼 훌륭하지 않다.

두 번째, 문장이 아닌 문단의 장단을 익혀라.

세 번째, 읽고 쓰는 것보다 지름길은 없다. 모든 책은 유익하다. 좋은 책은 창의적이며 좋은 문체와 구성이 있다. 읽는 것은 친밀하고 쉬운 글을 쓰는 데 도움이 된다.

네 번째, 치장하지 말고 평이하게 직설적으로 써라.

다섯 번째, 자신에 대해 써라. 처음부터 읽는 사람의 행복을 고민하지 마라. 자신을 이야기하되, 스토리가 아닌 것은 점점 삭제하라. 시작은 자신의 이야기로 하되, 점점 줄여가는 식으로 써라.

여섯 번째, 자기만의 쓰기 스타일을 만들어라. 스타일은 이야기에 힘을 실어준다. 부사와 수동형을 쓰지 말고 자기만의 스타일에 익숙해져라.

일곱 번째, 글쓰기는 일이다. 마치 직장생활을 하듯 일정한 패턴으로 일

관성 있게 쓰는 습관을 들여라.

여덟 번째, 스토리는 어디에나 어느 순간에나 있다. 기술적 접근은 모두 같다. 문제는 스토리다. 좋은 아이디어는 언제 어디서나 나올 수 있으니 항상 준비하라. 화석을 캐내듯 연장을 준비하라.

아홉 번째, 정직하라. 잘 알고 독특한 것을 써라. 좋아하는 것을 써서 그 것이 삶의 일부가 되게 하라.

열 번째, 연구하라. 모르는 것을 쓸 때는 더 많이 조사하라. 독자들이 더 많이 알 수도 있다.

열한 번째, 지루함을 지워라. 지루함은 글을 망친다. 느슨한 속도는 과감히 삭제하라.

열두 번째, 당신 편을 만들어라. 당신을 믿어주는 한편을 만들어라.

열세 번째, 글쓰기로 행복해져라. 독자와 함께 행복해져라.

스티븐 킹을 보면 천생 작가라는 말이 절로 나온다. 그가 미국의 권위 있는 문학상인 전미도서상에서 미국 문단에 공헌한 작가에게 수여한 특별상을 수상했을 때, 대중문학 작가와 순수문학 작가의 구분이 무색함을 보여주었다. 그는 자신의 글이 '대중소설과 본격소설의 가교'를 세울 수 있다고 말한다. "대중적 인기를 누렸지만 문학성을 인정받지 못하는 작가의 작품을 전혀 읽지 않았다"며 잘난 척하는 작가들에 대해서는 언급할 가치가 없다고 말했다. 그는 "궁극적으로 글쓰기란 작품을 읽는 이들의 삶을 풍요롭게 하고 아울러 자기 자신의 삶도 풍요롭게 해준다. 글쓰기의 목적은 살아남고 이겨내고 일어서는 것, 행복해지는 것"이라 말한다.

'바닥을 친다'는 경험은 자신을 깊이 성찰할 수 있는 기회다. 자신의 재능에 맞는 일은 무엇인지, 의욕만으로 할 수 있는 일, 잘하는 일, 할 수 없는 일을 구분할 수 있다. 스티븐 킹은, 글쓰기는 누구나 할 수는 있지만 단순이 노력만 한다고 이루어질 수 없으며 재능 없이는 할 수 없다고 말한다. 설령 재능이 있더라도 진실한 글을 쓰지 못하면 위대한 작가가 될 수 없다고 말한다. 재능이 없다면, 전업 작가의 길을 걷지 않는 것이 좋을 거라는 의미다. 이 말은 재능이 없다면 자신이 좋아하는 일에 매진하고 그 경험이 재능이 되어 평생의 직업으로 삼을 만큼의 수준이 되었을 때 작가의 길을 걷는 것이 바람직하다는 조언일 것이다. 누구나 작가가 될 수 있다는 것은 이 지점에 해당한다.

나는 그의 첫 작품 《캐리》를 통해 고뇌의 힘을 발견했다. 생전처음 초경을 경험한 화이트 캐리, 갑작스러운 경험에 어쩔 줄 몰라 하는 그녀에게 친절히 초경을 설명해주는 사람은 없었다. 이것이 이야기의 발단이다. 청결만을 강요하는 청교도적 사고의 엄마는 딸의 생리적 현상에 대해 침묵하였으며 샤워를 하던 같은 반 여학생들은 피 묻은 손으로 도움을 요청하는 그녀를 조롱한다. 경멸과 혐오감에 찬 웃음으로 생리대를 던지는 친구들의 "틀어막아, 틀어막아, 틀어막아……"로 시작된 캐리의 모멸감은 극에 달한다. 염력이라는 초능력은 그녀의 능력을 극대화시켜 온 마을을 초토화시키고 비극적 결말로 치닫는다. 그는 공포를 경쾌하고 발랄하게, 속도감 있게 표현하는 능력을 가졌다. 그가 만들어내는 공포는 비로소 고뇌를 훌쩍 넘어서 흥미와 재미를 유발한다.

공포, 속도감 있는 스케치 그리고 끊임없는 상상력으로 스티븐 킹은 현대의 대표적인 이야기꾼으로 살아간다. 그 시작은 쓰레기통에 들어갔던《캐리》에서 비롯되었다.

: 오늘의 박카스 :

시간이 새 나간다. 당장 잡아채라!

10

광고인 박웅현의 흉기,

책은 도끼다

　작가 박웅현은 '그녀의 자전거가 내 가슴속으로 들어왔다', '넥타이와 청바지는 평등하다', '나이는 숫자에 불과하다', '생활의 중심', '사람을 향합니다', '생각이 에너지다', '진심이 짓는다 '등 시대를 대표하는 카피를 탄생시킨 'ECD(Executive Creative Director)', 즉 광고인이다. 기자가 되겠다고 도서관에 앉아《안나 카레리나》를 읽었던 그는 지금은 'TBWA KOREA'에서 광고인으로 일하고 있다.

　최고의 광고인으로 활동하는 박웅현이 "창의력을 기르려면 뭘 해야 하나요?"라는 질문을 받았을 때 "누구나 그것을 물어보는데, 아무리 생각해도 뾰족한 수는 없습니다. 그래서 저는 질문한 사람에게 오늘 뭐 하기로 했는지 되묻고 영화를 보기로 했다면 영화를 잘보고, 홍대클럽에 간다고 하면 가서 잘 놀라고 합니다. 창의력을 기르기 위해서 무엇을 해야 하는 건 없습니다. 뭘 하든 안테나를 세우고 잘하면 됩니다" 하고 답했다. 그에게 세상을 읽는 축, 혹은 안테나는

'잘' 하는 것이다. 그래서 그는 책을 읽어도 '잘' 읽어야 한다고 말한다. 그의 '잘 읽는 책 읽기'는 결국《인문학으로 광고하다》,《책은 도끼다》,《여덟 단어》를 통해 쏟아졌다. 그의 광고는 천재의 아이디어처럼 휘황찬란한 네온사인 같은 게 아니다. 뭉툭하지만 귀에 들리고, 눈에 잡히며 잘 잊히지 않는다. 아직도 귀에 생생한 '잘자, 내 꿈꿔'는 하루를 보내고 잠자리에 들 때 내가 자주 쓰는 말이다. 가족들 간에 이런 말로 하루를 마무리하면 고단했던 시간이 행복한 꿈으로 바꾸는 느낌이 든다.

일전에《대통령의 글쓰기》를 쓴 강원국 작가의 책에 저자 서명을 요청했을 때 이런 응원의 메시지를 받았다.

'김대중같이, 노무현처럼, 김영돈답게!'

나는 여기서 '~답게'라는 말이 전하는 힘을 발견했다. 세상에서 가장 무서운 사람은 '자기다운 사람'이다. 여기서 무서운 사람은 '두려움이 없는 사람', '행복한 사람', '자기답게 사는 사람'을 말한다. 세상에서 무서운 사람의 순서를 보면 다음과 같다.

첫째, 잃을 것이 없는 사람이다. 잃을 것이 없다는 말은 인생의 큰 시련을 경험했다는 뜻이다. 가족의 상실, 목표한 시험의 낙방, 예기치 못한 이별, 짐작하지 못한 불치의 병, 파산 등 자기의 민낯을 고스란히 대해야 하는 순간 말이다. 선택의 여지도 없고 그저 살아 있다는 사실 자체가 뿌리째 흔들리는 순간이다. 이때 시련을 술이나 약물 혹은 환경에 의존하지 않고 스스로 버티며 견뎌내는 사람은 두려울 것이 없다. 이들은 살아내기 위하여 목숨도 불사한다.

둘째, 잃을 것이 없는 사람보다 더 무서운 사람은 즐기는 사람이다. 잃을 것이 없는 사람은 무모한 행동도 불사하지만 '즐기는 사람'은 무리하지 않는다. 즐길 줄 아는 사람은 자신이 바꿀 수 없는 현실을 즉시 수용하고 자신이 하고 싶은 일에 집중한다. 그 일은 온전히 자신의 의지로 선택한 일이니까 즐기게 된다. 즐기는 사람이 하는 일은 그 일의 종류에 상관없이 좋은 성과를 낸다. 일을 놀듯이 즐기며 하는 사람이 사회를 움직이는 이유다.

셋째, 즐기는 사람보다 더 무서운 사람은 '즐기는 일'에 집중하며 생긴 경험과 통찰을 엮어 책을 쓰는 사람이다. 책을 통하여 내가 어떻게 일을 즐기게 되었는지, 일을 즐기면 어떤 성과가 나는지, 그 성과를 내기까지 과정은 어떠했으며 어떤 경험을 했는지를 책으로 엮어 정리하는 사람이다. 이 단계에서는 즐기는 일이 책이라는 날개를 달고 폭발적인 영향력을 발휘하게 한다. 그는 즐기며 자기의 경험을 써냈을 뿐인데 수많은 이가 그의 성공을 보고 변화하고 감동한다.

넷째, 자신의 저서로 강연을 하는 사람이다. 이 단계에 들어선 사람들은 하나같이 나름의 성공 스토리를 가지고 있다. 사람들은 그들의 책과 이야기에 열광하며 그들의 강의를 듣고 싶어 줄을 선다. 한두 명이 찾아와 궁금증을 호소하다가 이내 열 명, 백 명이 넘는 사람들이 한꺼번에 그의 말을 듣고 싶어 한다. 광고인 박웅현 작가를 보면 이 단계를 확인할 수 있다.

첫째, 그는 잃을 게 없는 사람이었다. 그가 광고 회사에 들어간 것은 언론사 공채시험에 떨어졌기 때문이다. 그는 어릴 때부터 책을 좋아했고 글재주가 있었다. 고등학교 시절에 신문 동아리 활동을 하고 대학 시절에 신문방송학을 전공하고 학보사에 들어가 편집국장을 맡기까지 10년 동안 신문만 바라보며 생활한 그였다. 원하는 일을 하지 못한 그는 더 이상 잃을게 없었다. 익숙한 신문에 비해 광고 회사의 작업방식은 적응하기 힘들었다.

1989년, 제일기획 입사 3년차인 박웅현 사원은 회의실에만 들어가면 입이 떨어지지 않는 자칭 '벙어리'였다. 그때 그는 남들이 마케팅 서적을 읽을 때 책에 파묻혀 있었다. 그는 회의에 방해만 된다는 얘기를 듣고 더 이상 의견을 내지 않았다고 한다. 그때 그는 자신을 똑바로 바라보는 훈련을 하였던 것으로 보인다. 그러나 기록과 정리를 하는 데 자신이 있었던 그는 회의에서 발제하지는 않았지만 회의록을 복사해서 사람들에게 나누어주는 일을 했다. 제일기획의 이사는 그의 정리 능력을 알아보고 각종 회의마다 그를 데리고 다니며 회

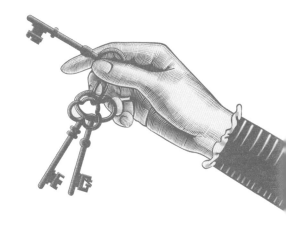

의록을 작성하도록 했다.

둘째, 그는 멈추지 않고 즐기는 사람이었다. 그는 "내 재능을 알아본 사람, 같이 일할 수 있는 동료가 나타난 것이 광고 인생을 뒤바꾼 기회였다"며 "만일 회의 시간에 발제하기 어렵다고 해서 손을 놓고 있었거나, 괴팍하다는 소문만 듣고 그 디자이너와 일하지 않았다면 나의 잠재력이 폭발하지 않았을 것이다"라고 말한다. 한두 번의 실패로 좌절하지 않고 자신의 현실을 있는 그대로 수용하고 잘하는 일을 하는 것, 그것이 그의 두 번째 행보였던 셈이다. 그는 "기회가 오는 것도 중요하지만 그것을 잡을 준비가 돼 있어야 하고, 그러려면 자기만의 콘텐츠가 확실히 있어야 한다"라고 했다.

셋째, 그는 책 쓰는 사람이었다. 《책은 도끼다》, 《사람은 누구나 폭탄이다》, 《다시, 책은 도끼다》를 이어 내며 그는 명실상부 최고의 베스트셀러 작가로 발돋움했다. 그는 자기가 즐기는 일을 하며 그 경험과 통찰을 모아 책을 써냈을 뿐이다. 2011년에 발간된 《책은 도끼다》는 이미 100쇄를 훌쩍 넘어섰다.

넷째, 광고인이자 작가이자 인기 있는 인문학 강사로서 그는 활동하고 있다. 그는 2014년부터는 대학생 스피치 프로젝트인 '망치'를 운영하고 있다. '나 자신을 깨뜨린다'는 의미에서 망치라는 이름을 걸고 대학생들 멘토링을 통하여 재능과 아이디어를 발굴하고 청중 앞에서 자신만의 이야기를 하는 프로그램이다. 세상에서 가장 무서운 사람, 가장 행복한 사람, 가장 창조적인 사람의 행보를 하고 있다. 그는 좋은 책을 읽고 영화를 보면서 자신을 되돌아보는 것이 자기만의 콘텐츠를 개발하는 비결이라고 말한다. 그의 망치 프로젝트에 참가하는 대학생들은 자신의 배경, 취미 등을 이야기하고 그들의 멘토로부터 책, 영화, 음악 등을 추천받는다.

그는 "좋은 책을 읽는 것은 좋은 사람과 대화하는 것과 같다"고 말한다. 인문은 삶을 대하는 촉수로서 어떤 일을 하든 인문적 훈련은 필요함을 강조한다. 그는 정보가 아무리 빠른 속도로 변화한다고 하여도 변화에는 항상 '본질'이 있으며 그 '변화의 본질'을 끊임없이 찾아야 한다고 말한다.

회의실의 벙어리에서 변화의 도끼, 폭탄, 망치 등의 흉기를 휘두르며 인문학 강사로, 최고의 광고계 스타로, 작가로 활동하는 박웅현 작가로 우뚝 세워준 것은 그의 인문학 강독서 《책은 도끼다》에서 비롯되었다.

: 오늘의 박카스 :

저서는 고정관념을 깨는 도끼다.

11

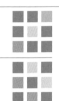

텔렉스 오퍼레이터 마루야마 겐지의 탈출구, 여름의 흐름

'애들이 자라서 내 직업을 알게 되면 어떻게 생각할까?'

이는 사형을 집행하는 교도관으로 살아온 주인공을 주제로 한 소설《여름의 흐름》에 나온 말이다.

마루야마 겐지는 소설가라기보다는 사무라이에 가깝다. 사실, 그는 한 인터뷰에서 작가가 되지 않았다면 야쿠자가 되었을 것이라고 말했다. 그는 중학교 때 읽은《백경》에 감명받아 선원이 되기로 결심했다. 센다이공업고등학교에 진학하였으나, 학교는 예상과는 전혀 딴판이어서 그는 낙제와 정학을 되풀이하였다. 고등학교를 졸업하고 무역 회사 통신 담당 사원으로 취직하였으나 회사가 부도 위기에 처하였다. 그는 매일 생각했다. 무슨 일을 하면 좋을지……. 그리고 불현듯 소설을 쓰겠노라 작정했다. 하필이면 소설을 쓰겠다니!

그렇게 위기를 벗어나 나름대로 살아갈 방도를 찾는 과정에서 소설《여름의 흐름》을 썼다. 물론 처음 써보는 소설일 뿐만 아니라 글쓰기의 바탕은 텔렉스 오퍼레이터 경험과 몰래 학교를 빠져나와 훔쳐 본 2편 동시상영의 영화가 전부였다. 운명처럼 이 첫 작품은 그에게 소설가의 길을 터주었다. 사회생활의 시작부터 인생의 예측 불허와 부조리를 경험한 그는 일찌감치 '자립'이라는 인생의 깃발을 높이 들었다. 그는 말했다.

"애당초 탄생부터 내 의지와 전혀 상관없이 부모의 결정에 의해 내팽개쳐지듯 세상에 태어났다. 태어나보니 세상은 지옥이었다."

이 말은 그가 살아온 50년 세월, 고독한 작가로서의 삶을 일찌감치 암시해준 말이었다. 그는 한 신문사 인터뷰에서 "태어나보니 지옥인데 왜 계속 살아야 하나?"라는 질문을 받았다. 그는 이렇게 대답했다.

"간단하다. 태어났으니 살아야 한다. 모처럼 생명을 갖고 세상에 왔으니 전부 보고 죽는 게 좋지 않은가. 단, 처음부터 기대는 하지 말아야 한다. '아무리 비참한 일이 일어나도 즐겨주겠어' 하는 정신이 필요하다. 책에도 썼지만 절체절명(絶體絶命)·고립무원(孤立無援)·사면초가(四面楚歌) 등의 궁지에 삶의 핵심이 숨어 있다. 그 안에서 몸부림치는 자신을 한 발 떨어져 바라볼 수 있는 것. 그것이 자립한 인간이다."

마루야마 겐지를 대표하는 소설 《천년 동안에》에서 천년을 버텨온 싸움나무가 인간을 향해 이렇게 내뱉는다.

"세상에서 구제를 필요로 하는 것은 인간뿐이다. 인간이라는 존재는 아무튼 너무 들떠 있다. 이 별에서 그들의 영향력은 너무도 강대하다. 그들은 녹지대를 잠식하고 있다. 유감스럽게도 인간이라는 종은 너무 번성하였다. 인류가 등장하기 전의 지구를 상상하기보다 그들이 소멸한 다음의 지구를 상상하는 편이 훨씬 수월하리라."

그에게는 예술가, 특히 글 쓰는 사람이라면 일견 느껴지는 분열증, 회의주의, 연민 따위는 찾아보기 어렵다. 그의 글쓰기 태도는, 직장인의 모습과 매우 닮아 있다. 철저한 시간관리, 집필하는 자신을 수시로 돌아보며 '무엇을 하는 짓인지'에 관한 회의와 더불어 철저한 성찰을 반복하면서도 함부로 때려치우지 못하는 직장인 말이다. 그렇다. 그는 소설을 직장생활 그 이상으로 철저하게 썼다. 그는 '나도 살아갈 방도를 찾아야겠다'는 생각으로 소설《여름의 흐름》을 써냈다. 아무런 준비 없이 들이닥치는 삶의 벼랑에서 그가 선택한 글쓰기는 나머지 인생의 긴 여정과 만나는 운명이었다.

이 태도는 50년 동안 그를 일본 최고의 정신으로 세웠다. 그는 1967년《여름의 흐름》으로 아쿠타가와상을 수상한 뒤 북알프스 지역 오오마치에 틀어박혀 수도승 같은 자세로 소설을 쓰고 있다. 그의 유일한 갈등은 '원고지를 붙들고 있는 일이 남자답지 못하다'는 것이다. 아침이면 벌떡 일어나 전속력으로 글을 쓰고, 그러다가 느닷없이 이런 게이 같은 짓을 하고 있다니, 하고 소리를 꽥 지르고 밖으로 튀어나간다.

그가 강조하는 '이성의 단련과 자립의 힘'을 확인할 수 있는 말이 있다. 그는 인터뷰를 통해 말했다.

"이성을 단련하는 방법은 '자신이 이성을 가지고 있음을 인식하는 것'이다. 타인을 배제한 상태에서 홀로 '이것이 나'라는 사실을 인식할 때 이성이 길러진다."

자립에 관해서 그는 한 점을 강조했다. 오프로드 바이크를 탈 때

절벽을 빠져나오는 방법에서 그는 답을 제시한다. 한 점만을 응시하고 급커브를 틀어야 살아난다는 것이다. 무서워서 아마추어처럼 이곳저곳 기웃거리며 상황을 재면 시선이 애매해지므로 출구 한 점만을 응시해야 한다. 한 점이 중요한 이유는, 자신에게 가장 가까운, 제일 중요한 한 점으로부터 눈을 돌리지 않고 집중하는 점, 그 지점이 마음을 다잡을 수 있는 곳이기 때문이다. 그는 스스로를 천천히 들여다볼 수 있다면 세계를 읽어낼 수 있다며 전체를 보고 싶다면 '한 점'을 보라고 한다. 그 한 점은 모든 것을 희생하더라도 이것만은 지키겠다고 하는 것. 그것이 무엇인지 자문해보고 '이것을 양보하면 나는 더 이상 내가 아니다'라는 각오를 해야 한다는 것. 절대로 양보할 수 없는 것을 확보하고 그것으로부터 눈을 돌리지 않는 바로 그 점이다. 그는 말했다.

"나는 샐러리맨을 하면서 스물넷에 아쿠타가와상을 받았다. 부도 직전 회사에서 사회의 쓴맛 단맛을 다 본 내가 떼로 몰려다니는 패거리들에 속을 줄 아는가? 소설가는 연예인이 아니다. 글은 홀로 쓰는 거다!"

그는 '자립'을 강조하면서 자유는 결코 거저 얻을 수 없으며 목적 없이 사는 자는 목적이 있는 자에게 죽임을 당할 수 있다는 점을 명심하라고 한다. 그는 "지금까지의 오십 년이 도움닫기를 했다면 이제는 점프를 할 때다. 앞으로 십 년 동안 백 권을 모두 고쳐 새로 내겠다"라고 말했다. 의기투합한 출판사 사장은 75세, 그와 나이를 합치면 150세이다. '이 일을 끝내기 전에 하나라도 죽으면 안 된다'고 합의하여 수명과의 전쟁을 선포한 70대의 청년 노작가를 본다.

'설마 했지만 이 정도일 줄은 몰랐다. 나는 누구의 지배도 받지 않고 누구도 지배하지 않는다. 나는 자유다.'

그는 성공한 작가일까? 작가 앞에 성공이라는 말이 실은 무색하다. 그러나 작가 마루야마 겐지 앞에서는 '무서운 인간의 조건'에 관하여 어줍지만 한마디 하고 싶다. 세상에서 무서운 인간은 어떤 인간인지를 말해야겠다. 무서운 인간은 입에 함부로 거론하기 꺼려지는 인간이다. 살아 있다는 사실이 자꾸 신경이 거슬려 "당신 이리 나와 말해봐, 그래서 어쩌겠다고 그렇게 거만한 거야!" 하고 말하면 죽창을 준비하며 "그래, 네 나약한 심장을 준비하고 있거라, 한방에 끝내줄 테니" 하고 말할 것 같은 인간. 인생의 배수진을 단단하게 구축해놓고 "여기를 지나가려면 내 시체를 밟고 지나가야 할 것이다"라고 말하는 인간. 그래서 더 이상 협상의 여지가 없는 인간. 이런 인간은 무서운 인간이다.

그런 인간은 배수진을 친 지점에서 "시간이란 모름지기 훔치는 거야" 하고 말하며 시간을 자기 것으로 차지한다. "그 주제에 겨울을 버티려고" 하고 무시하며 보내버릴 수밖에 도리가 없다. 그러나 날이 풀리면 그는 '천일의 유리', '납장미', '해와 달과 칼', '파랑새의 밤', '달에 울다' 같은 수천의 시어를 쏟아내고는 오토바이를 타고 소름 끼치는 질주해댄다. 사람을 이만큼 주눅 들게 하는 작가가 또 있을까 싶다. "내가 당신과 대결하고 싶다. 얼마나 잘 쓰는지 한번 보자"라고 말할라치면 그는 말할 것이다.

"그럴 것 없어, 내 라이벌은 영화이니까!"

나는 그의 글을 읽을 때마다 이런 말이 내내 귓전에 맴돈다.

"인간의 비극은 안정에 근원이 있다. 움직이는 자, 살아 있는 자로 살고 싶다면 너답게 살다가 퇴장하라!"

텔렉스 오퍼레이터 마루야마 겐지를 최고의 작가정신으로 세워준 것은《여름의 흐름》이 한 권에서 비롯되었다.

: 오늘의 박카스 :

작가는 길들지 않는다.

Chapter 4
작가로 태어나는
일곱 계단

01

눈물 나게 아픈 날,
주제를 선언하라

사람들은 언제나 안락한 집을 꿈꾼다. 어쩌면 이 평온한 휴식처를 위하여 일생을 죽어라 고생하는지도 모른다. 집은 비바람과 세월에 쓸려간다. 그러나 책으로 지은 집은 영원히 살아 숨 쉰다. 책을 쓰는 일은 영혼의 집을 짓는 일이다. 주제는 눈물 나게 아픈 날의 기억으로 시작된다. 오랜 시간 증류된 술처럼 가슴에 남아 있는 경험과 기억의 단상들이 앙금이 되어 주제가 된다. 이것은 집 지을 작정을 하는 일이다. 그리고 "액션!" 하는 외침과 함께 집은 지어진다. 책 쓰는 일은 집을 짓는 일과 같다. 이때 어떤 집을 지을 것인가를 결정하는 것이 주제 정하기다.

살면서 '좋아, 그렇다 이거지' 하며 손이 부르르 떨리는 가혹한 순간을 마주친 적이 있는가? 건널 수 없는 강을 건너고, 이길 수 없는 적과 싸우고, 이룰 수 없는 꿈을 꾸고, 멈출 수 없는 죽음과 정면 대결하고, 미칠 것 같은 열정에 몸을 던지고, 용서할 수 없는 사람을 용서

하며, 죽음으로도 채워지지 않는 인생! 그럼에도 살아내야 하는 '인간의 고뇌를 영상보다 더 선명하게 써 내려가는 글을 써보자'는 결심을 한 것은 오래전부터 내 근처를 맴돌았다.

우선 가장 큰 틀은 계명을 세우는 일이었다. 내가 살아가는 이유, 내 삶의 지표를 삼을 만한 계명을 세우고 그것을 실천하는 일은 내게 책을 써야 하는 가장 큰 이유였다. 그래서 세운 것이 걸작 10계명이다.

'사람의 다름을 인정(통찰)하고 겸손하게 헌신(나눔과 협동)하자.'

사람은 누구나 나름의 역사가 있고 독특한 경험이 있는 존재라는 사실을 알아챈다. 겸손은 사람의 다름에 대한 통찰에서 비롯되었다. 사람은 모두 다르다. 그렇기에 그 누구와도 비교될 수 없다는 것이 나의 전제다. 비교의 대상이 없는데 사람이 사람 앞에서 교만하게 군림하는 일, 사회적 지위나 경제적 우위, 학벌 따위를 토대로 짓밟는 일은 이미 사람이기를 포기한 동물의 작태가 아니고 무엇이랴.

다음은 헌신이다. 내게 헌신은 나눔과 협동을 포함하는 말이다. 할 수만 있다면 나누고 서로 돕는 것이다. '사람의 다름을 인정(통찰)하고 겸손하게 헌신(나눔과 협동)하자'는 기조 위에 '1. 사명을 세우기', '2. 지금 여기서 기도하기', '3. 최선을 다하여 감사하고 감동하기'를 둔다. 나는 이 123의 법칙을 공식적으로 공표하고 싶었다. 그래서 《말주변이 없어도 대화 잘하는 법》에서 걸작 10계명을 세웠다. 나는 이 계명을 수첩, 노트, 메모지, 책, 그 어디에서나 볼 수 있는 곳에 적어두었다. 그리고 눈물 나게 아플 때마다 되새겼다.

나는 네 개(사람의 다름을 인정[통찰]하고 [겸손]한 자세로 헌신[협동,

배려]하자)의 큰 행동 틀을 바탕으로 두고 123의 법칙(사명, 실존, 기도, 최선, 감사, 감동 이상 6가지)으로 주제를 세운다. 이 10개의 계명은 내 삶의 지표이자 주제의 원천이 되었다.

우선 목적(사명)이다. 단 1초도 망설이지 않고 내 목숨과 바꿀 수 있는 소중한 가치가 있다. 이 가치에는 사랑하는 가족과 견딜 수 없는 고뇌를 견뎌내며 포기하지 않고 살아주는 이웃들이 있다. 이것이 인생의 방향점인 무엇(What)에 해당한다.

두 번째, 사명을 실천하는 방법(How)은 매 순간 기도하는 것이다. 지금 여기(실존)에서 기도(완전한 믿음)를 행하는 것은 과거나 미래의 시간을 초월한 기도이다. 나에게 기도는 정진, 수련, 연습, 글쓰기와 같은 의미이다. 이는 인생을 생방송으로 살아가는 일이다.

세 번째, 사명을 실천하는 태도는 최선(탁월)을 다하여 살아가며 감사(시련)하고 감동(기본)하는 것이다. 최선은 가장 나다움을 기준으로 세워 실천함으로써 탁월한 성취를 낳는 것이다. 시련이 닥쳤을 때 감사로 받아들이는 것, 그 시련의 상처에서 늘 싹이 튼다는 사실을 알아채는 것은 성장의 주춧돌이다.

끝으로 감동이다. 무슨 일이든 기본에 충실하다면 그 사람은 감동을 전할 수 있다. 감동을 주는 인간들의 눈물겨운 장인정신을 들여다보면 알 수 있다. 이탈리아의 100년 가죽 세공 장인, 30년이 넘게 쓸 수 있는 냄비를 만들어내는 청동 그릇의 장인, 40년간 300쇄를 찍은 《난장이가 쏘아올린 작은 공》의 소설가 조세희의 시선, 에고가 깨끗이 비워진 성인들의 평정심. 나는《말주변이 없어도 대화 잘하는 법》에서 이 10계명을 활용했다. 말하는 방법을 바꾸면 인생이 바뀐다는 꼭지에 이 10계명을 선포했다.

자기 삶의 주제는 각자의 몫이다. 그러나 큰 틀을 세우고 작가로서의 길을 선택했다면 자신이 정한 삶의 목적과 방향을 기초로 주제를 선포할 때 독자의 주목을 끌 수 있다. 눈물 나게 아픈 날, 인생의 사명을 바탕으로 주제를 선포하자. 공감의 대가 인본주의 심리학자 칼 로저스는 사람에게 통하는 덕목으로 두 가지, 즉 '진실'과 '용기'를 들었다. 독자의 호감을 불러일으킬 글을 쓰고 싶다면 명심해야 할 덕목이다.

천 개의 개체에 천 개의 경험이 있다. 그러나 누구는 작가가 되고 또 누구는 '언젠가는 책', '나이 들면 책', '한가하면 책', '은퇴하면 책' 타령을 하며 그 말끝에 꼭 '~이나'를 붙인다. "~하면 책이나 쓴다"는 허무맹랑한 말을 하는 것이다. 책을 써서 작가가 되는 일은 마술도 아니고 옷으로 몸매나 목주름을 감추고 화장발로 버티며 밤무대를 뛰는 일도 아니다. 생생하게 살아가는 인생을 그려나가는 숭고한 작업이다.

책을 세상에 내놓고 발을 뻗고 잘 요량이라면 주제부터 세워보자. 나는 어떠한가? 나는 세상을 어떻게 살아갈 것인가? 눈물 나게 아픈 기억을 나는 어떻게 마주하며 살아가고 있는가를 먼저 생각하자. 이것이 책의 주제가 된다. 전국 서점에 천연덕스럽게 고개를 들고 서서 "나 좀 한번 만나자"라고 말할 수 있으려면 그런 준비가 선행되어야 한다.

주제를 선정할 때 주변에 너무 많은 주제가 있어서 사사건건 선택 장애를 겪는 사람들이 있다. 그럴 때는 더 낮게, 좀 더 나답게 '자신의 의식'에 초점을 두었는지 돌아보자. 사람들이 말하는 수많은 미사여구와 막연한 희망적인 말들에 대처하기 위해서는 나만의, 나다운 주제를 세우는 것이 우선이다. '나의 콤플렉스?', '나의 복수심의 원천?', '나의 실천 용기?', '내가 가장 잘하고 가장 간절한 것?'을 끊임없이 질문하여 출판사와 독자를 함께 만족시킬 주제를 선정하자.

눈물 나게 아픈 날 주제를 선정하자. 인생의 주제로 가난한 독자 심리에 암바를 걸어보자.

:탄생 일지 :

- 눈물 나게 아픈 날 -

결핍이다. 살아 있는 이유가 미안해지는 결핍. 심지어 거울을 들여다보아도 지워지지 않는 결핍을 채울 방법을 알지 못한다. 그 속으로 한 걸음씩 들어가다 보면 비로소 채우고 싶은 공간이 있다는 걸 발견한다. 누구나 결핍이 있다. 이 결핍을 채워가는 것이 인생이다. 그 동력으로 우리는 살아간다. 거울을 들여다보면 조금씩 채워진 자신을 발견한다. 결국 결핍은 내가 아니면 누구도 채울 수 없음을 발견하는 날, 비로소 조금씩 채워진다.

테니스를 주제로 하여 집필 중인 작업의 일부다.

"아, 왜 안 와? 여기 사람 없는데……."

사람은 하수 한 명, 고수 세 명. 그중 자칭 고수 한 명이 하는 전화다. 하수 씨는 주위를 둘러보았다. 하수 씨는 늘그막에 운동을 해보려고 테니스에 입문한 지 6개월째다. 좀처럼 실력이 늘지 않아 고민인 하수 씨는 민망했다. 어떻게든 몸을 푸는 척하다가 빠져나올 타이밍을 고민하던 하수 씨는 자칭 고수 씨의 말이 마치 "너 왜 안 빠져? 사람 올 건데" 하는 소리로 들렸다. 그러나 좀처럼 사람 한 명은 코트에 나타나지 않았다. 하수 씨는 누가 묻지도 않는데 '어떻게 해야 하나, 그냥 집에 가야 하나? 아니면 한 게임을 하자고 요청해야 하나?'를 고민한다.

잠시 후 기다리다 지친 자칭 고수 씨가 "사람이 없지만 그냥 한 게임 하자"라고 선언했다. '사람이 없지만'이라는 말이 하수 씨의 귀에는 송곳처럼 박힌다. 하수 씨는 더욱 민망한 생각이 들었지만 오랜만에 기회가 왔다는 사실을 감지하고 그동안 배운 실력을 한껏 발휘해볼 요량으로 코트에 나섰다. 자칭 고수와 파트너가 되어 경기에 임했다. 경기가 시작되자마자 자칭 고수 씨가 한마디 한다.

"코트에 껌처럼 붙으세요. 하수 때는 그게 상책이니까!"

'껌'이라는 말이 하수 씨의 뇌리 한 귀퉁이에 철썩 붙었다. 기분이 끈적끈적해진 하수 씨는 식은땀이 흘렀다. 하수 씨는 자신을 향하여 날아오는 강력한 공을 어찌지 못하고 여러 차례 농락당했다. 경기는 언제나 약한 사람을 공략하게 마련이다. 하수 씨에게 기회가 왔다. 상대방이 네트 바로 아래에 쇼트를 놓았다. 하수 씨는 그동안의 실점을 만회해볼 요량으로 온몸을 던졌다. 몸을 살리고 공을 버려야 했는데 몸을 버리고 공을 살렸다. 한 포인트를 얻었지만 하수 씨의 손에서는 피가 솟기 시작했다. 하수 씨는 수치심을 감추기 위해 앙투카를 한 줌 쥐어 상처 부위에 뿌리고 경기를 계속했다. 다친 부위는 점점 쑤셔오는데 자칭 고수 씨의 지정구는 점점 더 수위를 높여갔다.

"거참, 자리 좀 지키세요. 정신 산만해서 게임 못 하겠네. 우리 편 때문에 내가 당할 판이니……."

그렇게 하수 씨의 피를 말린 경기가 계속된다. 하수 씨는 이 게임이 '20년차 직장인'인 자신의 모습과 겹쳐진다. 승부, 만만치 않은 상대들, 약자에게 가해지는 가차 없는 폭력, 쉽게 끝낼 수도 없는 경기, 경기를 끝내는 주도권은 언제나 기득권자나 윗선에 있다. 직장생활이 그랬다. 한 치 앞을 내다볼 수 없는 상사의 눈치가 쏟아진다. 언제나 적은 가까운 곳에, '우리'라는 울타리 속에 있었다. 이 부조리 속에서 죽음보다 더 불편한 패거리문화, 직장살이의 축소판 같은 코트 속에서 하수 씨는 처참하게 농락당하고 말았다. 하수 씨는 그토록 벗어나고 싶었던 직장생활을 코트에서 경험했다.

자칭 고수들은 칼국수를 먹으러 코트를 떠난다. 경기가 끝나자마자 하수 씨는 곧바로 투명인간으로 변했다.

"아 진짜 오늘 뽈 열나 안 맞네. 칼국수나 먹으러 갑시다."

이 말은 하수 씨의 귀에 확성기처럼 들렸다. 하수 씨는 온몸의 힘이 쭉 빠져나가가며 문득 허기가 졌다. (중략) 그날 하수 씨는 텅 빈 코트에 오래 남아 있었다. 그때 구력 30년의 고수 씨가 홀로 남아 있는 그에게 해준 말이 있다. 최대의 복수는 실력이라는 것, 게임을 즐기기 위해서도 반드시 실력을 갖춰야 한다는 사실이다. 하수 씨는 인생을 정면 승부하는 몇 가지 원리를 깨달았다. 이는 인생의 원리와도 일맥상통했다. 타격을 할 때 라켓이 공을 수직으로 통과하도록 할 것, 손잡이에 원심력을 두고 타점에 90의 힘을 모을 것, 눈을 공에서 놓치지 말 것. 그리고 그는 덧붙였다.

"즐기는 거? 그건 희망을 포기한 거예요. 즐기는 건 실력자들이 하는 거죠. 직장생활을 해보셔서 알잖아요."

이 말이 하수 씨의 뇌리를 후려쳤다.

"습성을 버리려면 먼저 머릿속을 비우고 백지로 시작하세요. 뼛속 깊숙이 박힌 습성을 바꾸는 거죠. 습성을 바꾸는 일은 굉장한 아픔이 있지만 아픔이 없는 삶이 변화시킬 수 있는 건, 세상엔 존재하지 않습니다. 부족한 연습을 합리화하기 위한 동호인들의 각종 변명을 믿지 마세요. 자, 저와 한번 해볼랍니까?"

하수 씨의 손에서 부르르 경련이 일었다.

결핍은 아프다. 그러나 결핍을 알아차리고 채우고자 실천하는 일은 성장의 시작이다. 누구나 결핍은 있다. 그러나 결핍은 어떻게 활용하느냐에 따라 성장 동력이 될 수도 있고 치명적인 결함이 될 수도 있다. 자신의 결핍을 타인과 비교하여 죄책감과 수치심에 사로잡힌다면 결핍은 치명적인 상처가 된다. 결핍은 각자의 태도에 따라 에너지가 되기도 하지만 약점이 되기도 한다.

이는 저술가 탁석산이 전하는 한국인의 철학 중 '평등주의'에서 엿볼 수 있다. 자신의 결핍을 타인과 비교하며 추적하다가 결국 찾아내 스스로 안도하게 하는 결핍. 도저히 따라잡을 수 없는 상대를 이기는 결정타 "걔 그러다 결국 이혼했잖아", "걔 병원에 있잖아", "결국 파산했잖아" 하며 일거에 따라잡는 모습을 본다. 그러나 과연 따라잡았을까? 한 치도 달라지지 않은 자신을 발견하고 나면 또 누군가를 추적하는 우를 범한다.

결핍의 주제는 내 안에서 찾아야 한다. 비록 아프지만 자기 안에서 찾아 스스로 채워나가지 않으면 채워지지 않는다. 결핍을 채우는 노력으로 책 쓰기에 도전하자. 어느새 결핍은 당신의 장점으로 자리매김할 것이다.

: 오늘의 박카스 :

결핍은 최고의 주제다. 눈물 나게 아픈 날 책의 씨앗을 뿌려라!

02

경쟁 도서
50권을 분석하라

과연 몇 권을 읽어야 책을 쓸 수 있을까? 책을 쓰기 전에 우선 살아오면서 당신이 깊이 심취한 것이 있는지를 돌아보자. 영화, 그림, 농사일, 오토바이, 게임, 춤 등 어느 것이든 상관없이 당신을 파르르 떨리게 만드는 것이 있는지부터 점검하자. 그리고 서점으로 달려가 당신의 관심 분야로 써낸 책들이 있는지 확인해보자. 이는 책을 쓰기 전에 반드시 점검해야 할 사항이다.

그렇다면 몇 권을 읽으면 책을 쓸 수 있을까? 마루야마 겐지가《여름의 흐름》을 썼을 때 그가 읽은 책은 허먼 멜빌의《백경》뿐이었다. 그는 퇴출의 불안 속에서 먹고살 방법을 고민하던 중이었다. 진로에 대한 고민에 시달리다가 무엇이든 해야겠다는 절박한 심정으로 글을 썼다. 그렇다면 그는 어떻게 일본을 대표하는 소설가가 되었을까? 그는《백경》을 읽고 나서 '적어도 사내는 이 정도는 살아야 한다'는 결심을 하고 원양어선 탈 방법을 찾았다. 그는 센다이공업고등학

217

교에 진학해 공부를 했지만 꿈과 관련이 없었다. 그는 학교를 뛰쳐나가 대부분의 시간을 두세 편 동시 상영하는 영화를 보며 보냈다. 그의 간결하고 생생한 영상 문체는 통신 담당 사원 시절의 텔렉스 경험과 영화 보기에서 탄생하였다. 회사에서 잘릴 위기에서 그는 어떻게 살아갈 것인가를 고민했다. 그에게 눈물 나게 아픈 날이란 '직장에서 잘릴 위기'가 아니었을까. '원양어선을 타고 세상을 누비는 꿈'을 꿈을 꾸며 시작한 현실에서 맞이한 퇴출 위기, 이 부르르 떨리는 순간을 그는 글쓰기로 대항했다.

어떤 유혹에도 흔들리지 않고 오직 펜과 종이만으로 50년을 문학과 마주하여 정면 대결하는 작가도 있다. 마루야마 겐지 같은 예외적인 작가가 있기는 하지만 대부분의 작가는 책벌레로 시작한다.

눈물 나게 아픈 날, 즉 영혼을 송두리째 흔든 '계기가 된 날' 쓴 책들은 어떻게 탄생했을까? 과연 당신의 주제와 견줄 만한 책들은 어떻게 써놓았는지, 독자들은 얼마나 반응했는지 관련 책을 쌓아놓고 하나씩 훔쳐보자.

제목과 목차, 작가의 스펙과 프롤로그로 책의 의도를 살펴볼 수 있다. 주제를 세우고 읽다 보면 선택적으로 몰입하여 읽을 수 있고 주제의 공통점도 발견하게 된다. 처음부터 끝까지 책을 독파하려는 헛된 꿈을 꾸었다가는 하루도 지나지 않아 의욕이 달아나기 십상이다. 시종일관 가르치려고 드는 책, 남들의 이야기를 장황하게 늘어놓고 이렇게 따라가라 강요하는 책, 이런 책들은 일단 독서 대상에서 제외하자. '주제'의 한 걸음 뒤에서 책을 쓰려는 '의도'를 잘 살리면서 독자와 함께해주는 책을 뽑아내자. 주제를 정하고 시작한 책 읽기는 종

전의 독서와 완전히 달라진다. 내용이 일정한 주제를 중심으로 움직이며 인용, 각색, 통찰 등의 방법으로 작가의 글감에 영양을 공급해준다.

첫 번째, 책을 전체적으로 훑어 읽으면서 나의 주제와 관련 있는 부분에 표기하고 영감이 떠오를 때는 즉시 공간에 메모하며 자신의 언어로 바꾸며 읽자. 한 권의 책을 읽는 도중 주제를 관통하는 한 줄을 만났다면 그 책은 이미 충분히 가치가 있는 것이다.

두 번째, 분야 관련 책을 한곳에 모아놓고 읽는 것이 좋다. 같은 주제를 작가마다 어떻게 표현하였는지 자신의 견해와 비추어보며 읽을 수 있기 때문이다. 그리고 주제를 보는 시각에서 공통점을 발견할 수 있다. 예컨대 대화법 관련 책이라면 '경청', '발음', '시선 처리', '유머', '간결함', '당당하게 말하기' 등이 대화의 중요한 요소임을 발견하게 된다. 그러나 관련된 공통 주제를 찾아가다 보면 '그래, 이거 참 좋다. 근데 나만의 대화전략은?'이라는 의문을 가지게 된다. 이때 마침내 나만의 '대화철학', '대화 경험', '대화 목적'을 필요로 하게 되고 나만의 경험으로 체득한 대화법을 쓸 수 있게 된다. 내가 모아 읽기를 통해서 터득한 방법은 '대화는 자기 각성으로 시작된다'는 통찰이었다. 이 한 가지를 터득한 것은 50여 권의 대화법 책을 모아 읽기한 덕분이었다.

세 번째, 관련 분야 경쟁 도서 한 권을 선정하는 것이다. '이 주제를 나는 이렇게 써 나가겠다'는 각오로 경쟁 도서를 정하여 집중적으로 독파하는 것이다. 이때 내 책의 특장점과 경쟁 도서의 배울 점을 점검해야 한다. 나의 경우는 프랭크 랜츠의 《먹히는 말》이었다. 이 책

은 먹히는 말의 규칙, 메시지, 꽂히는 이유, 비즈니스세계·정치세계·사회·일상생활에서 먹히는 말의 다양한 사례를 보여준다. 나는 이책을 노트처럼 활용하며 말주변이 없는 사람도 대화를 원활하게 하는 방법이 있다는 영감을 얻었다.

네 번째, 책을 탐색하는 과정에서 각별히 주의해야 할 것은 자존감을 잃지 말아야 한다는 사실이다. 한 가지 주제를 선정하여 관련 책을 읽다 보면 최소한 세 번 이상은 깜짝 놀라게 된다. 사람들은 내가생각한 것보다 훨씬 많이 주제를 앞질러 갔고 지식도 엄청나게 풍부하다는 사실, 범접하기 어려운 스펙과 전문가적 경륜, 작가 프로필자체만으로 주눅이 들어 '나는 도저히 대적할 수 없겠구나' 하는 생각과 상상을 초월하는 사례에 놀란다. 어떻게 이 많은 정보를 녹여주제를 엮어낼 수 있었는지 두려움이 앞선다. 그러나 자세히 들여다보라. 과연 그 화려함 속에 '정직한 나의 경험과 이야기'는 얼마나 포함되어 있는가. 작가의 생각이 책 속에 어떻게 살아 있는지 확인하면 금세 자신감을 회복할 수 있을 것이다. 당신만의 경험과 이야기가 세상에 하나뿐이라는 사실을 발견하면 자신감은 배가될 것이다.

경쟁 도서 분석을 권하는 이유는 자신이 정한 주제의 방향성을 검증하기 위함이다. 경쟁 도서를 활용하는 방법은 이렇다. 우선 제목과 목차를 면밀히 살펴보고 책의 뒷면에 표시된 책의 핵심 카피에 주목하자. 많은 정보를 얻을 수 있다. 왜 이 책을 세상에 내놓았는지 전문가의 의견과 추천사 등이 책의 시장성과 가치를 대변해주기 때문이다. 책의 날개에 배치된 기출간 도서도 관심 있게 보아두자. 책 날개에는 통상 출판사의 지향점과 맥을 같이하는 책들이 소개되어 있다. 경쟁 도서를 통해 과연 동일한 주제를 다른 작가들은 어떻게 풀어냈는지, 당신의 방식은 그들과 비교하여 어떤 독특성과 장점이 있는지, 어떤 책들이 독자들의 주목을 끄는지 확인할 수 있다. 그리고 당신의 주제는 어떤 독자들이 선호하는지, 관련 책을 쓴 작가들은 어떤 활동을 하고 있는지도 확인할 수 있다.

책은 무조건 직접 구입할 것을 권한다. 책값을 아껴 할 수 있는 일은 세상에 없다. 책은 우리가 살아가는 데 필요한 어떤 용품보다 그 가치에 비하여 저렴하다. 그 돈을 아끼기 위해 도서관에서 빌릴 요량이라면 책을 쓸 생각은 접고 독자로 남는 게 바람직하다. 구입한 도서는 노트로 활용하자. 제목, 목차, 내용, 작가의 집필 의도가 들어 있는 프롤로그, 에필로그 등 당신의 주제와 관련된 부분은 모두 당신의 것으로 소화하자.

앞서 말했다시피 무작정 책을 처음부터 끝까지 정독하라는 뜻은 아니다. 제목과 목차를 통하여 주제와 관련된 부분을 찾아 포스트잇을 붙여두고 해당 부분에 대해서는 묶고 엮어서 각색하거나 인용하자. 한 발짝 더 나가서 책의 여백에 당신만의 문장으로 써 내려가는 연습도 책을 소화하는 방법이다.

"생각을 어떻게 문장으로 표현할지 모르겠다"고 말하는 사람이 있다. 그럴 경우에 당신의 분야 관련 책이 효과를 발휘한다. 당신의 질문에 대한 수많은 답을 제시할 테니까. 쓰고 싶은 주제와 구성이 가장 끌리는 책을 선정하여 필사하는 것도 좋은 연습이다. 많은 작가가 필사의 중요성을 전했다. 신경숙 작가는《난장이가 쏘아올린 작은 공》필사로 문장 연습을 했다. 나 역시 문장이 막힐 때마다 마루야마 겐지의《물의 가족》,《조롱을 높이 매달고》, 카뮈의《이방인》, 김훈 작가의《칼의 노래》등을 필사하며 문장 연습을 한다.

관련 분야 도서 50권을 읽고 분석하다 보면 그 책들을 기준으로 하여 족히 100권 이상의 관련 도서를 보석처럼 찾아낼 수 있다. 이 과정은 출간 후 강연할 때 힘을 발휘한다.

당신이 경쟁 도서로 지목한 책들은 출간 이후 당신과 순위 경쟁을 하게 될 책들이다. 그 책들은 곧 당신과 엎치락뒤치락하며 주제를 둘러싼 보이지 않는 전쟁을 치를 예정이다. 나의 경우 출간 이후《대통령의 말하기》,《대통령의 글쓰기》,《적을 만들지 않는 대화법》,《내편이 아니어도 적을 만들지 말라》,《이기는 대화》,《대화의 신》,《인생미답》,《드림온》,《당신은 아무 일없던 사람보다 강합니다》,《그걸 말이라고 하세요》등 쟁쟁한 책들과 순위 경쟁을 했다. 그러는 동안 강연상에서 관련 책들의 내용을 인용하고 주제 관련 책들의 장점을 소개하며 강연의 효과를 배가할 수 있었다.

수백 종의 대화법 저서가 있지만 내 책은 출간 10개월 만에 6쇄를 돌파했다. 그 원동력은 '현장 활동을 사례로 들었다는 점', 각종 중독 장면에서 효과가 입증된 '동기면담'의 정신과 기도를 책의 전반에 소개한 점, 책 속에 '나'의 이야기를 솔직하게 풀어 넣었다는 점, 그리고 대화의 관점을 달리하여 '자기 각성'을 모토로 했다는 점 등이다. 나는 100여 권이 넘는 대화법 책을 섭렵했지만 가급적이면 인용을 줄이려 노력했다. 인용보다는 각색을, 각색보다는 내가 체험한 경험을 기술했다. 결국 저서는 작가의 생각과 경험, 그리고 통찰이 독자들에게 공감을 얻어야 한다.

1만 권이 넘는 책을 읽어낸 책벌레가 자신의 저서가 없다면 그는 '자신'을 돌아볼 일이다. 인용은 문장의 신뢰도를 높이는 최소한의 수단이면 족할 터다. 이렇게 한 걸음씩 믿음을 쌓아 올리다가 온전히 나만의 주제로 세상을 통찰하는 깨달음을 얻기 위해서도 관련 도서를 읽어야 한다. 누구도 견줄 수 없는 경험을 했다손 치더라도 맨땅에 해당하는 일은 주의하자. 이런 시도는 자칫하면 마라톤 경기에서 초반 질주하다가 중도 포기하는 선수가 되기 십상이다.

관련 분야 책을 읽는 일은 작가에 대한 예의다. 한 권을 처음이자 마지막 저서로 작정하고 있다면 이런 불필요한 노력은 하지 않아도 된다. 나의 상상력이 세상에 영향을 주고 변화를 유발하는 기폭제가 된다면 문제는 달라진다. 창조는 기존의 것에서 새로운 것을 발견하는 일로 시작된다. 분야 도서 50권을 분석하자. 그 작가들과 주제를 두고 경쟁해보자. 당신은 독자의 눈에서 작가의 눈으로 탈바꿈하게 될 것이다. 당신의 경험은 결코 누구의 것과도 비교할 수 없는 '온리원'이라는 사실을 알아챘다면 당신은 마침내 작가가 된다.

: 탄생 일지 :

– 책벌레 –

참 희한하다. 어디서 숨어 있었는지. 단단한 껍질, 어딜 보아도 틈이 없는데 며칠만 놓아두면 온 밤마다 벌레 한 마리씩 밤을 파먹고 있다. 베란다에서 이걸 파먹고 살아나서 대체 어쩌겠다는 건지. 밤마다 구멍을 내고 들어앉은 벌레들이 계속 갉아먹고 있다. 어쩌겠다는 생각이 있을 리는 만무하지만 쉬지 않고 파먹는 밤벌레를 보면 서점에 쌓이는 책들과 그걸 읽는 사람들이 떠오른다. 희한하다. 저렇게 열심히 살아가는 모습들을 보면 그렇게 섹시할 수가 없다.

: 오늘의 박카스 :

창조는 모방에서 시작된다.

03

타깃 독자를 겨누고,
제목을 장전하라

타깃 독자는 작품을 읽을 대상이다. 독자층은 콘셉트로부터 시작된다. 콘셉트는 책을 쓴 의도와 전략을 말하는데, 처음 책에 호기심을 유발하고 관심을 집중시키는 역할을 한다. 타깃 독자를 분명하게 정하면 주제가 선명해진다. '말하기에 어려움을 겪는 청소년', '분노 조절에 어려움을 겪는 청소년', '사춘기 자녀를 둔 엄마', '공감에 어려움을 겪는 상담자', '유학을 고민하는 대학생', '캠핑 여행법', '다이어트 성공법', '40대의 인문학' 등 타깃 독자를 정하는 것이 우선이다.

스토리가 타깃 독자층의 관심을 끌기 위해서는 개성 있고 매력적인 제목을 정해야 한다. 독자가 책 속으로 들어오는 이유는 호기심과 기대 때문이다. 즉, 제목은 책의 얼굴이며 책의 집으로 들어가는 입구다. 물론 시/소설, 인문/에세이, 정치, 경제, 사회, 문화 등 각 분야에 따라 제목은 천차만별이겠지만 분명한 사실은 제목이 책 속으로

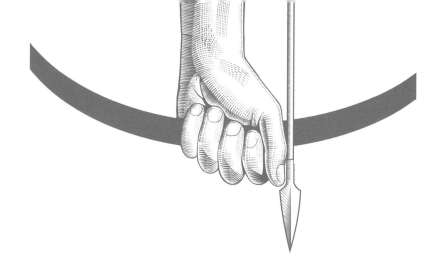

들어가는 안내자 역할을 한다는 점이다.

　다음을 비교해보면 제목의 중요성을 알 수 있다. 당신은 어떤 제목의 책을 선택하겠는가? '칭찬은 고래도 춤추게 한다(유 엑설런트)', '아들아 너는 인생을 이렇게 살아라(인생의 대교훈),' '상실의 시대(노르웨이의 숲)', '주진우의 주기자(이것이 팩트다)', '무궁화 꽃이 피었습니다(플루토늄의 행방)', '멈추면 비로소 보이는 것들(조금만 더 천천히 가세요)', '연금술사(양을 치는 모험)', '말주변이 없어도 대화 잘하는 법(상대는 말 태우고 당신은 걸어라)'. 어려운 내용을 쉽게 전달하는 것이 전문가라면 제목으로부터 시작하자. 서점에 같은 내용의 책 두 권이 있다. 모두 소통과 리더십에 관한 내용이다. 같은 작가의 책이다. 하나는 '소통과 공감을 통한 팀장의 리더십 함양법'이라는 제목, 다른 하나는 '직장의 온도, 리더의 품격'이다. 당신은 어떤 책을 선택하겠는가? 바로 그것, 당신이 선택한 그것이 제목의 힘이다. 제목의 중요성은 아무리 강조해도 지나치지 않다.

나는 '말주변이 없어도 대화 잘하는 법'이라는 제목을 얻어내기까지 600개의 제목을 작성했다. 하루에 20개씩 한 달이 소요되는 양이다. 그러나 제목을 연습하면서 얻어낸 것이 있다. 제목을 작성하다 보면 목차로 쓸 수 있는 상황들이 생각나고 꼭지에 활용할 내용들이 수시로 떠오른다. 제목에 초점을 두고 매일 꾸준히 작성해보라. 제목이 책 속으로 들어가는 관문이라는 말이 실감 날 것이다.

제목을 작성하는 과정에서 그럴싸한 제목의 저서가 사람들 입에 오르내리며 멋진 내용을 강연하는 장면을 연상하면 탄력을 받을 수 있다. 나는 대화법 관련 제목안을 다음과 같이 뽑아냈다. '상대를 세워 절대 승리하는 대화법', '상대를 세워 원하는 것을 얻는 대화법', '상대를 키워 내가 이기는 대화법', '상대를 인정하고 내가 이기는 대화법', '마음을 치유하는 대화법', '마음의 상처를 치유하는 대화법', '삶을 변화시키는 대화법', '성공한 인생을 만드는 대화법', '방황에서 성장으로 가는 대화법', '방황 탈출 대화법', '걸작 대화 걸레 대화', '간결한 대화는 감동을 부른다', '깔끔한 대화는 성장을 부른다' 등등……. 이런 식으로 20여 개 이상의 제목을 매일 작성하면서 책 목차와 내용을 함께 구상했다. 물론 제목은 최종 원고가 출판사에 넘어가면서 전문가들의 검증 과정을 거치게 된다. 그럼에도 초고를 완성하기까지 끌고 갈 힘은 제목으로부터 비롯된다. 이 과정을 허투루 생각하여 무작정 내용부터 써 가는 것은 장님 코끼리 만지는 꼴이다.

지난날의 기구한 인생 구구절절 영화 몇 편은 될 거라며 떠벌리다가 정작 책 써보라는 말에 "다음에 여건이 되면⋯⋯" 하며 말끝을 흐리는 사람이 제법 있다. 부뚜막의 소금도 집어넣어야 짜고, 구슬이서 말이라도 꿰어야 보배다. 한편, 책 쓸 계획을 밝혔을 때 콧방귀부터 뀌고 "네가?" 하며 비아냥대는 주변인이 있다면 그냥 무시해버리자. 그는 그저 '투덜이'에 불과할 뿐이니까.

수없이 떠도는 생각을 행동으로 옮기는 것, 그것은 '제목을 쓰는 액션'으로 시작된다. 구상하는 과정에서 수시로 튀어나오는 제목으로부터 스토리가 전개된다. 《해리포터》 시리즈, 《나니아 연대기》 시리즈 등 수많은 작품이 과연 상상만으로 끝난 사람들 손에서 태어날 수 있었을까? 모두 작가가 제목을 정하고 주인공 이름을 부르며 써내려가는 '액션'을 취했기에 탄생할 수 있었다.

제목을 만드는 일은 그동안 무심코 지나쳤던 경험들에 생명을 불어넣는 '관점 세우기'의 작업이다. 주제와 관련된 제목으로 관점을 세우면 점점이 흩어졌던 경험과 시간들이 하나의 관점으로 살아난다. 관점은 의미를 부여하는 일이다. 주파수를 맞추어야 원하는 방송을 들을 수 있는 것과 같은 이치다. 책 쓰기에서 제목을 정하는 일은 생활의 주파수를 주제에 맞추는 일이다. 예컨대 대화법을 주제로 선택하고 하루를 생활하다 보면 주파수는 출근길부터 작동한다. 다음과 같은 식이다.

나는 아침마다 〈김현정의 뉴스쇼〉를 즐겨 듣는데 평소에는 새로운 이슈나 내용에 초점을 두고 들었던 방송을 출연자나 진행자의 '말하는 방식이나 태도'에 초점을 맞춰 듣는다. '라디오 법정', '화제의 인물', '기자수첩' 등의 코너에서 진행자는 출연자의 말을 경청하면서도 불편하지 않게 적절히 끊어 요약하는 언변을 취한다. 청취자들이 보내는 문자메시지를 적재적소에 끄집어내 질문으로 대신하거나, 청취자 입장에서 묻고 싶은 내용을 질문한다. 출연자의 말이 길어지거나 늘어지면 "오늘은 여기까지 하겠습니다. 고맙습니다" 하고 간결하게 마무리한다.

신문을 읽다가도 한때 부드러운 이미지로 시청자의 사랑을 받았던 H 의원의 갑질 논란을 주목한다. 입으로 부드럽게 말하는 사람도 성품을 다스리지 않으면 그의 말은 흉기가 된다는 사실을 발견한다. 말 잘하기로 소문난 정치인이나 언론인 연예인들도 인기는 그들의 입이 아닌 배려하는 마음속에 있다는 사실을 알게 된다.

근무 중 동료들을 지적할 일이 있을 때에도 말을 한 번 더 되새겨 어떻게 말하면 상대가 잘 받아들일까 생각하여 지적 대신 질문을 하게 된다.

책을 쓰기로 작정하고 주제와 제목을 작성하는 과정에서 이미 분야의 전문가가 되는 연마가 시작된다. 책은 누워 있어야 독자를 만날 수 있다. 책이 출간되고 한 주 정도는 메인 진열대에 배치된다. 서점에 온 독자들은 가장 먼저 메인 진열대의 책들을 훑어보게 마련이다. 이때 평범하기 짝이 없는 느슨한 제목으로 노출되어 있다면 당연히 주목받지 못할 것이고, 머지않아 눈길 손길 닿기 힘든 책꽂이 구석으로 밀려날 것이다. 일단 기본을 먹고 들어가는 인기 연예인, 정치인, 화려한 스펙의 엘리트, 이미 수십 권의 저서를 낸 기성작가가 아닌 이상, 독자들이 무엇을 보고 당신의 책을 선택하겠는가? 이런 점에서 '책은 누워 있어야 팔린다'라는 말이 괜히 있는 건 아니지 싶다. 또 이런 점에서 제목은 대단히 중요하다는 것을 다시 한 번 강조한다.

제목을 정하는 일은 작가로 가는 관문이다. 이제 타깃 독자를 겨누고 제목을 장전하자.

: 탄생 일지 :

"나는 말하고자 하는 바를 정확히 보여주는 합당한 제목을 찾아낼 때까지 이리저리 바꿔보고 고쳐보고 매만지지. 마음에 드는 제목을 얻으면 여러 장을 프린트해서 사무실 여기저기에 붙여둬. 책을 쓰는 동안에는 제목이 적힌 그 종이들 덕분에 나는 집중해서 가야 할 곳으로 가는 거야. 제목이 책을 말할 수 있을 때까지 계속하라구. 그건 절대 한심하지 않아."

작가 에드 맥베인이 한 말이다. 제목이 스스로 빛을 발할 때까지 이름을 붙여주자. 이름을 짓다가 지치면 기억하자. 당신의 눈물 나게 아픈 날, 지울 수 있다면 지우고 싶은 날, 다 내려놓아도 좀처럼 가라앉지 않는 상처, 이를테면 피의 복수심을 일으키는 제목을 지어보자. 당신이 방향을 잃었을 때 가야 할 곳을 안내해줄 것이다.

: 오늘의 박카스 :

제목은 흩어진 점을 생명이 있는 관점으로 살린다.

04

목차는

설계도다

주제와 제목을 정했다면 그에 걸맞은 목차를 만들어야 한다. 목차 쓰기는 설계도를 작성하는 과정이다. 목차는 장제목과 소제목으로 구성된다.

장제목은 5~6개 정도 세우는 것이 가독성 측면에서 좋다. 각 장제목에는 7~10개의 소제목으로 구성하면 적당하다. 소제목에 포함되는 내용을 흔히 '꼭지'라고 하는데, 꼭지는 보통 40꼭지를 기본으로 한다.

눈에 띄는 제목을 보고 내용이 궁금하여 가장 먼저 펼쳐보는 것이 목차다. 목차는 독자가 책의 내용에 관심을 가지는 메뉴판이다. 메뉴가 호기심을 유발하지 못하고 중구난방이면 독자는 금세 책을 놓아버린다. 당신이 정성껏 준비한 요리를 먹기 위해 들여다보는 메뉴판, 그것이 목차다.

물론 제목을 써두고 직접 내용으로 승부하는 작가들도 있지만 그것은 이미 마니아 독자층을 확보한 기성작가나 인지도가 있는 인기인일 때 가능하다. 30초 방송을 위해 1주일 이상을 매진하는 개그맨들의 치열한 경쟁을 보면 누군가에게 이름을 알리는 일이 얼마나 어려운 일인지 알 수 있다.

앞서 제목을 정하는 일은 흩어진 점에 관점을 부여하는 작업이라 했다. 장제목과 소제목을 쓰는 것은 선을 살리는 일이다. 관점을 따라 동선을 만들어보자. 먼저 장제목의 흐름을 보자.

어떤 기준으로 목차를 세울까 고민하는 과정에서 나는 동기면담의 네 가지 기술에서 그 흐름을 파악할 수 있었다. 이 네 가지 기술은 상대로 하여금 말문을 트게 하는 열린 질문, 말문을 튼 상대가 신나게 말할 수 있게 인정하기, 말문을 터 신나게 말하는 상대가 자신을 거울로 볼 수 있도록 반영하기, 마음으로 한 걸음 더 들어가는 깊은 반영하기, 상대가 한 말들을 일목요연하게 요약하기의 흐름이다. 이를 정리하면 다음과 같다.

· 첫째, (열린 질문하기) 주제에 대한 문제 제기
· 둘째, (인정하기) 문제 제기에 대한 뒷받침
· 셋째, (반영하기) 주제에 대한 폐해와 문제점
· 넷째, (깊은 반영) 문제에 대한 해법과 대안
· 다섯째, (요약하기) 장 전체를 아우르기

어떤 주제를 정했든 목차는 문제 제기로부터 시작된다. 문제 제기는 주제를 정힌 이유다. 해결해야 할 문제가 있을 때 사람들은 그 주제에 주목하게 된다. 주제를 만났을 때 가장 궁금한 것은 '그것이 왜 필요하지?' 하는 의문이다. 이때 열정을 살리는 법, 가까운 나라 손쉬운 여행법, 목에 생선 가시가 걸렸을 때 응급 처치법, 배탈을 방지하는 육아법 등 구체적 대처법을 알고 싶은 것이 독자가 주제를 찾는 첫 번째 이유다. '일본을 한 번도 가보지 못했다', '맨밥을 삼켰다가 목젖에 상처가 날까 걱정이다', '아이가 자면서 이불을 차 배탈이 나면 어쩌나 걱정이다' 등 각각의 고민을 가진 독자에게 저마다 요긴한 해결책, 즉 '일본 여행 즐겁게 하는 법', '목에 가시가 걸렸을 때 대처법', '이불 차는 아이 배탈 예방법' 등의 제목을 가진 책이 있다면 어떻겠는가. 책의 주제는 이처럼 기본적인 궁금증을 풀어줄 내용으로 독자의 관심을 끌어야 한다.

"이젠 간경화 쪽이고요, 물론 실직하셨고 이혼을 당하고 가족으로부터 추방당하여 누구도 선생님의 말에 귀 기울이지 않고요. 검사 결과를 보니…… 지금 음주를 줄이고 싶으시죠? 좀처럼 실천하기가 어렵고요."

전문가라는 권위의식으로 짐작, 추측, 넘겨짚기를 통찰과 혼동하면 변화를 유발할 수 없다. 좀처럼 변화할 기미가 보이지 않는 중독 장면이나 제소 장면, 오래된 흡연자를 어떻게 도울 수 있을까? 짐작과 추측 전문가의 권위의식으로는 좀처럼 변화하지 않는다. 그들은 전문가를 자처하는 사람을 접할수록 점점 더 멀리 달아나기 때문이다. 상대와 파트너십을 유지하는 협동, 긍휼히 여기는 동정, 있는 그대로 보아줄 수 있는 수용, 상대의 변화 동기를 촉발시키는 유발, 이상 네 가지 정신이 변화를 도울 수 있다. 이는 대상에 상관없이 짧은 만남만으로도 상대의 변화를 이끌어내는 의사소통 스타일로 의료, 교육, 교화 등 많은 분야에서 그 효과를 입증하고 있다.

첫째, '열린 질문'이다. 열린 질문은 주제가 필요한 이유를 말하는 것이다. 눈물 나게 아픈 날 선정한 주제가 왜 필요한지에 대한 문제 제기다. '대화법'을 주제로 정했다면 '대화가 왜 필요한가?', '대화를 잘하지 못하면 어떤 문제가 발생하는가?', '대화를 하지 못해 겪는 고충은 무엇인가?' 등을 논하면 된다. 《말주변이 없어도 대화 잘하는 법》을 쓸 때 '말주변'을 검색해보니 2천여 건이 넘는 질문들이 쏟아져 있었다. '말주변이 없어 미치겠어요'부터 '어떻게 말을 잘할 수 있나요'에 이르기까지 말주변이 없어 고민인 사람들을 개선해줄 방법을 고민하게 되었다. 이때 주의할 것은 추측과 넘겨짚기이다. 주제에 관한 문제 제기를 할 때는 명확한 근거가 있어야 한다. 이론이든 주변 사례이든 누구나 공감할 수 있는 근거를 기준으로 세워 당신이 제기한 문제의 타당성을 뒷받침해야 한다.

장제목은 이런 문제 제기로 시작된다. 질문하기로 보면 '대화에서 어려움을 겪는 사람들의 사례를 보니 사람과 소통하는 데 문제가 있더군요. 당신은 어땠는지 궁금하네요' 하는 식의 질문이다. 이때 독자의 입장에서 '그래, 그랬어. 나도 경험했는걸. 소통이라면 나도 할 말이 많아요' 하는 공감을 얻는다면 독자의 호기심을 유발할 수 있다. 문제 제기는 독자의 관심을 끄는 첫 번째 관문이다.

둘째, '인정하기'이다. 열린 질문을 통하여 문제에 대하여 말문을 열었다면 그 문제를 뒷받침하는 수많은 근거를 제시해주는 것이다. '아하, 그래서 그렇구나!' 하는 생각이 들면 최고다. 인정하기에서 각별히 주의해야 할 것이 동의하기와는 다르다는 점이다. "마음에 안 들어서 한 대 때려줬어요" 하고 말했을 때 "때리는 것 외에는 다른 방법이 없었네요" 하는 식의 뒷받침이다. 인정하기는 칭찬하는 말을 표현하는 것이다. 진심을 명확하게 언어화하여 전달하는 것이다. 이는 작가와 독자가 의사소통하는 기술과 매우 흡사하다. 문제에 대한 뒷받침은 독자의 관심을 끄는 두 번째 관문이다.

셋째, '반영하기'이다. 털어놓기 시작한 문제를 인정하게 되었다면 그다음은 깊은 공감의 표현을 하는 것이다. 이때는 독자가 미처 생각하지 못한 부분, 언어적·비언어적 사안까지 포착하여 표현해야 한다. 이는 주제에 대하여 저항이 일어날 경우 작가의 생각을 접어두고 주제를 계속 이어가는 힘인데, 주제와 관련된 저항 문제점과 해결 방안까지 아우른다. 공감은 반영의 가장 중요한 부분을 차지한다. 관계에서 우리는 문제점과 해결 방안을 순식간에 해결해야 하는 상황에 부딪힌다. 이런 면에서 반영하기는 장제목의 세 번째 단계로, 핵심 역할을 한다.

여기서 한 걸음 더 나아간 것이 '복합 반영하기'이다. 주제에 따른 문제점과 저항을 표현하고 이에 따른 해결 방안을 제시해야 독자를 매혹시킬 수 있다. 의사소통 방법이 수없이 많은데도 고질적으로 고착된 문제를 해결하는 일이 가능한 이유가 반영이다. 각종 중독 문제 해결에서 이 간결한 기법이 효과를 입증하였다. 목차가 간결하고 단순하면서도 독자의 호기심을 유발할 수 있다면 독자는 책 내용을 궁금해한다. 특히 상대의 감정을 정확하게 명명하거나 인정함으로써 상대가 변화 가능성을 인식하는 내용이면 독자는 더 이상 주저하지 않는다.

넷째, '요약하기'이다. 이는 독자에게 '지금 이러이러한 꽃을 준비했는데, 이 꽃을 준비한 요지는 이것입니다' 하며 꽃다발을 전하는 단계이다. '그래서 내 말의 요지는 이러한데 당신은 어떠세요?' 하며 독자의 지적 호기심과 감정에 물살을 일으키는 것이다. 요약하기에는 '모으기', '잇기', '전환하기'의 유형이 있다. '모으기'는 '나는 이런 이야기를 했는데 당신이 이해했는지 궁금합니다' 하는 메시지다. '저는 인기 있는 사람이 되려면 잘 듣고, 기다려주고, 눈을 놓치지 않으며 상대와 맞장구를 쳐야 한다고 말했어요. 말이 많은 사람은 오히려 인기가 없지요. 인기 있는 사람은 상대로 하여금 할 말을 마음껏 하도록 하며 불편함을 주지 않는 사람이에요. 제 의견을 어떻게 생각하세요?' 하는 메시지를 던지는 것이다. 요컨대 '모으기'는 주제가 전하는 말을 모으는 것이다.

'잇기'는 양가감정을 찾아서 '불일치감'을 만들도록 이어주는 것이다.

'지금 제 말씀은 이런 것입니다. 성공적으로 보호관찰을 마치는 일이 당신에게 더 중요해진 것 같아서요. 지난번에 만났을 때는 보호관찰의 중요도가 더 낮았던 것 같았어요. 하지만 이제 바뀌었네요?'

'전환하기'는 주제의 방향을 바꿀 때, 주제에 대한 결단을 이끌어낼 때 활용할 수 있다. '그러니까 나는 이렇게 이해했는데 어떠세요?'라는 메시지를 통하여 독자의 동기를 이끌어내는 단계이다. 목차로 들어선 독자는 궁금증을 해소하기 위하여 집어 든 책 속으로 진입하게 된다.

　요약에서는 읽는 사람을 가르치는 모양새가 되지 않도록 주의해
야 한다. 정보의 홍수 속에서 그가 아무리 유능하다 할지라도 가르침
을 받는 일에 기꺼이 응할 사람은 흔치 않다. '나는 이 같은 주제에
관심이 있고 이런 경험을 통해 이런 느낌을 받았습니다. 당신은 어떠
세요?' 하며 호기심을 유발할 때 독자는 기꺼이 책을 구매한다. 요약
에서는 당초 제기된 문제에 대하여 어떤 대안이 있는지 독자와 충분
히 공감할 수 있어야 한다. 작가가 무엇을 말하고 싶은가를 명쾌하게
보여주고 '그래, 바로 이거야' 하는 느낌을 받도록 해야 한다.

　이런 순서로 만들어진 장제목 5~6개 정도가 독자의 주목을 끌 수
있다. 위에 거론한 장제목의 흐름은 이후 꼭지 쓰기의 흐름에도 그대

로 적용할 수 있다. 궁금한 독자로 하여금 말문을 트이게 하고 이내 신나게 표현하도록 한다. 마음속으로 한 걸음 들어가 스스로 거울 볼 수 있도록 반영한 후 복합반영으로 통찰을 이끌어낸다. 끝으로 전체를 아우르는 요약을 통해 독자의 욕구를 충족시킨다. 5~6개의 장제목이 완성되면 각 장당 7~10개 정도의 소제목을 만들어야 한다. 각 장제목에 들어갈 소제목의 흐름 역시 장제목의 큰 흐름을 따르되, 전체가 역동적으로 장제목을 뒷받침할 수 있어야 한다.

열린 질문을 통해 문제를 제기한다. 문제를 인정함으로써 주제를 뒷받침한다. 반영하기로 주제에 대한 폐해와 문제점을 제시하고, 복합반영으로 문제에 대한 해법을 통찰할 수 있도록 제시한다. 그런 후 요약하기로 주제 전체를 아우른다. 목차는 한 권 책을 짓는 설계도다.

:탄생 일지:

도면으로 말하면 제목은 조감도, 장제목은 건물의 기둥이다. 5~7개 정도의 장제목을 만들었다면 기둥을 세운 셈이다. 각 장제목에 7개 내외의 소제목을 만들면 보통 35~49개 정도의 소제목이 만들어진다. 물론 소제목은 10개까지 늘릴 수도 있다. 그러나 재미있는 소설이 아닌 이상, 책을 읽을 때 느껴지는 피로감을 생각해보면 어느 정도가 적당할지 가늠할 수 있다.

각 장제목에 넣을 소제목이 고민될 수 있지만 이때부터 제목과 장제목을 항상 가지고 다니면서 소제목거리를 찾으면 된다. 촉이 서고 하루하루 즐거운 때가 바로 이 시점이다. 방법은 신문, 책, 직장생활, 인터넷포털 등 수많은 정보를 당신의 촉으로 잡아내면 된다.

목차라는 설계도가 완성되었다면 이제부터는 즐거운 집짓기의 과정만 남은 셈이다. 이제까지 일지를 읽어왔다면 제목과 장제목을 바탕으로 50개의 소제목을 만들면 된다. 순서는 나중에 조정할 수 있다. 집중적으로 50개의 소제목을 만들어보자. 책 쓰기를 밥 먹듯 하는 공병호 작가의 경우 50여 개의 세부 제목이 나올 때마다 한 권씩을 써낸다고 한다.

: 오늘의 박카스 :

목차는 한 권의 책을 짓는 설계도다.

05

콘텐츠를
바구니에 담아라

주제를 선정하고 관점을 세웠다면 비로소 주제의 동선이 움직이기 시작한 것이다. 이제 집을 지을 설계도를 확보한 셈이다. 그다음으로 할 일은 당장 집 지을 재료를 모으는 것이다. 허공에 의미 없이 떠돌던 당신의 시간과 공간을 집짓기에 투입하자. 목차를 쓰기 위해서는 콘텐츠를 모아 바구니에 담는 작업을 먼저 해야 한다. 콘텐츠를 바구니에 담아 책을 완성하는 방법은 여섯 가지다.

첫째, 관련 책을 무더기로 쌓아놓고 읽는다.

관련 책을 무더기로 쌓아놓고 촉을 세워 읽어야 한다. 물론 도서관의 책을 빌려 읽는 것은 좀 그렇지 싶다. 도서관 책 대출은 논문을 쓰거나 참고 서적을 고를 때 또는 연구를 진행할 때 필요한 일이지, 책을 쓰고자 하는 사람의 자세는 아니다. 책은 서점에서 구입해서 읽자. 도서관에서 느슨하게 걸으며 책을 대하는 독자는 서점에서 발품을 팔아 피 같은 돈을 지불하며 책을 만나는 독자와 마음 자세부터

판이하게 다르다. 도서관은 독서보다는 책을 탐색하는 장소로 활용하자. 당당하게 책을 구입하여 쌓아놓고 읽자. 책 속의 관련 콘텐츠를 비교하며 자기만의 언어로 읽어보자. 영감이 떠오를라치면 줄을 긋고 첨삭하며 책을 노트처럼 활용할 때 콘텐츠가 살아나고 언어가 생기를 더한다.

둘째, 목차를 24시간 가지고 다닌다.

목차를 24시간 들고 다니며 그 목차의 바구니 안에 콘텐츠를 담아내야 한다. 목차를 늘 들고 다니다 보면 매 순간 벌어지는 상황들을 주제와 연결시킬 수 있다. 이 상황을 어떤 꼭지에 집어넣어 녹일까를 고민하다 보면 콘텐츠를 중심으로 생각이 조금씩 고이게 마련이다. 생각을 모으는 작업을 꾸준히 실천하다 보면 바구니 속의 콘텐츠가 어느새 생명을 얻는다.

셋째, 주제 안테나를 세워 모든 자료를 활용한다.

인터넷 포털사이트를 검색하거나 언론매체의 자료 등을 유심히 살펴보는 것도 콘텐츠를 잡는 데 유용하다. 이를테면 '인기 있는 사람의 대화법'의 경우, 검색창에 이런 내용을 치고 사람들은 인기라는 것을 어떻게 보는지, 어떤 사람이 인기 있는지 동향을 살펴볼 수 있다. 뉴스의 사회면 등도 콘텐츠 구성에 좋은 자료가 된다. 나는 대화법 책을 집필할 때 경청의 중요성을 강조하는 꼭지에서 손미나 아나운서의 사례를 들었다. 아나운서에서 여행 작가로 거듭난 그녀가 타인의 말을 경청하는 재주가 있다는 소식은 치과에서 대기하는 도중 잡지에서 읽은 내용이다. 평소 무심히 지나쳤던 말이나 사건에 관심을 가지자 덩달아 생활에 활기가 생겼다.

넷째, 관련 분야의 좋은 책을 반복해서 읽는다.

생활에 활기를 불어넣는 방법 중 빼놓을 수 없는 것은 역시 좋은 책이다. 주제와 관련된 좋은 책을 옆에 두고 끊임없이 의식을 확장하자. 앞서 말했다시피 나의 경우 《갈매기의 꿈》, 《섬》, 《이방인》, 《소설가의 각오》, 《칼의 노래》, 《난장이가 쏘아올린 작은 공》 등의 책을 머리맡에 두고 산다. 화장실에 갈 때, 잠자리에 들 때, 기상했을 때 책과 의식을 잡으려 노력한다. 그렇듯 사람의 의식은 조금만 방심하면 앉고, 눕고, 자는 쪽으로 흐트러지게 마련이다. 그러니 주제와 관련된 좋은 책으로 의식을 항상 명징하게 유지하자.

다섯째, 잠들기 전 하루의 콘텐츠를 정리하는 시간 10분을 확보한다.

하루를 콘텐츠로 살아가는 일은 자신을 객관적으로 보는 일이다. 위대한 명상가들이 하는 최고의 경지는 '지금 여기서 바라보는 자'가 되는 일이다. 자신의 지금을 콘텐츠로 세우고 콘텐츠로 하루를 살아낸다면 그 자체로 새로운 경험이 될 것이다. 당신이 누구든 무슨 일을 하든 상관없다. 중요한 것은 자신이 살아가는 현재에 집중하는 일이다. 잠자리에 들기 전 10분을 투자하여 하루의 콘텐츠를 정리해보자. 나는 대화법을 집필하면서 '오늘 어떤 대화를 하였는가?', '어떤 말들이 사람을 불편하게 하였는가'를 점검하며 그날 수집한 자료를 간단히 분류해놓고 잠드는 습관을 들였다. 그날의 콘텐츠는 그날 정리하자. 오늘의 태양은 오늘만 유효하다. 내일의 태양은 내일의 것일 뿐 오늘의 것과 다르다. 내일은 내일의 태양이 새로 뜬다는 사실을 명심하자.

여섯째, 매일 변하지 않고 쓸 수 있는 2시간을 확보한다.

가능한 한 새벽 시간을 확보하는 것이 좋다. 나는 어떤 약속과 스케줄에도 자유로운 시간은 새벽 4시부터 7시라고 단언한다. 그 누구도 범접하지 못하는 이 시간에 모은 콘텐츠의 골격 세우는 작업을 하면 책 쓰기에 속도를 낼 수 있다. 하루의 3시간을 알차게 쓰고 나면 처음에는 시차로 인하여 비몽사몽에 빠질 수 있다. 그러나 아침 시간을 미리 확보하여 활용한다면 쓰는 인간으로서 당신은 매일매일 성장할 것이다. 수집한 콘텐츠를 순서 없이 모아두기만 하면 제자리를 맴돌기 십상이다.

새벽 시간은 책 쓰기에 핑계를 대는 많은 이유를 제압한다. 직장생활에 쫓겨 시간이 없어 쓸 수 없다는 사람들, 이다음에 은퇴해서 시간이 나면 쓰겠다는 사람, 각종 모임의 회식 등 만남 때문에 쓸 수 없다는 사람들에게 새벽은 가장 안전한 시간이다. 새벽에 서재에 앉아 글을 쓰는 시간. 이것이 당신이 평생 꿈꾸던 집을 짓는 작업이다. 이 시간과 공간을 확보하지 못한 사람은 평생 설계도면을 들고 다니며 '언젠가 시간이 나면'이라는 환상 속에서 황금 같은 시간을 허공에 날려버린다.

나는 세 가지의 단계를 두고 집필하고 있다. 첫 번째는 일생 동안 쓰고 싶은 책의 주제를 세워놓고 쓴다. 고뇌를 영상보다 더 선명하게 그려내는 글이 나의 가장 큰 그림이다. 이 주제를 '고뇌의 온도'라는 방에 세워두고 구상한 도면에 매일매일 문장을 써 나아가고 있다. 두 번째는 '자아의 방'에 하루 동안의 일화와 특별한 경험의 감정을 1장 정도 정리한다. 세 번째는 '깨달음의 방'에 곧 출간 예정인 책의 콘텐츠와 관련하여 내가 깨달은 부분을 써 내려간다. 이로써 하루가 마무리된다.

고단한 하루였는가? 그렇지 않다. 방향을 잃고 이곳저곳을 기웃거리며 '이대로는 안 되는데' 하며 보낸 하루는 고단하다. '고뇌의 온도', '자아의 방', '깨달음의 방'을 오가며 하루를 보내고 나면 내가 세상의 귀퉁이 어디쯤에서 기쁘게 살아가고 있는지 볼 수 있다. 어떤 시련이나 고통이 와도 '생기 있게 살아가는 나'를 바라보는 나, '나를 객관적으로 바라보는 나'는 평정심을 유지할 수 있다.

'오늘 집이 이만큼 지어졌군. 내일은 옥탑방을 지을 거야!'

이렇게 콘텐츠를 모으는 일은 집 짓는 재료를 모으고 집을 만들어가는 과정이다. 도면은 상상에 불과하지만 그곳에 당신의 공간과 시간을 투입한다면 그것은 현실의 집이 된다. 그 집에서 살아가게 될 당신의 인생을 상상하면서 집을 짓자. 하루 이틀 책 쓰기에 몰입하다 보면 이런 생각이 들곤 한다.

'이렇게 하루를 콘텐츠를 모으는 일로 살아가는 게 무슨 의미가 있을까?'

바로 이 시점이 당신의 삶을 원상태로 되돌려놓는 변곡점이다. 이때 내놓을 수 있는 대답은 '지금 내가 살아 있다는 증거'라는 것이다. 또 하나의 나를 바라보는 완전한 독립체로서의 인간을 만날 수 있는 지점이다. 콘텐츠를 모으는 일은 생생한 관찰자로 살아가는 일이다. 관찰자로 살아간다는 것은 자기를 인생의 주인으로 세우는 일이다. 어제가 그제고 그제가 내일인 무미건조한 생활을 반복해왔다면 더이상 생기 없는 당신의 인생을 방치하지 말자.

하루를 콘텐츠 모으는 일로 보낸다면 이미 당신은 작가이다. '관찰자'가 되는 일은 자신감의 원천이다. 작가는 쓰는 사람이다. 매일 쓰는 사람, 그 사람이 작가다. 콘텐츠를 모으는 일은 그러므로 바라보는 자로 살아갈 수 있는 작가만의 특권이다.

: 탄생 일지 :

작가 시드니 셸던이 말한 베스트셀러를 쓰는 공식이다.

첫째, 자기가 정말로 좋아하는 글감을 택하라.

둘째, 멋지다는 생각이 들 때까지 그 글감을 발전시켜라.

셋째, 모든 단어가 빛을 발할 때까지 1년이고 2년이고 다시 써라.

정말 진짜로 좋아하는 글감, 그것이 다양한 콘텐츠다. 강연을 들어보면 화려한 말솜씨나 목소리 못지않게 중요한 것이 콘텐츠라는 사실을 발견하게 된다.

브랜든 버처드는 "콘텐츠가 왕이다"라고 했다. 이와 관련하여 그는 내외부 혁신 6가지를 다음과 같이 제시했다.

내부 혁신 1. 뭐든지 공유하는 것이 최고의 전략이다.

내부 혁신 2. 남이 만든 인기 콘텐츠를 따라가지 마라.

내부 혁신 3. 그럴싸해 보여야 가치를 평가받을 수 있다.

외부 혁신 1. 판촉과 가치를 결합해 커뮤니케이션한다.

외부 혁신 2. 고객 대응은 탁월해야 한다.

외부 혁신 3. 고객들을 더 존중한다.

다른 사람들의 인생을 돕고, 우리의 일도 조금씩 바꿔나가는 것이 혁신의 핵심이다. 책은 콘텐츠가 왕이다.

: 오늘의 박카스 :

매 순간 안테나를 세워 콘텐츠를 모으자.

06

샘플 두 장 반의
기적

목적지에 도달하기 위해 육지에 있는 배를 타고 가야 한다면 배를 바다까지 끌고 가는 작업이 당신의 샘플 쓰기 작업이다. 바다에 당도하면 그때부터 당신이 가슴 깊은 곳에 도사리고 있는 암반수 밑의 이야기들을 세상에 내보일 '용기와 자신감'을 얻을 수 있다.

주제와 목차를 정해놓고 목차별 꼭지를 쓰자면 어디서부터 어떻게 시작해야 할지 막막할 수 있다. 첫 문장을 시작하지 못하여 몇 시간 심지어 몇 년을 고심하는 작가도 있다.

'그것은 냄새였다.'

소설가 조성기의 《라하트 하헤렙》의 첫 문장이다. 그는 이 문장을 쓰기까지 15년이나 걸렸다. 그는 '죽을 때 죽더라도 자서전은 남기자'는 생각으로 이 작품을 썼고, 이를 계기로 문학의 물꼬를 텄다. 첫 문장이 트이지 않으면 나아갈 수 없다. 첫 문장의 시작은 가볍게 연습하듯 출발하자. 욕심 내지 말고 타인에게 말을 건네듯 하자. 첫 문장은 명언, 사회적 이슈, 자신의 일상 경험, 사람들의 분위기 등으로 시작하자. 이런 식이다.

'요즘 청춘들은 공통적으로 내가 누구인지, 무엇을 해야 할지 모르겠다고 말한다.'

이처럼 가볍게 말문을 트는 것으로 첫 문장을 시작하자.

물론 첫 문장이 봇물 터지듯 쏟아지는 꼭지도 있겠다. 그때는 기회를 놓치지 말고 한 꼭지를 질풍같이 마무리해야 한다. 한 문장은 한 가지 개념을 담고 간결하고 쉽게 써야 한다. 꼭지의 제목이 제시해야 하는 메시지를 놓쳐서는 안 된다. 겸손을 주제로 한 꼭지라면 '교만은 일종의 죄악이다'와 같이 반대되는 문장으로 시작하는 방법도 유용하다.

서론을 쓸 때 가볍게 말을 걸듯이 쓰지 않고 결론처럼 쓰면 결론 부분에서는 할 말이 없어진다. 물론 보고서와 칼럼 같은 실용적인 글에서 서론이나 결론은 주장하는 사람의 논증을 뒷받침하는 장치 정도로 활용된다. 주의를 환기시키며 부드럽게 시작하자. 서론은 한마디로 잽이다. 잽은 툭툭 던지는 것 같지만 실은 정타를 위한 조준 작업이다. 툭툭 던지는 잽은 많은 에너지가 필요하지 않을 뿐만 아니라 상대의 자세를 확인하거나 몸을 유연하게 풀어내는 데도 한몫한다.

첫 책《말주변이 없어도 대화잘 하는 법》1장의 꼭지 '겸손하게 말한다'를 중심으로 샘플 두 장 반의 힘을 제시해볼까 한다. '겸손하게 말한다'의 꼭지 제목에 맞게 나는 잽을 던지며 사회적 이슈를 넣어 서론을 시작했다.

'삶이란 겸손을 배우는 긴 수업 시간'이라는 말처럼, 겸손한 사람은 자기를 낮춤으로써 매 순간 변화를 맛보기 때문에 공부를 멈추지 않는다.

"누가 땅콩을 껍질째 손님한테 주나? 이게 무슨 서비스야?"

"부사장님, 매뉴얼에 있는데요. 이렇게 매뉴얼이 있고 이 매뉴얼은 부사장님의 지시로 만들었습니다."

"당신은 뭐가 문제인지 알아? 건방, 그 시건방이 문제야. 어디다 매뉴얼을 들이대?"

누구나 알고 있는 모 항공사 땅콩 회항 사건의 대화 내용이다. 갑들의 말이 우리 사회에 논란이 되고 있다. 모 회사 부사장의 말본새를 한번 보자.

"야, 이 쓰레기야! 그것도 못하면서 왜 들어왔어? 백미러 접고 운전해!"

그는 일하고 있는 사람의 후임을 버젓이 대기시켜놓고 사람을 썼다고 한다.

인류가 이제까지 생존할 수 있었던 바탕에는 '평판'도 한몫했다. 교만한 인물은 사람들에게 배척당한다. 이것이 바로 인류가 생존해온 원리다.

이와 같이 겸손의 의미를 간결하게 말한 후 겸손하지 않은 사람의 모양새를 예로 들어 제시하면 겸손한 사람이 인기를 끄는 비결에 대하여 말할 준비가 되었음을 의미한다.

그다음 각색과 인용으로 부드럽게 잽을 뒷받침하자.

인용은 유명인들의 말을 있는 그대로 옮겨 적기를 하여 주제의 신뢰도를 높이는 일이며 각색은 남들이 표현한 문장을 나의 스타일로 녹여 표현하는 것이다. 인용은 "장드레퓌스는 '교만은 만족이 없다. 그러나 겸손은 지금 감사할 뿐'이라 하였다. 겸손한 사람은 말이 간결하고 꾸밈이 없다. 노자가 말하기를 '내게는 자산이 있다. 그건 상냥함, 검소함, 그리고 나를 내세우지 않는 겸손함'이라 했다"와 같이 있는 그대로 옮겨 주제에 신뢰를 높이는 역할을 한다.

각색은 주제와 관련된 문구를 나만의 언어로 바꾸어 표현하는 것으로 통찰을 통하여 나타난다. 예컨대 지역 체육 행사의 의전 식순을 보고 나는 다음과 같이 사례를 활용했다.

"공직생활을 하면서 가장 힘든 게 무엇이냐?"라고 묻는다면 나는 각종 행사의 의전, 그중에서도 인사말 문제를 꼽을 것이다. 퇴임식, 지역사회 체육 행사, 지방자치단체 축제 개막식, 각종 공청회 등등에서 끝없이 이어지는 게 국회의원, 지역유지 들의 인사말이다. 그들의 말은 대개 '내가 이렇게 했으니 기억하라'는 식의 메시지다. 물론 공식적인 자리에서 마이크를 주며 '한 말씀' 권하면 누구나 없던 생각까지 동원하고 싶은 게 인지상정이다. 그러나 인사말은 짧고 반갑게 해야 한다. 겸손을 내팽개친 채 자기 과시하듯 말을 늘일수록 인사말의 의미는 퇴색된다.

본론은 서론을 뒷받침하는 생각이나 주장을 펴는 단계다. 서론에서 제기한 문제를 보완하거나 타당한 이유를 뒷받침하는 내용이 필요하다. 즉, 앞서 명언이나 사례로 가볍게 문제를 제기하며 조준하였다면 이번에는 초점을 맞추어 발사하는 단계다.

어떤 경우에도 나를 드러내지 않는다. 나의 말로 표현한다. 사람들에게 해준다는 말을 삼간다. 줄 거면 아낌없이 준다. 정성을 다해 말한다. 내가 축구 동호회 총무로 활동하면서 체화한 지침들이다. 나는 그 후 별명이 아예 총무가 되었지만, 총무라는 직함이 사실은 이 사회를 움직이는 '겸손한 사람들'의 다른 이름임을 알게 되었다. 재무, 인사, 의전 등 갖가지 자질구레한 일을 모두 감당하는 사람을 일컬어 흔히 '총무'라고 부른다. 주변에 총무를 맡은 이들을 눈여겨보라. 겸손하다. 그래서 평판이 좋다. 또 그래서 사람들에게 인기가 있다. 물론 그들은 하나같이 인기에 연연하지 않는다. 언뜻 보기에 피곤한 인생 패턴을 그리며 수발을 드는 약한 존재일 듯하나 실상 그들은 삶의 집중력 면에서 가장 행복한 사람들이다.

이제는 결론으로 가는 징검다리의 단계다. 결론만으로 차별화된

스토리가 된다. 그러므로 결론을 위해 힘을 비축해야 한다. 결론에서 임팩트한 메시지를 전하기 위해 이제까지 모아온 힘을 추스르는 단계가 징검다리 단계다. 이때 전하고자 하는 메시지가 얼마나 명료한지, 독자는 어떤 느낌일지를 염두에 두고 써야 한다. 예시에서 보는 바와 같이 교만과 겸손을 비교하며 왜 겸손한 사람이 인기를 끄는지 이유를 선명하게 표현할 준비를 하는 단계이다.

교만한 사람은 '이다음에 내가 돈을 벌면', '이다음에 잘되면' 하면서 자기 앞의 시간을 피해간다. 그러나 그가 피해간 시간은 '이다음에' 존재하지 않는다. 그의 성과는 언제나 '다음'의 기약 없는 시간 속으로 날아간다. 교만하게 말하는 사람은 현실에 만족이 없지만 겸손하게 말하는 사람은 지금 감사하는 사람이다. 겸손한 사람이 멈추지 않고 배움을 지속하는 이유는 매 순간 변화의 신선함을 맛보기 때문이다.

앞서 슬쩍 내비쳤듯이 나는 운동에 문외한이었다. 세상의 고뇌를 다 끌어안은 양 줄담배를 피우고 술을 퍼마시며 몸을 혹사했다. 매일 들이닥치는 현실을 비판하며 꿈을 잃고 살았다. 그러나 우연히 시작한 '총무의 경험'으로 나는 꿈을 꿀 수 있었다. 생산적인 배움을 시작한 것이다. 작가가 되고자 일기로 습작을 시작했고, 축구로 비축된 체력으로 테니스라는 새로운 운동에 도전했다. 어느 순간부터인가 나는 스포츠인이 되어 있었다. 함께 땀 흘리고, 상대를 배려하는 게임의 법칙도 알게 되었다. 하물며 '티 내지 않는 희생의 힘'을 깨달은 것은 내 인생의 값진 선물이다.

'내게는 세 가지 자산이 있다. 그것은 상냥함, 검소함, 그리고 나를 내세우지 않는 겸손함이다.'

나는 노자의 이 말을 책상에 붙여놓고 행동 지표로 삼았다. 지금 내가 하는 '겸손한 말의 씨앗들'은 그때부터 시작되었다.

책을 펼치면 제목, 목차 다음으로 가장 먼저 독자의 시선을 끄는 곳이 바로 결론이다. 꼭지별 결론을 보고 나서 독자는 비로소 처음으로 다시 돌아와 책 속으로 진입한다.

결론은 한마디로 스트레이트다. 이제 스트레이트로 독자를 매료시킬 단계다.

인기 있는 사람은 겸손하게 말한다. 겸손의 사전적 의미는 '남을 존중하고 자기를 내세우지 않는 태도가 있음'이다. 물론 미래에 대한 비전 부재로 자신감이 없는 그런 무조건적인 겸손은 겸손이 아니다. 드러나지 않게 자신을 높일 줄도 알아야 한다. 그래서인지 인기인을 만나기란 쉽지 않다. 자신을 드러내지 않기 때문이다. 그들은 그저 좋은 평판으로 살아가고 있을 뿐이다.

"유명인 치고는 참 소탈하고 서민적이던데요? 사람을 편하게 하는 매력이 있었어요."

이런 평판을 받는 인물은 지금 겸손한 말로 인기를 얻고 있다. 좋은 평판은 겸손한 말솜씨에서 비롯된다. 천만배우 황정민, 오달수를 보라. 소감을 밝힐라치면 "사랑합니다"로 시작하여 "우리 아내 그리고 아들, 사랑하는 스태프들에게"로 옮아가고 "그분들의 노고를 내가 대신 수상합니다"로 끝맺는다.

명심하자. 겸손하게 말하는 사람이 인기 있는 이유는 바로 이 한마디 때문이다.

"믿어주신 당신 덕분입니다!"

바다를 항해하고 싶다면 일단 배를 바닷가로 끌고 가야 한다. 샘플 원고를 완성하는 일은 육지에 있는 배를 바닷가로 끌고 가는 과정이다. 많은 사람이 이 과정에서 글쓰기를 포기한다. 그만큼 작가가 되는 데 넘어야 할 큰 고비다. 샘플 원고를 쓰는 연습 없이는 초고도 완성할 수 없다. 처음 글을 쓰기로 작정했을 때 '베스트셀러 작가가 되겠다, 1인기업가가 되겠다, 인류에 길이 남을 역작을 남기겠다, 인생 역전을 이루겠다' 등의 황당한 욕심으로 마음이 들떠 있다면 걸코 완주할 수 없다. 그러나 밥을 먹듯, 직장생활을 하듯 일정하게 샘플 원고 쓰기에 집중한다면 당신은 '일생의 한 권 책'을 완성하여 인생의 방향을 설정하게 될 것이다.

샘플 원고는 당신 책을 완성하기 위한 방향키다. 두세 장 가량의 한 꼭지를 제대로 완성하면 이제 당신은 초고 완성을 위해 질주하게 된다. 설계도에 당신의 시간과 공간을 투입하는 일만 남아 있기 때문이다.

샘플 두 장 반, 당신을 첫 책의 주인공으로 이끄는 시작점이다.

: 탄생 일지 :

작가 바나비 콘라드는 뭔가를 쓰겠다고 앉았다면 기억할 것 6가지를 제시했다.

첫째, 도입부로 가장 흥미진진한 부분이 어딘지 생각할 것.

둘째, 독자의 시선을 단번에 사로잡을 이미지를 만들 것.

셋째, 지금 무슨 일이 일어나는지 혹은 앞으로 무슨 일이 일어날지 궁금하게 만들 것.

넷째, 등장인물들이 일을 자기 일처럼 여길 수 있도록 흥미진진하게 묘사할 것.

다섯째, 인공의 성격을 생생하게 드러내는 상황을 연출할 것.

여섯째, 가장 중요한 사실은 무슨 일인가 벌어져야 이야기가 시작된다는 것.

A4 두 장으로 시작할 때 염두에 두어야 할 것들이다. 첫 장을 보는 순간 흥미를 느껴야 당신의 말에 귀를 기울인다. 아무리 멋진 걸작도 읽지 않으면 안 쓰니만 못하다.

: 오늘의 박카스 :

대하소설도 임팩트한 두 장 반으로 시작된다.

07

초고

완성하기

천 리 길도 한 걸음부터다. 꼭지 쓰기로 두세 장의 한 꼭지를 완성하는 일이 초고의 첫걸음이다. 변화무쌍한 바둑도 한 수로 시작된다. 이제 당신의 시간과 공간은 집짓기에 몰입하는 일만 남아 있다. 한 꼭지를 완벽하게 써내는 일은 책의 전체 분량을 결정하는 중요한 기준이 된다.

전체 40여 개에 달하는 꼭지를 완성하면 한 권 분량의 초고가 완성된다. 이렇게 완성된 초고는 출판으로 이어지는 마지막 단계이다. 초고는 최대한 신속하게 일사천리로 완성해야 한다. 내가 생각하는 초고의 완성 한계는 3개월이다. 빠른 시일 내에 집중력을 발휘해야 영감이 살아 있고 주제가 생동감 있기 때문이다.

차의 명인 효월의 구증구포 과정이 있다. 아홉 단계를 시작하기에 안성마춤인 차가 우전이다. "곡우엔 우전을 맛보라"는 말이 있다. 나무에 물이 가장 많이 오르는 시기, 곡우는 24절기 중 여섯 번째에 해당한다. 우전은 곡우 5일 전 이른 봄에 딴 찻잎으로 만든 차를 말하는데 가장 처음 딴 찻잎으로 만들었다고 해 '첫물차'라고도 한다. 녹차 종류의 하나인 우전은 여린 치순으로 만들었기 때문에 은은하고 순한 맛이 특징이다. 우전은 만들기가 복잡하고 생산량이 적어 많은 차마니아들은 이 시기를 놓치지 않으려 차밭으로 향한다.

초고를 완성하기 위해서는 이 타이밍을 염두에 두어야 한다. 세상을 기웃거리며 살아가다가 영감이 떠오르는 타이밍을 잡아 일사천리로 기록하는 것, 초고를 완성하는 데 명심해야 할 부분이다. 초고를 완성하는 전략을 보면 다음과 같다.

첫째, 서론·본론·결론이 명확한가?

책 한 권을 완성하는 데 가장 중요한 한 꼭지의 흐름이자 책 전체의 흐름이기도 하다. 소제목, 즉 한 꼭지의 제목을 나만의 경험과 통찰로 정리하는 것이 결론이다. 이 결론을 얻기 위하여 서론에서 가볍게 말을 걸듯 사례를 인용할 수 있다. 물론 사례는 결론을 도출하기 위해 최소한으로 하되, 주장에 재미와 신뢰가 있어야 한다. 서론에서 말문을 꺼내고 본론에서는 말을 꺼낸 이유를 답변하는 식으로 진행하면 부드럽다. 결론은 '꼭지 제목을 임팩트하게 바꾸어 쓴 것' 정도의 느낌으로 담백하게 쓴다. 독자들은 한 꼭지의 뒷부분에 주목함을 기억하자.

서론은 제목 콘셉트를 보았을 때 가장 먼저 떠오르는 분위기로 시작한다. 본론은 서론을 뒷받침하는 것이니, 서론에 대한 대답 형식으로 작가의 생각과 생각을 사례로 연결하여 서론의 말문을 뒷받침하고 결론에 대한 기대를 증폭시켜야 한다. 서론·본론·결론은 서로 긴

밀하게 연결되어 있지만 쓸 때는 별개라는 생각으로 써야 문장이 간명하다. 서론답게, 본론답게, 결론답게 써야지, 서론이 결론처럼 주절주절 이어지면 책을 내려놓기 십상이다. 서론·본론·결론의 명확성은 목차의 장제목에서, 소제목 한 꼭지의 흐름에서 책 전체의 흐름에서도 고루 유지되어야 할 맥락이다. 주제를 중심으로 목차가 정해졌다면 그 일관성에 충실해야 한다.

둘째, 적절한 사례를 들었는가?

주관적인 판단이 아닌 독자의 입장에서 수긍할 수 있는 사례여야 한다. 적절한 사례를 찾는 일은 심마니들이 산삼을 찾아 산을 누비는 일과도 같다. 요즈음은 시장이 넓다. 문제는 결국 촉이다. 주제가 명확히 정해졌다면 사례는 바다처럼 널려 있다. 미용실에서의 잡지, 전철역에 누워 있는 노숙자, 각종 언론 보도와 임팩트한 광고, 영화의 대사 한마디, 직장 상사의 폭언, 아내의 넋두리, 자동차 접촉 사고, 견딜 수 없는 모멸감 등등…… 이렇게 사례를 찾아 나서다 보면 당신은 보물 하나를 발견하게 된다. 그것은 바로 '바라보는 나'다.

현실의 관성에 휩싸여 방향키를 잃어버리고 앞만 보고 달려가던 당신은 당신의 주제를 중심으로 세상과 정면으로 맞짱을 뜨게 된다는 말이다. 예를 들어 당신이 '고뇌'를 주제로 정했다면 청소년의 자살 보도, 시험에 낙방한 자가 절망적인 상황에서 회생한 계기, 죽음을 결심한 사람이 마지막으로 전하고 싶은 말, 고뇌를 극복하고 재기한 사람들의 생생한 이야기는 원고의 생기를 더한다. 그러나 명심하자. 사례는 당신의 주제를 뒷받침하는 양념을 넘어서면 안 된다. 당신의 경험과 주장에 신뢰와 재미를 주는 최소한에 그쳐야 사례가 빛난다.

셋째, 원고량은 적절한가?

원고량은 원고지를 기준한다. A4 1장은 원고지 8매쯤으로 계산하여 A4로 110-120매(원고지 800매), 한 꼭지당 A4 2-3매 정도면 가독성이 좋다. 글자체는? 한글 바탕 10포인트가 출판사에서 선호하는 크기다. 책 분량은 독자를 만나는 데 매우 중요하다. 차고 넘쳐도, 부족해도 독자의 호감을 끌기 어렵다. 이는 보통 단행본 한 권을 주제로 할 때 이야기다. 소설은 단편, 장편에 따라 원고 매수가 다르다.

완전한 작가로 일가를 구축하는 소설가로 가는 관문도 이 형식을 바탕으로 시간과 공간을 연마할 때 가능하다. 물론 나는 수기로 쓰는 것을 선호한다. 떠오르는 영감을 수시로 적고 이리저리 이동하거나 내용을 수정하기도 수월하기 때문이다. 더 큰 이유야 물론 펜이 종이 위를 스치는 소리……. 그 소리는 글을 쓰는 사람으로서 내가 살아 있다는 숨소리로 느껴지기 때문이다. 그렇다손 치더라도 형식을 기억하자. 화려한 이탤릭체나 볼드체는 없어 보이기 십상이다.

넷째, 작가의 생각과 지식 그리고 경험이 담겨 있는가?

작가의 생각, 지식, 경험은 책의 바탕이 된다. 물론 경험은 직간접적인 경험을 모두 포함한다. 나만의 시각으로 바라본 세상은 관점을 달리할 수 있을 테니까. 요즘은 지식과 정보가 차고 넘치는 세상이다. 수많은 정보가 창작 의욕을 떨어뜨릴 수도 있다. "뭐야, 더 이상할 말이 없잖아" 하는 정도의 단계라면 당신은 이 책을 처음부터 다시 읽어야 할 것이다.

영상도 화려하고 눈을 시리게 하는 컬러와 귀를 때리는 음악도 우리를 괴롭힌다. 이는 나만의 통찰, 나만의 관점, 나만의 깨달음이 책의 가치를 가늠함을 방증한다. 그럼에도 세상을 살아내고자 하는 나만의 생각과 지식 경험은 세상에 하나뿐이라는 사실을 명심하자. 앞으로 세상은 대체 불가능한 능력을 발휘하는 창조자들, 작가적 상상력을 가진 사람들이 지도자가 된다. 아니, 이미 그들의 세상이다. 광장으로, 강연장으로 몰려드는 인파를 보라.

다섯째, 글의 완성도가 높은가?

이 부분은 우선 자신에게 물어보자. 얼마나 기본에 충실했으며 진심을 다했는지. 물론 완성도는 독자가 판단한다. 그러나 당신이 반복해서 읽고 있는 좋은 책과 비교했을 때 어떤 차별화가 있는지를 돌아보자.

《난장이가 쏘아올린 작은 공》이 40년간 300쇄를 찍은 이유는 무엇일까? 독자들의 입소문이나 홍보 효과, 일시적인 유행을 훌쩍 뛰어넘는 40년 세월 동안 독자의 사랑을 받았다면 그는 시간을 넘어선 위대한 작가임에 틀림없다. 이유는 누구나 공감할 수 있는 내용과 간결한 문체 그리고 작품의 완성도 아닐까? 40년이 지나도 여전히 우리에게 중요한 '집', '아버지', '아버지에 대한 자존심', '평범한 서민의 고뇌' 등이 간결하고 짜임새 있게 그려졌기 때문이다. 이런 큰 기준을 세워두고 자신의 글이 이런 독자들의 마음을 향하고 있는지 돌아보자.

여섯째, 재미와 지적 호기심을 충족하는가?

재미와 지적 호기심은 책의 판매량과 직결된다. 논문이 독자들의 사랑을 받지 못하는 이유가 바로 여기에 있다. 재미는 규격을 벗어날 때 얻어질 수 있다. 정해진 주제가 있다손 치더라도 지나치게 주제에 얽매이다 보면 재미를 놓치기 십상이다. 베스트셀러 작가 스티븐 킹의 책이 독자의 사랑을 받은 이유는 결국 재미다. 그 재미는 공포를 매개로 독자의 궁금증을 유발한다.

분명한 사실은 책 속에 작가의 자의식이 자연스럽게 빠져 있다는 사실인데, 이는 초보 작가들이 가장 주목해야 할 부분이다. 독자의 애벌레에서 좀처럼 벗어나지 못하는 이유가 바로 이 자의식이다. 작가는 주제가 말하게 하여야 마땅함에도 작가의 자의식이 주제를 흩뜨리는 경우가 종종 있다. 재미와 함께 지적 호기심을 유발하는 데는 작가의 피나는 노력이 필요하다. 지적 호기심을 유발하기 위해서는 충분히 지적이어야 한다. 얕은 지식을 모두 알은체해서는 독자의 관심을 끌기 어렵다. 자신이 내세운 주제와 관련된 전문 분야에 관해서는 깊이 있는 탐구의 절차가 수반되어야 한다. 독자들은 연령을 막론하고 다 안다. 작가가 진심을 말하는지, 알은체하는지, 용기 있는 사람인지, 작가의 노력이 배어 있는지 여부를 금세 알아채는 게 요즘 독자들이다.

일곱째, 에세이처럼 술술 그러나 멈추지 않는 향기가 있는가?

이는 주제나 내용의 경중과 상관없이 지켜야 할 미덕이다. 어려운 내용을 술술 읽어낼 수 있도록 쓰는 것은 작가의 역량이다. 그러나 술술 읽히되, 한 번의 독서로 책의 수명이 다하는 글은 경계해야 한다. 쉽게 읽었지만 언제든 다시 한 번 그 책을 들었을 때 색다른 느낌을 줄 수 있어야 한다. 두 번 세 번 읽어도 향기가 사라지지 않는 책. 이런 책이 소장용 양서이다. 한 권을 여러 번의 줄긋기와 메모 낙서로 노트화하고 다시 한 권을 사서 같은 작업을 반복해도 새로운 영감을 주고 볼거리가 있는 글, 사람들은 이런 책을 명작이라고 한다.

: 탄생 일지 :

하루하루 도토리를 심자. 책이 독자 눈에 띄어 내용으로 들어오는 과정을 보자. 우선 제목이다. 말주변이 없어도 대화 잘하는 법! 일단은 반전이다. '말주변이 없는데 대화를 잘할 수 있다고?' 하며 목차를 보게 된다. '인기 있는 사람의 대화법', '첫인상은 첫마디에 결정된다', '말하는 방법을 바꾸면 인생이 바뀐다' 등등……. 좋아, 그렇다면 프롤로그는? '청년 고독사'에서부터 '제대로 소통하자고!'까지 관심을 끌었다. 여기까지 보고 책을 구입하지는 않았다.

그런데 댓글에 '솔직한 작가네요, 행간을 헤매지 않게 해주는 깔끔한 책, 대화는 말을 잘하는 게 아니었네요. 말의 품격은 자기 각성으로부터 나오네요' 등의 내용이 있고, 주변 지인 중에서 "그 책 좋아" 하는 말을 들었다면 책은 독자를 만난다. 유명 작가라면 바로 책 내용을 주목하겠지만 책을 처음 쓴 작가라면 독자와의 첫 만남은 제목과 목차로 시작된다.

초보 작가일수록 제목을 정하는 데 심혈을 기울여야 하는 이유다. 아무리 감동적인 책이라도 독자와 만나지 못하는 책은 일기에 불과하다. 80퍼센트 이상의 관심 제목과 목차로 내용에 진입했는데 '속았다'는 생각이 들 만큼 내용이 부실하다면 책을 쓴 동기부터 되돌아보아야 한다.

시작은 제목으로 하지만 독자를 매혹시키는 것은 역시 내용이다. 탄탄한 구성과 매혹적인 이야기로 독자의 욕구를 충족시켜야 한다. 재미와 즐거움이 있되, 마음 한구석으로 묵직한 무엇인가가 느껴지는 메시지가 있어야 독자와 지속적으로 만날 수 있다. 알고도 속는 일을 독자는 두 번 다시 하지 않는다. 제목을 내건 만큼 진심을 다해 진실을 써야 하는 이유다.

: 오늘의 박카스 :

개권유익(開卷有益)! 책은 펼치면 유익하다. 책은 펼치기만 해도 이익이 된다.

Chapter 5
작가,
노래하며 춤추는 나비가 되라

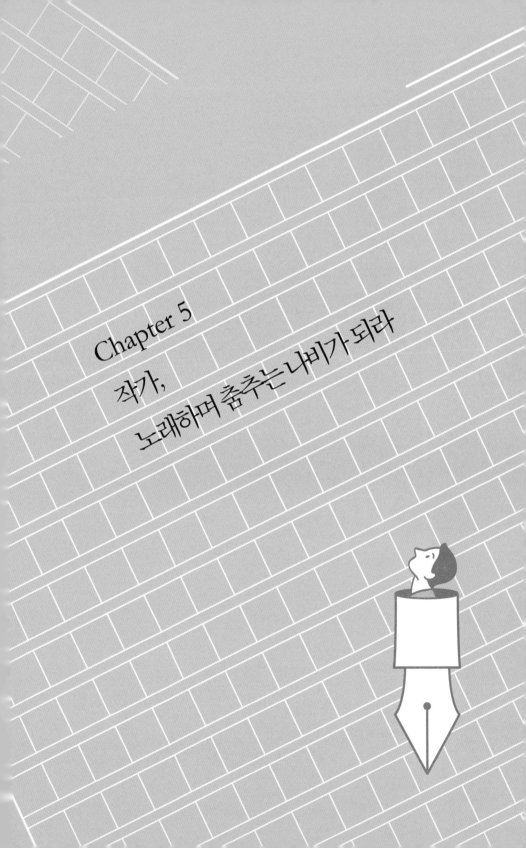

01

필생의 역작은
앞날에 있다

선배 작가들은 말한다.

"꼭 쓰고 싶은 이야기는 작가가 되어 이름을 알리고 난 뒤 세 번째 나 네 번째에 쓰면 됩니다."

책을 쓰겠노라 결심한 사람은 오랫동안 삭혀둔 곰삭은 말들이 전신에 퍼져 그 아우라만으로 길을 만들어간다. 그건 이 험난한 세상을 열심히 살고 있다는 증거다. 최선을 다해 열심히 살았는데 허전하고 남는 게 없다는 생각이 문득 들었다면 이제 쓸 때가 되었다는 신호다.

삶의 구두점을 찍고자 할 때 부족한 2퍼센트를 메우는 방법은 당신의 이야기를 써내는 것이다. 그러나 세상에는 타인의 속내를 들어줄 사람들이 의외로 적다. 다들 바쁘다. 타인의 속내에 귀 기울일 시간 없이 바쁘게 살아가는 사람들의 고민 또한 자신의 '이야기'를 들어줄 이가 없다는 사실이다. 이래저래 바쁜 사람들은 할 말이 많지만 들어줄 상대가 없다. 그래서 할 말이 넘쳐 입 밖으로 나올 즈음 갈급함을 채워주는 방법이 책 쓰기다.

할 말이 가슴에 산더미처럼 쌓여 있거나, 책 없이는 하루도 살 수 없는 독서광이거나, 한순간 열정의 소용돌이에 휩싸여 인생 방향을 재정비하겠노라 결심했거나 그 어떤 경우이든 계획, 다짐 들은 일단 쓰면서 거론하자. 언젠가 세상을 빛낼 필생의 역작을 꿈꾸지만 쓰지 않는 사람에게 전하고 싶은 말이 있다. 필생의 역작은 지금 당신이 살아가는 것, 느낀 것, 말한 것을 문장으로 써내는 액션을 취해야 나오는 것이다.

작가가 되는 길목을 가로막는 가장 큰 걸림돌은 지나치게 멋진 작품으로 화려하게 등장하고 싶은 욕심이다. 처음부터 헤밍웨이나 톨스토이가 되려는 욕심 때문에 시작도 하기 전에 주눅이 들곤 한다. 또한 누구나 책을 써서 대작가가 될 수 있다는 허황된 말도 주의하자. 누구나 몇 개월이면 작가로서 크게 성공할 수 있다는 말에 현혹되어 헤밍웨이의 집 근처를 어슬렁거리다 헤밍웨이처럼 장총으로 죽어버리고 싶은 생각이 들 수도 있으니까 말이다.

'일생에 한 권 책을 쓰자'는 자세로 시작하자. 직장생활을 하며 느끼는 수치심, 모멸감, 죄책감 같은 것들을 견디며 그럼에도 포기하지 않고 '자기의 자리'를 지키며 당당하게 살아가는 나만의 이야기를 쓰자. 위대한 작가는 가장 자기다운 글을 쓰는 사람임을 명심하자. 가끔 "그깟 직장 당장 때려치워"라고 말하는 하이에나들의 말에 현혹되지 말자. 그런 말을 할 자격은 '직장생활을 견디며 결코 포기하지 않는 의식'을 소유한 사람들에게 있음을 명심하자.

세상에서 가장 멋진 작품은 '자기'에 대한 깊은 성찰과 깨달음에서 나온다. 일생을 함께해온 자신을 알아차리지 못한 채 섣불리 책을 세상에 내놓는 일은 지나가는 행인에게 자신의 집이 어디인지 물어보는 것만큼이나 어리석다. 세상에 자신의 진면목을 알리고 싶다면 오랫동안 집을 떠나 방황하던 '자기'를 찾는 일부터 시작하자. 세상에 보이는 자기와 참자기가 일치된 자신을 알아챘다면 당신은 치장하는 이야기보다는 세상을 살아내는 이야기를 쓸 수 있을 것이다.

무림의 세계에서 복수심에 불타는 제자가 스승을 만났을 때 가장 먼저 하는 일은 청소다. 청소를 통해서 깨달음을 얻지 못한 수행자는 분노를 이기지 못하고 중도 하산하거나 기법을 익히고 나면 결국 스승에게 분노의 칼을 들이대는 어처구니없는 결과를 낳는다. 청소는 단 한순간도 멈추지 말고 수련을 계속하라는 메시지를 담고 있다. 청소는 끝이 없다. 방이든 마루이든 하루만 손을 대지 않았다가 걸레질을 해보면 안다. 어디서 왔는지 먼지가 뽀얗게 묻어난다. 먼지는 게으름과 같아서 잠시만 멈추면 소리 소문 없이 온몸을 감싼다.

연기자, 화가, 음악가, 정치가, 의사, 축구 선수, 테니스 선수, 상담가, 언론인, 기업가 등의 직종만 거론해도 툭 튀어 나오는 이름들을 생각해보자. 왜 그들의 이름이 직종과 동시에 떠오를까. 그들은 한순간도 멈추지 않고 그 일을 하는 사람들이다. 그들은 자기도 모르는 사이에 세상에 이름을 새긴다.

"언제쯤 필생의 역작을 쓰겠습니까?"

이 질문의 답은 '진행 중'일 것이다. 고독하고 처절하기 이를 데 없는 인생을 정면으로 마주하여 얻은 깨달음을 화가가 그림을 그리듯,

가수가 노래를 부르듯, 수행자가 고행을 떠나듯, 신자가 기도하듯, 멈추지 않고 해나가는 일, 그것이 작가의 일이다. 그러므로 글쓰기는 그림이고 노래이며 고행이자 기도이다.

작가가 된 다음에는 당신의 말에 귀 기울여줄 사람들이 찾아온다. 책을 쓰고 그 주제를 브랜딩하여 어떤 경로로든 독자의 삶을 유익하게 하고 경험을 나누어준다면 게임은 그때부터 시작된다. 그렇게 시작된 게임을 주도하는 것도 끝을 내는 것도 당신의 몫이라면 정말 신나는 일이 아닌가?

머리에서 맴돌던 생각이 심장으로 덜컥 내려앉으며 삶의 이유가 송두리째 흔들리는 경험이 있는가? 더 이상은 물러설 수 없는 지점, 목숨의 카드를 꺼내들어도 안도할 수 없는 곳, 이 지점에서 나만의 양발로 땅을 디디고 나만의 눈빛으로 응시하며 서슬 퍼런 시간을 견뎌내는 막무가내의 순간, 허상이라 외면하기에는 너무나 진실인 현실, 침묵으로 버텨내는 일 외에 선택의 여지가 없는 시간, 필생의 역작은 그곳 언저리에 있다.

:나비 일지 1:

- 앞날에서 온 편지 -

언젠가 이야기의 진원지를 궁금해할 당신에게 전합니다.

이 편지를 읽는 당신은 어떠신가요? 당신은 시련을 어떻게 견디며 살아가고 있는지요? 당신의 '고뇌의 온도'는 몇 도나 되는지요? 나는 중요한 작업을 시작했습니다. 이 작업은 당신의 앞날에 있습니다.

어쩌면 당신이 이미 하고 있는 일이기도 하지요. 당신이 누구든 어떤 일을 하며 살아가든 기억해주세요. '당신이 아니면 그 누구도 당신을 기만하지 않는다는 사실', 이제부터 내가 시작한 작업을 소개합니다. 당신에게만 전하는 비밀 편지입니다. 꿈꾸고 있는 당신의 미래를 위한 작은 선물입니다. 할 말을 하지 못하고 떠나보낸 사람에게 전해줄 말이 있다면 당신을 초대합니다. 당신이 이 이야기를 들으시고 어느 날 문득 미래에서 온 초대장을 받으셨다면 초대장을 비행기 접어 정원을 향하여 날려 보내는 날이 오기를 바랍니다.

〈진이 1부, 프롤로그〉

바람의 광장은 천상과 지상을 연결하는 유일한 통로다. 이야기는 이곳에서 시작된다. 아이가 사라졌다. 한 줌의 재도 되지 않을 13년의 인생이다. 아이는 수십 번이나 접속을 시도해보았지만 그 누구와도 접속하지 못했다. 정보의 홍수 속에서 아이는 세상과 접속하지 못하고 사라졌다. 접속을 시도하던 아이는 수많은 이야기를 가슴에 묻어두었다. 아이의 심장에 숨겨두었던 이야기는 그의 호흡과 함께 천상으로 이동했다. 아이의 영혼은 개구리나 도롱뇽만큼이나 때 묻지 않았다. 세상의 문턱에 있던 열세 살의 아이는 어디로 사라졌을까?

"균형이 흔들리고 있다, 고뇌에 접속하여 온도를 가늠하라."

천상의 제왕은 수심이 가득한 채 말했다. 왕국의 정원에 수국의 생기가 사라지고 있었다. 수국의 생기는 지상의 고뇌가 전해주는 원기로 꽃을 피우고 빛을 발한다. 천상 에너지의 근원은 정원에 핀 '수국의 생기'였다. 정원위원회는 근래 지상의 고뇌가 점차 힘을 잃어가고 있음을 다각도로 감지했다. 천상의 왕국을 흉내 낸 불빛, 소음, 그리고 탁한 공기와 현란한 파장들……. 사람들은 서로 대면하지 않고 누군가의 삶을 훔쳐보며 자신을 가늠하여 살아가고 있다. 아름드리 왕벚나무 밑으로 뱀이 똬리 튼 채 도시를 노려보고 있다. 멀리서 바라본 도시의 사람들은 평온해 보였다. 그러나 가까이 다가가보면 '고뇌의 온도'는 급격하게 하락하고 있었다. 인간의 고뇌를 앗아간 것들은 지금 도시 한가운데 가로등 불빛 아래에서 밤을 하얗게 파먹고 있었다. 밤을 틈타 겨우 목숨을 부지한 동물들과 곤충들은 따스한 기운이 감도는 바람의 광장으로 몸을 숨겼다. 이렇게 바람의 광장은 야생의 동식물이 집결된 능선을 이루었다. 수많은 야생의 동식물이 신도시 개발로 죽거나 뽑혀나갔다. 인위적으로 옮겨 심은 수목과 갈 곳을 잃어버린 동물, 곤충 들은 서둘러 생명을 부지하고자 광장 아래로 숨어들었다. 왕벚나무 아래 똬리를 튼 뱀의 눈빛이 달빛에 빛난다.

뜨거운 물이 솟아나는 진원지에 천상과 지상을 연결하는 바람의 광장이 위치한다. 광장 한구석에 위치한 유리도서관으로도 '수맥의 온도'가 감지된다. 도서관 서편 아래쪽으로 학교가 들어섰다. 뜨거운 수맥이 흐르는 곳이었다. 수맥은 바람의 광장 입구에서 시작되어 학교 건물 밑으로 흐르며 학교 전체를 한 바퀴 감싸고 흘렀다. 아이는 이 학교 신입생이었다. 아이가 입학하면서 광장 입구와 학교, 유리도서관을 연결하는 곳에 높은 '고뇌의 온도'가 감지되고 있었다. 세 곳을 연결한 지점은 완만한 능선이 형성되어 있어 자연스럽게 음악회 무대의 모양을 만들었다.

바람의 광장 중앙 부분에 세 개의 봉분이 있었다. 봉분 주변 평탄면에는 할미꽃이 흐드러지게 피어 있었다. 아이는 숨이 막힐 지경에 이르렀을 때, 알 수 없는 분노에 속이 메슥거려올 때, 써 내려가던 이야기가 멈출 때마다 이곳에서 햇볕을 쬐였다. 숨이 멎을 것 같은 기운이 느껴질 때는 숨을 참고 이곳까지 걸어와서 조용히 누워 호흡을 가다듬었다. 바람의 광장이 조성되기 전 이 언덕은 왕벚나무 군락지였다. 무덤은 왕벚나무 숲 한가운데 위치하고 있어서 도시에 사는 사람들은 능선을 산책하면서도 무덤이 있다는 사실을 알지 못했다. 어느 날 벌에 쏘였던 아이가 친구들이 놀려대는 소리를 피해 무심코 발걸음을 옮기다 찾아낸 안식처였다. 이 안식처에서 아이는 심호흡을 하며 겨우 생명을 이어갈 수 있었다.

온통 논과 밭뿐이던 마을에 신도시 개발이 시작되었다. 마을을 감싸고 있던 왕벚나무 숲은 자연이 살아 있는 유일한 터전이 되었다. 도시의 개발로 황폐해진 도심을 살리기 위해 왕벚나무 숲에 광장이 조성되었다. 산을 타고 넘어오는 구름이 산속의 온기를 만나 구름이 둥실둥실 머무르는 곳, 사람들은 이곳을 바람의 광장이라 불렀다. 천상의 왕국은 이곳에서 전해지는 강력한 기운을 감지했다. 그 기운은 삶과 죽음의 경계에서 발생하는 에너지 같은 것이었다. 왕벚나무 숲은 모두 밑동이 잘려나갔지만 땅속 깊이 온수가 흐르는 곳에 닿아 있던 뿌리들은 그들의 생명을 유지할 수 있었다. 그곳에서 신비한 기운이 감돌았다. 바람의 광장 조성 공사가 마무리될 무렵 천상에서는 이곳에 서둘러 유리도서관을 건립하기로 결정했다. 한마디로 너무들 들떠 있었다. 급격히 하락하는 퇴락은 인간들에게 '고녀의 온도'를 쇠락하게 하였다.

천상의 화원 한구석은 시들시들한 갈색 수국으로 물들어버렸다. 급격히 하락하는 '고뇌의 온도'를 관리하기 위하여 유리도서관이 건립되었다. 도서관 건립을 위해 천상의 디자이너들이 총동원되었다. 사람들의 눈에 띄지 않을 것, 지상에서 1미터 이상 떠 있을 것, 투명한 유리로 세워 지상의 햇살을 고스란히 받을 것, 투명한 영혼의 소유자에게만 보일 것 등……. 천상에서는 도서관을 마주한 광장에서 음악회를 개최하여 지상과 천상을 연결하는 통로로 활용할 계획이었다. 천상과 지상을 연결하는 최적의 기운이 바람의 광장에서 스멀스멀 움직였다.

신도시 개발로 번식을 위해 생존 경쟁을 벌이던 동식물들과 곤충들은 광장에 숨어들어 그들의 번식력을 최고조로 높였다. 멸종을 피하기 위한 피나는 분투였다. 천상에서 준비한 광장 음악회 행사는 그들의 생존 본능을 한층 고조시켰다. 삶과 죽음의 경계에 선 생명들이 뿜어내는 고뇌에 관하여 천상에서는 오랫동안 숙고했다. 광장 음악회는 그렇게 준비되었다. 유리도서관은 사람들의 눈에는 보이지 않도록 지어졌다. 밤이 되면 광장 한편에 지상으로부터 1미터 이상 위쪽으로 유리도서관을 볼 수 있었다. 그러나 도서관은 몽환적인 모습이어서 사람들은 꿈인 듯 생시인 듯 비몽사몽 무심코 지나쳤다.

유리도서관에는 천상에서 급파된 집사가 머물고 있었다. 그는 '고뇌의 온도'를 가늠하는 임무를 맡고 있었다. 천상의 집사는 음악회에 초청할 사람들 명단을 작성하거나 앞으로 임무를 부여받을 전사들의 방을 정비하고 있었다. 천상의 정원위원회는 인사위원회에 지상으로 파견할 전사를 양성할 것을 청원했다. 인사위원회는 이 사안을 특별회의를 개최하여 논의했다. 그 결과 '정원의 생기'를 되살리는 방법을 조사한 종합보고서를 제왕께 제출했다. 보고서의 내용은 다음과 같았다.

'천상의 화원은 왕국의 에너지원이다. 이 에너지의 출처는 지상에서 전해오는 고뇌의 온도다. 하루가 다르게 추락하는 고뇌의 온도를 증폭시킬 비상조치가 필요하다. 제왕은 전사의 파견이 불가피하다.'

지상을 떠난 영혼는 누구도 다시 지상으로 돌아갈 수 없었다. 특별한 훈련을 연마한 전사들만이 지상과 접속할 수 있었다. 전사 양성의 전권은 '용선'이라는 훈련가에게 주어졌다.

이야기는 이렇게 진행된다. ① 세상으로 가는 문턱에서 이야기를 가득 품은 13세의 순수한 영혼이 죽어서 지상을 떠난다. ② 천상의 정원관리위원회는 '고뇌의 온도'에 관한 기준을 법으로 정한다. 지상에서 선과 악, 생명과 죽음의 흐트러진 균형을 유지하기 위한 조치다. ③ 천상의 규칙에 의하면 선발된 전사들만이 지상으로 이동할 수 있다. 세상은 모든 사람을 깨부순다. 사람들은 예고 없이 갑자기 도달한 메시지 앞에 세속적인 고뇌로 흔들린다. 세상은 편리해졌지만 사람들은 서로 만나지 못하고 탐욕으로 방황하는 사람들이 늘고 있다. 숭고한 고뇌 앞에서 좌절하는 사람들이 늘면서 전사들의 역할은 천상제국의 가장 중요한 과업이 되었다. ④ 부조리와 탐욕 앞에 자아를 잃어버린 사람들은 소중한 아이들을 돌보지 못한다. 고뇌를 감당하지 못한 아이는 세상과 작별한다. 그러나 고뇌의 온도를 증폭시키지 못한 죽음은 고통의 시작이었다. 어둠의 제국으로 떨어진 사람들은 고통과 방황을 멈추지 못한다. ⑤ 마음속에 존귀한 꿈을 키우던 아이들은 중요한 작업을 시작한다. ⑥ 천상에서는 마침내 세상을 구원할 전사들의 경연이 시작된다. ⑦ 경연의 마지막 단계로 전사들의 음악회가 펼쳐지고 음악회에 초대된 가족들은 가슴속에 묻어둔 전사들을 애도하며 고뇌의 온도를 극도로 증폭시킨다. 한껏 즐기며 세상을 구원할 전사들이 귀환한다. ⑧ 음악회가 끝나고 초청받은 사람들은 광장 옆 유리도서관에서 고뇌의 온도를 깨닫게 된다. 서로 침묵을 주고받으며 그들은 깊은 애도와 겸허함 그리고 자신감을 회복한다. 이야기는 여기서부터 시작된다.

: 오늘의 박카스 :

세상을 빛낼 역작은 지금 당신이 쓰고 있는 것, 살아내고 있는 그것이다.

02

수고한 나를
배려하자

우울증을 호소하며 상담을 요청한 40대 후반 주부의 이야기다. 그녀는 상담을 시작하자마자 한숨을 푹 쉬며 말했다.

"밥맛이 없어졌어요."

그녀는 늦깎이로 공부를 시작했지만 누구보다도 모임의 중심에서 활발히 활동했다. 야간에 수업이 진행될 때 항상 김밥이나 간식을 준비하고, 나이 어린 학우들과 생활하는 것이 너무 즐거워 각종 행사에 선생님 도시락, 학우들 월별 생일파티까지 챙겨가며 재미를 붙였다.

입술이 트도록 바쁘게 살아가던 그녀의 없어진 밥맛은 한 달이 넘도록 지속되었다. 그녀는 답답한 심정을 털어놓을 곳을 찾다가 나에게 상담을 요청했다고 한다. 그녀는 "사는 게 재미없다"라고 말했다. 무엇을 해도 즐겁지가 않고 의욕도 생기지 않는다고 하소연했다. 원인은 가족들이 그녀의 생일을 잊고 지나갔다는 것!

그녀의 생일마저 깜박한 남편과 자녀들이 말했다.

"엄마는 다 알아서 해요."

"아내가 다 해줘요, 심지어 내 십 년 후 은퇴생활까지……."

가족들의 말을 들어보니 워낙 미리 다 해치우는 성격이란다.

"사람들을 좋아하시나 봐요. 붙임성도 좋으시고."

"누구나 받는 걸 좋아하잖아요. 그걸 내가 해버리는 거죠. 주는 재미가 있잖아요. 사람들이 기뻐하는 모습을 보는 것도 좋고."

"선생님은 누가 챙겨주죠?"

"챙길 게 뭐 있나요? 각자 다 알아서 하는 거지. 마음 있는 사람이 먼저 챙기면 되는 거고."

"선생님은 누가 인정해줄 때 기분이 좋으신가요?"

"……."

그녀는 오랫동안 침묵하다가 끝내 울음을 터뜨렸다. 문득 그녀는 "사는 것이 죽는 것보다 더 힘들다"라고 말했다. 애써 밝은 표정을 지으려 애쓰던 그녀는 말문을 텄다. 감정이 복받쳤는지 그녀는 그렇게 오래도록 울었다. 그녀는 "나 자신을 차마 바라볼 수 없었다"며 오랜 세월 인정받지 못한 자신의 이야기를 털어놓았다.

외로움도 공부가 필요하다. 외로움에 대한 공부는 '자기에 대한 배려'로 시작되는 게 아닐까. 우울증으로 고통을 호소하는 사람들은 "과거는 후회스럽고 미래는 비참하며 현실은 슬프다"라고 말한다. 공감에 관한 강의를 진행할 때 나는 이런 질문을 한다.

"눈을 감고 삼십 초 동안 명상해보세요. 삶의 이유를 잃어버렸을 때, 가장 먼저 생각나는 사람과 그에게 듣고 싶은 말을 떠올려보세요. 그리고 듣고 싶은 말을 종이에 적어보세요."

수강생들은 명상하는 동안 눈시울을 적신다. 이들이 전하는 말에는 공통점이 있다. 엄마, 아버지, 형, 친구, 남편, 아내 등 생각나는 사람은 다양하지만 듣고 싶은 말은 이런 거다. "괜찮아", "내가 함께해줄게", "너 열심히 살았어", "너는 특별해", "너는 너야", "미안해하지 마, 너를 내가 알아", "어떤 선택을 하든 너를 응원해", "너니까 가능했어", "네가 자랑스러워" 등등…… 사람들은 하나같이 '마음을 알아주는 것'을 꼽는다. '마음을 이해해주는 사람'이 세상을 떠났을 경우에도 그가 생전에 전해준 말을 잊지 않고 있었다. 그러나 오랫동안 생각해보아도 '이해받은 기억이 나지 않는 사람'이 있었다. 그런 수강생에게는 '자신에게 해주고 싶은 말'은 어떤 말인지 질문한다. 대답은 "생각해보지 않아서 생각나지 않는다"였다. 역할놀이를 통해 "너 수고가 많지? 너 괜찮아, 내가 너와 함께할게"라는 말을 자신에게 해볼 것을 권한다. 이때 적지 않은 위로를 받았다고 했다. 사람들은 자신을 배려하는 데 인색하다. 앞의 내담자는 주위에 배려한 것의 반만큼씩 자신을 배려하기로 했다.

"선생님이 이제까지 다른 사람에게 베푼 배려는 자신에게 준 선물일 거예요."

나의 말에 그녀는 "그러게요, 내가 빠졌네요" 하며 돌아갔다.

살아오면서 느낀 기쁨과 슬픔, 고난의 시간을 많은 사람과 나눌 기회를 갖는 것, 그것을 책 쓰기로 시작하자.

주변에는 본이 되고 바라보기만 하여도 '명품'을 보는 즐거움을 주는 사람들이 있다. 외벌이로 세 자녀를 미국 유학파로 키워낸 작은 거인 정문성이 그렇다. 그는 봉사와 배려가 체화된 사람이다. 동창회 모임, 다도 모임, 텃밭 가꾸기 등 누구를 만나 어떤 일을 하든 궂은일을 스스로 감당하며 항상 기쁜 마음으로 헌신한다. 그가 텃밭에서 키워낸 상추는 유난히 단단한 줄기에 탐스럽게 무성하다. 한철이 다 가도록 쌈을 싸먹어도 새파랗게 돋아난다. 가뭄이 올라치면 새벽에 나가 볕이 들기 전에 물을 흠뻑 주고 잡초를 뽑아주는 정성은 고스란히 풍성한 여름 식탁을 예비한다. 침술을 통한 의료 봉사와 강의는 내 가족의 몸을 돌보듯 정성을 다한다. 하물며 자녀교육도 마찬가지다.

"세상에 태어났으니 마음껏 보고 네 역량을 펼쳐봐라, 너는 배려하는 사람을 키우는 학교에 다닌다는 자부심을 가져라."

그가 세 자녀를 자립한 사람, 배려하는 사람, 글로벌 인재로 키워낸 비법이다. 그 방법이 궁금하지 않은가? 나는 그에게 이 말을 전했다.

"당신의 이야기를 책으로 써주세요. 이제부터는 당신을 배려해주세요."

그는 마침내 주제를 정하고 집필을 시작했다. 나는 벌써부터 '수고한 나를 배려한 정문성의 책'이 기대된다.

박상백 멘토가 은퇴했다. 그에게 은퇴는 새로운 시작이었다. 은퇴에 맞추어 창작 공간을 마련하여 집필과 작곡을 본격적으로 시작한 것이다. 차량을 개조하여 전국 일주를 계획하고, 새삼스럽게 인생의 2막을 시작하려는 계획 따위는 그에게 해당되지 않는다. 은퇴와 상관없이 체화된 글쓰기와 작곡, 그리고 꾸준한 블로그 활동으로 세상과 소통하며 살아가는 박상백 멘토는 자신을 배려하는 사람이다. 그에게는 뜬금없는 시작이나 해야 할 과제가 산더미처럼 쌓여 있는 조급한 후반기 따위는 존재하지 않는다. 기도, 책 쓰기, 작곡과 여행으로 은퇴 후 더 바쁜 일정을 보내고 있는 그는 배려하는 삶의 본을 보여준다. 그 중심에는 역시 글쓰기가 있다. 그는 자신의 전공, 경험, 하는 일을 귀히 여기고 그 가치를 책으로 써낼 것을 강조했다.

"지금 하고 있는 일을 책으로 써라. 그 누구보다 앞선 삶을 살아갈 수 있다."

그가 평소에 습관처럼 하던 말씀이다. 내가 내 책을 들고 찾아뵈었을 때 그는 "내가 뭐랬어. 책 쓰랬잖아. 같은 말을 해도 열매는 이렇게 다르다니까" 하며 크게 기뻐했다.

누구나 애벌레 같은 시절을 거친다. 고난이 언제 끝날지 살아남을 수 있을지도 가늠할 수 없는 시절이다. 피에르 쌍소는《느리게 산다는 것의 의미》에서 말했다.

'삶, 그것은 파도처럼 넘실거리며 다가오고 햇살처럼 널리 퍼져나간다. 그것은 세차게 도도하게 흘러가는 강물이나, 거세게 휘몰아치는 회오리바람이기보다는 섬세한 작은 물방울 같은 것이다. 그것은

강한 힘이기보다 부드러운 빛과 같은 것이다.'

그는 또 이렇게도 말했다.

'살아 있음의 특권을 누리기 위해서 나는 나만의 공간을 만들고 싶었다. 그 이유는 무로부터의 탈출이나 영원한 허무로의 탈출이라기보다는 시간에 쫓기는 괴로움으로부터 벗어나기 위함이다.'

'시간에 쫓기지 않고 사는 법'을 실천하기 위해 할 수 있는 일이란 숨을 가다듬고 견디는 것밖에 없다. 날뛰던 호흡을 가다듬고 자신에게 닥친 현실의 화살을 바라보는 시간, 인정하고 싶지 않지만 이미 날아와 박혀버린 화살, 다행히 그 화살이 심장을 빗겨 갔다면 이때가 바로 자신을 배려할 시점이다. 세상에 스토리의 부자로 말하면 단연 '대리운전'이다.

나는 그들의 스토리와 고뇌에 매혹되었다. 선택의 여지가 없는 애벌레 같은 시절, 고난을 딛고 뛰어오를 수 있을지 가늠할 수 없지만 그곳에는 삶이 한 폭의 그림처럼 담겨 있다. 자신에 대한 배려라는 면에서 그들의 통찰은 가히 명품이다. 내 휴대전화기에 열 명 정도 저장되어 있는 이들의 연령층은 20대에서 70대까지 다양하다. 그들이 경험한 갖가지 직업과 인생의 고뇌는 한 편의 드라마보다 더 역동적이다. 일상의 에너지가 소진될 때마다 나는 그들로부터 힘을 얻는다. 그들이 전해주는 통찰은, 그러므로 내 삶의 영양소이다.

K씨는 가정과 직장이 안정되는 40대 중반에서 50대 중반의 남자들이 절대 주의해야 할 것은 외도라고 지적했다. 가족을 위해 매진하느라 오히려 가족들로부터 소원해진 남자들. '비로소 가족의 소중함을 깨닫고 가정으로 복귀'하리라는 짐작과 달리 그들은 가정에 복귀

하지 않는다. 오히려 그 반대편으로 간다는 것. 그는 '많은 남자가 그런 것 같다'는 전제하에 드라마나 영화에서 학습한 '파격적인 사랑'을 꿈꾸며 외도를 경험했다고 한다. '외도에 투입한 에너지의 10퍼센트만 자신과 가족에 헌신했어도 '지금 같은 대우'는 받지 않았을 것이라며 내린 결론은 '가족에 집중하라, 자신에 충실하라'였다.

한 걸음 더 나아가 사람에 대한 믿음을 이야기했는데, 사기는 늘 '가장 믿었던 사람'한테 당한다는 것이다. 절대 낯선 사람한테 당하지 않는다는 것. 나는 그 말에 수긍했다. 낯선 사람이 호의를 베풀며 좋은 투자처를 권유하면 아무리 좋아 보이는 투자처라도 철저히 조사해보고 확인하는 과정을 거친다. 그러나 사실 여부를 확인하는 것 자체가 민망할 만큼 '남이 아닌' 사이가 문제다. '남이 아닌 우리'가 '그럴 리가 없는 사기'를 치는 경우가 그만큼 흔하다. 그는 이런 사실을 기꺼이 증언할 수 있다고 호언했다. 그렇다면 지금 혹시 '신앙 생활'을 하느냐고 물었더니 그는 지금 심각하게 고민 중이라고 말했다. '믿음의 대상은 하나님뿐'이라는 말이 입안에서 맴돌았다. K씨가 결코 손해를 보지 않는 투자라고 전해준 두 가지는 '가족'과 '자신에 대한 배려'다.

L씨는 어떤가? 은행 지점장까지 올랐던 그의 교훈 또한 빼놓을 수 없다. 지점장으로 있을 때 그토록 간절하게 급전이 필요했던 사람들과 인사에 영향을 주었던 후배들의 속마음은 1년도 되지 않아 밝혀졌다. 소속의 끈이 떨어지면 거리에서 마주쳐도 알은체를 하지 않는다고 그는 토로했다. 은퇴 후 5년의 여행 후에 경험한 10년의 세월 동안 깨달은 정수를 일명 '단지이론'이라 명명했다. 사회적 지위와

명예가 깨끗하게 지워지는 75세 전후에는 모두 같아진다는 것이다. 500여 명이 넘던 동창들이 50명 이내로 줄어들고 그중 병원에 몸을 의지하거나 이곳저곳 요양원으로 사는 곳을 옮긴 친구를 제외하면 20여 명만이 '스스로 자기를 건사'한다는 것. 물론 재력, 건강 등 여러 요인이 복합적으로 작용하겠지만 무엇보다도 '자기 주제를 알고, 친구를 배려하는' 유순한 친구들만 남는다는 것이다.

그가 재차 강조한 말, '술 못 마신다고 면박을 주던 친구, 잘나간다고 사람을 깔보던 친구, 남들보다 앞서간다고 부러움을 사던 친구, 여럿이 모이면 활기를 띠지만 단둘이 혹은 두엇이 모이면 주위를 둘러보느라 정신이 없던 친구들'은 모두 10여 년 전에 세상을 떠났거나 소식이 단절되었단다. 그는 75세 전후에 모든 사회적 지위가 사라져 오롯이 '자신 하나'만 남아 있는 모습들이 가뭄에 도랑으로 모여든 올챙이들 같다고 표현했다. 인생의 어느 순간이 되면 '단지'에 모인 올챙이처럼 모두 똑같아진다. 그때 가장 위대한 친구는 언제나 누구의 눈치도 보지 않고 자기답게 살아가며 '거리낌 없이 밥값을 내는 친구'라는 것. 그런 친구는 하나같이 친구들의 러브콜을 받는다고 한다.

M씨는 열정의 화신이었다. 연봉 높은 대기업에 다니면서도 양이 차지 않아 야간에는 학원 강사를 겸하며 멈추지 않고 달렸다. 내친 김에 직장을 그만두고 사업체를 차렸다. 그는 채 1년도 안 되어 사업체를 접어야 했다. 철석같이 믿었던 친구의 배신 때문이었다. '가족을 위하여'라는 명목이었지만 일에 매진할수록 가족은 점점 더 멀어졌다. 그는 친구에 대한 배신감, 자신에 대한 실망감을 견디지 못하

고 태종대 위에 섰다. 몸을 던지려던 찰나에 비로소 가족이 떠올랐다. 그는 아들이 "아빠 어디 가?" 하는 목소리를 듣고 죽기를 포기했다고 한다. 그 후 생활은 바닥으로 떨어졌지만 가족과 함께 부대끼는 시간이 늘었고 비로소 자신을 제대로 돌아보게 되었다고 말했다.

지금은 돈 되는 일이라면 닥치는 대로 하며 빚도 절반 이상을 갚아 인생의 변곡점을 넘어섰다고 한다. 그는 자신을 바로 보게 되면서 다시 태어난 기분을 느꼈다고 한다. 동굴이지만 멈추지 않고 전진하다 보면 결국 그 동굴이 터널이었다는 사실을 알게 된다는 것이 그의 전언이다.

이처럼 산전수전 겪으며 고난을 극복해낸 사람들이 공통적으로 전해주는 교훈이 있다. 분수를 알고 '자기답게 살아가며 자기를 배려하라는 것', '가까이 있는 것의 소중함, 평범하고 사소한 일상의 존귀함을 알아채라는 것'이다. 나는 그들과 나누는 시간이 유익하고 즐겁다. 나는 물었다.

"지금 깨달은 것을 좀 더 일찍 깨닫고 그것을 책으로 쓴다면 어떨까요?"

그러면 그들은 하나같이 말한다.

"그건 최고의 축복일 겁니다."

'조금만 참자, 할 말을 마음껏 하며 사는 날이 올 거야. 조금만 안정되면, 그래 결혼만 하면, 돈을 좀 더 벌어 집을 장만하면, 조금만 더 호봉이 오르면, 조금만 더 참으면, 그래 이다음에……'

이런 '습관적 다음'이 만들어낸 것이 지금 당신의 모습은 아닐까. 이는 '이다음에 다시 태어나면'이라는 말과 같다. 당신이 그렇게 적지 않은 세월을 보내왔다면 한번 자문해보자.

'나는 나에게 무엇을 줄 수 있는가?'

'수고한 나를 배려한 적은 있는가?'

책을 쓰는 일은 모든 일을 마치고 난 후 한가한 시간을 보내기 위한 노후 대책이 아니다. 오히려 그 반대일 수 있다. 숨겨두었던 고통이나 두려움과 정면으로 맞서야 하고, 때로는 자신의 한계와 부딪히며 그럼에도 '왜 살아야 하는가?' 하는 끝없는 질문과 마주할 수도 있다. 당신의 고뇌를 돌아보자. 그리고 그것을 대하는 당신의 태도를 성찰하자. 당신을 그토록 오랫동안 괴롭힌 두려움을 일거에 제압하는 방법은 일생에 한 권 책을 쓰는 일이다.

책을 써서 수고한 자신을 배려하자.

:나비일지 2:

– 고뇌의 온도 –

자기기만을 멈추고 자신을 배려하자. 어디쯤 바닥인지 알아차리지 못하면 바닥은 끝이 없다. 그럼에도 한번 가보겠노라 결심했다면 당신이 체득한 교만은 비로소 '지옥'을 경험하게 된다. 고뇌하지 않는 인간은 교만은 커지고 불안은 증폭된다. 불행하게도 세상에서 고뇌의 온도는 추락하고 있다. 죽음 앞에서 자기를 알아채고 비워낼 용기가 있는 자만이 고뇌의 온도를 증폭시킨다. 특별히 자신의 이야기를 간직한 사람들과 생명을 귀히 여기는 사람들은 세상에 생기를 전달한다. 용기 있는 사람만이 세상의 행복과 성공의 공통분모에 '다른 사람', '이웃', '타인'이 있음을 알아차린다. 끝내 용기를 내지 못한 자들은, 방황을 멈추지 못한다. 용기는 다음의 몇 가지 질문에 답해보면 알아낼 수 있다.

'당신이 가장 아픈 것, 그것을 당신의 것으로 수락했는가? 그것을 누구도 아닌 당신의 품으로 안아들고 걸어가는가? 그렇게 견디는 자신이 보이는가? 하물며 죽음으로 도피하기보다는 생명으로 버텨내기로 결정하였는가? 그 질서에 의심의 여지없이 순응하였는가?'

답해보기 바란다. 당신은 수고한 나를 얼마나 배려했는가?

〈진이 1부, 제2장 고뇌의 온도 중〉

『천상의 화원은 정원관리위원회에서 관장했다. 천상의 왕국은 "고뇌의 온도"에 관한 기준을 법(이하 정원관리법)으로 정하였다. 지상에서 흐트러진 균형을 유지하기 위한 조치다.

정 원 관 리 법

[시행 2020. 5. 4] [법률 제50001, 2020. 1. 1., 일부개정]

제 1장 총칙〈개정 2018. 6. 30.〉

제1조(목적) 이 법은「천상의 율법」제3조에 따라 천상의 정원에 관련한 사항을 정함을 목적으로 한다

제2조(정원의 종류) 제1조를 실시하기 위하여 다음 각호의 정원 및 수련관을 둔다

1. 수국의 화원

2. 유리도서관

3. 바람의 광장

4. 하늘 전망대

(중략)

제 2장 고뇌의 온도

제10조~제12조 (중략)

제13조(고뇌의 온도 측정기준) 고뇌의 온도는 부정적인 감정을 다루는 용기와 행동수칙으로 측정한다. 3가지의 용기와 6가지의 행동수칙으로 측정된 온도는 유리도서관에 있는 가죽 장정의 책을 통하여 화원에 전달된다.

1. (세 가지 용기) 감정을 다스리는 세 가지 용기는 침묵할 용기, 비워낼 용기, 용서할 용기를 말한다. 각 항목에 대한 세부 사항은 규칙에 명시한다.

2. (행동수칙) 고뇌의 온도를 측정하는 6가지의 행동수칙은 아래와 같다.

첫째 다른 사람들의 관심과 찬사보다는 자기만의 기준으로 한 걸음씩 나아간다(성장)

둘째 삶의 기준을 보통 사람들보다 훨씬 높은 곳(자기가 정한 가치 기준)에 두고 행동하는 자기를 바라본다(자기 객관화)

세째 타락으로부터 생명의 존귀함을 지켜낸다(생명 존중)

네째 질서 속에서 자신을 세상의 통로로 내맡긴다(헌신)

다섯째 흐르는 자로 기쁨에 접속한다(현존)

여섯째 자기를 내보이려 애쓰지 않는다(겸손)

태초에 정원의 수국은 별처럼 빛났다. 그 빛은 천상에 기쁨과 평온을 전파하였다. 빛의 제국에는 숲과 생명수 그리고 은은한 바람으로 가득했다. 빛의 제국은 깊은 강을 경계로 어둠의 제국과 공존한다. 증오와 분노로 가득한 영혼들은 어둠의 제국에서 매일 피의 전쟁을 치러야 했다. 고뇌의 온도는 지상에 있는 유리도서관의 가죽 장정된 책 속에 기록되어 정원으로 전달되고 수치심과 두려움, 분노를 뛰어넘을 용기가 늘어날수록 고뇌의 에너지는 상승하였다. 자신의 생명을 버려야할 수많은 이유가 있을지라도 '성찰과 만남'의 시간을 확보하지 못한다면 죽음은 온도를 변화시킬 수 없었다. 고뇌의 온도는 정원관리법에 따라 천상의 깃털로 보상되었다.

: 오늘의 박카스 :

저서는 자신에 대한 최고의 배려다.

03

어리석은 시절을
단절하라

"그걸 누가 모르나요? 안 되는 것을 어떻게 합니까?"

마약이나 도박의 경우 가볍게 재미로 시작하지만 끝은 참담하기 이를 데 없다. 가족사진과 약물이 든 주사기를 놓고 고민하는 사람을 생각해보자. 의지로 통제할 수 없는 자신과 싸워보지만 그 싸움은 허망하기 이를 데 없다. 한 번 경험한 쾌락은 전신을 장악하여 영혼까지 제압한다. 마약중독에 빠진 사람들은 결코 잊을 수 없는 쾌락, 자칭 '천국'을 맛본다고 한다. 그러나 순간의 쾌락으로 지불해야 할 대가는 가혹하다. 유혹을 뿌리치지 못하면 결국 지상에서 지옥을 경험하게 된다. 구금, 가족과의 이별, 친구의 배신, 잘못된 믿음으로 형성되어가는 인맥, 살아남기 위해 끊임없이 가늠해야 하는 양가감정, 그리움 뒤에 몰려오는 약물에 대한 추억, 한풀 꺾인 자신감 뒤로 간절하게 그리워지는 평범한 행복들, 그리고 지쳐가는 육신.

별다른 노력 없이 큰 쾌락을 얻는 일이라면 애당초 그 어리석은 시작은 거부하자. 그 기쁨은 오래가지 못할 뿐만 아니라 결국 파국을 맞기 때문이다. '별다른 노력 없이 얻어지는 기쁨'은 언제나 치명적인 독을 품고 있다. 이는 유난히 값싸게 파는 옷, 창고 대방출 90퍼센트 세일, 광고가 요란한 음식점 등에서 우리가 느끼는 허탈감을 돌아보면 알 수 있다. 노력 없이 얻어진 결과물은 늘 대가를 지불해야 한다. 약물에 굴복한 연약한 의지는 인생의 '어리석은 시절'에 갇혀버린다. 어리석은 시절을 단절하기 위해서는 늘 매의 눈으로 어리석은 선택을 경계하는 자세를 유지해야 한다. 이때 시작점이 바로 글쓰기다. 쓰는 일은 끊임없이 촉을 세워 생명을 소진하는 어리석음을 감시하는 일이다.

글쓰기를 통하여 어리석은 시절을 단절하자. 쓰는 사람들의 천국은 어떤 모습인가. 이 길은 쉽게 기쁨을 얻지는 못한다. 성을 세우기 위해 벽돌을 하나씩 쌓아올리는 정성이 필요한 일이다. 예수, 석가, 공자, 맹자, 노자, 장자, 라마나 마하리쉬와 같은 성인들을 우리가 배울 수 있는 것은 모두 저서 때문이다. 우리는 일생 동안 이들을 배우고 본받고 행동으로 실천하고자 노력한다. 이 성인들은 모두 작가이자 강연가이다. 기쁨이라는 측면에서 이들이 느낀 깨달음은 수많은 시련에 굴복하지 않고 자신을 성찰한 결과다. 성인들은 어떤 유혹에도 흔들리지 않는 '진리' 위에 서 있다. 많은 사람이 열심히 공부하고, 돈을 모으고, 죽음으로부터 생명을 지켜내고자 하는 목적은 이들처럼 흔들리지 않는 진리를 깨닫기 위함이 아닐까.

책을 써서 작가가 되는 일은 앞선 성인들의 길을 따라가는 일이다.

배워 깨우치는 것, 깨우친 진리를 전하는 것! 사람이 살아가면서 이보다 더 충실한 삶이 있을까. 우리 인간은 이 충실한 노력으로 세상을 지배하는 존재가 되었다. 성공한 사람들의 강연을 들어보면 한결같이 '변화, 지금 여기서 실행, 그리고 도구로서의 관찰자'로 깨달은 사람이 되는 것을 강조한다. '강연'은 사람만의 독특한 전수방식이다. 이 강연의 기초가 되는 것이 바로 저서다. 멋진 강연을 하는 사람들은 너나없이 반드시 저서가 있다. 즉, 작가가 되는 일은 가치의 생산자가 되는 길이며 고부가가치를 생산하는 창조자로 거듭나는 일이다.

현대판 개미와 베짱이로 알려진 레오 리오니의 《프레드릭》 이야기다. 재미있는 이야기와 따뜻한 햇살을 모으는 들쥐 프레드릭과 열심히 일하는 들쥐 네 마리가 나온다. 들쥐 네 마리는 눈에 보이는 낱알로 양식을 모으는 반면 프레드릭은 눈에 보이지 않는 이야기와 햇살 색깔을 모은다. 열심히 일하는 들쥐들이 보기에 프레드릭은 게으르고 준비성 없는 쥐로 보인다. 겨울이 되어 열심히 일한 쥐들은 그야말로 배부르고 따뜻한 생활을 하지만 일상이 따분해지기 시작한다. 먹을 것, 잘 곳이 있지만 따분함을 이겨낼 수 없었다. 그들은 행복하지 않았다. 들쥐들은 일하면서 바라보지 못했던 햇살과 색깔, 이야기가 궁금해졌다. 프레드릭이 들려주는 이야기는 일에 몰두하며 살아온 들쥐들에게 큰 감동을 안겨준다.

요즘 세상은 이미 보이는 것이 전부가 아님을 증명해준다. 먼 미래를 볼 것도 없이 불과 1년 사이에 상상은 현실이 되고 있다. 상상력이 빈곤한 사람들은 먹을 것, 잘 곳, 사회적 지위, 재물, 통장 잔고, 명품에서 기쁨을 찾으려 한다. 그들은 많은 시간을 남들과 비교하는 데 허비한다. 남들보다 더 나은 삶을 살고 있다는 우월감에 사로잡혀 있다. 그러나 주위를 둘러보자. 과연 그토록 많은 재물과 높은 지위가 있는 사람들이 얼마나 행복한지……

비교와 경쟁을 통하여 얻어낸 성공은 교만이라는 감옥을 만들어 낸다. 애플, 스타벅스, 유니클로 등이 선사하는 가치는 편안함, 대화, 그리고 자유다. 프레드릭은 이미 우리 주변에 널리 퍼져 있다. 프레드릭의 이야기는 저서와 강연의 시대가 도래했음을 예고한다. 그러나 이런 시대적 흐름을 알아채지 못한 사람들은 변화하지 않는다. 현재를 유지하려는 관성적 습성 때문이다. 주변에 당신이 아끼는 사람이 끝없이 앞만 보고 달리는 일중독자라면 어떻게 하겠는가? 하물며 당신이 둘도 없이 사랑하는 사람이 알코올, 마약, 성, 도박 등의 중독에 빠졌다면 어떻게 하겠는가? 어떻게 변화를 돕겠는가?

동기면담이라는 의사소통 스타일은 이때 대안을 제시한다. 관계 형성, 초점 맞추기, 유발하기, 계획하기의 단계를 거치며 동기면담은 상대의 변화를 돕는 데 그 효과가 입증되었다. 먼저 관계 형성은 변화의 시발점이다. '상대를 이해하고 공감하며 함께해주는 과정'을 통해 상대의 동기와 눈높이를 맞춘다. 두 번째 초점 맞추기는 상대의 동기 속에 숨어 있는 '어리석은 선택의 결과'들을 스스로 각성하도록 초점 맞추어야 한다. 유발하기는 이제 비로소 알아차린 '잘못된 선택'을 단절하고 변화의 방향을 잡아 행동하도록 '동기'를 유발해야 한다. 이제는 어떻게 '어리석은 시절'로부터 벗어날 것인가 스스로 찾아가도록 동기를 북돋아야 한다. 계획하기 단계에서는 자신이 정한 방향을 스스로 계획하도록 도와야 한다. 결국 동기면담은 끊임없이 상대가 그의 변화동기를 찾아갈 수 있도록 도와주는 의사소통 스타일이다.

동기면담의 네 가지 과정에는 OARS(열린 질문, 인정하기, 반영하기, 요약하기)의 기술을 활용한다. 어리석은 시절을 벗어나는 변화, 그것은 온전히 각자의 몫이다. 그 변화를 방해하는 요인 중 소위 상담 전문가들의 분석, 넘겨짚기, 선입견, 자기 주도성 등도 한몫한다. 만신창이가 된 채 겨우 찾아간 전문가가 수평적 칭찬하기와 주도성을 앗아가는 전문가 함정으로 응대한다면 마지막으로 도움을 요청하기 위해 찾아간 곳에서 뺨을 맞는 꼴이 될 수 있다.

그래서 그런지 오랜 세월 상담을 수련했다는 이들이 '동기면담'을 접하면 '가벼워졌다', '내가 아닌 상대가 전문가라는 사실을 이제 알게 되었다', '상대의 동기를 지나치게 간섭했다', '많은 공감과 이해가 상대의 동기가 아닌 나를 위한 것이었다'는 피드백을 준다. 모든 문제의 전문가는 다름 아닌 '문제를 겪고 있는 당사자'라는 사실부터 인정하면 상대는 비로소 변화의 고개를 든다. 어리석은 시절을 단절하는 것, 그도 바로 자신이다.

사람들은 예기치 못한 시련을 만나면 큰 시름에 빠진다. 책임을 타인이나 환경으로 돌려 벗어나고자 한다. 스스로 감당하기에는 너무나 큰 고통이기 때문일 것이다. 고통이 계속되리라는 두려움 때문에 자신의 의지로 변화를 모색하기보다는 오히려 도피처를 찾게 된다. 이때 사람들은 외적 요인들 예컨대 도박이나 성, 약물 등의 쾌락에 눈을 돌린다. 이것이 '잘못된 출발'의 시작이다. 어리석은 선택을 하면 '신은 나만을 저주한다'는 황당한 생각에 사로잡힌다.

윌리엄 폴 영의 《오두막》에서는 딸을 잃어버린 아버지가 성부(하나님)를 만나서 자신의 딸을 유괴하여 잔인하게 살해한 사건을 따져 묻는다. 자신이 무엇을 잘못했는지, 왜 하필 내 딸인지, 살인범이라는 악을 왜 세상에 두는지, 신앙생활을 성실히 해온 사람한테 왜 큰 고통을 주는지 묻는 그에게 성부는 말한다.

"책임을 물으면 아담과 이브를 거슬러 심지어 성부인 나까지 해당된다. 그러나 나는 사람들이 행한 원죄를 간섭하지 않는다."

하나님은 살인자를 통해서도 사랑을 생각한다. '어떻게 사랑을 실천하여 균형을 유지할 것인가?' 하고……. 왜 하필 나에게만 예기치 못한 불행한 일들이 닥쳐오는지 고민한다면 어리석은 자신과 신의 균형을 생각해볼 일이다.

아우렐리우스는 《명상록》에서 이렇게 예기치 못한 일들을 다루는 방법을 밝혔다.

'고약으로 상처를 치료하듯, 눈병 난 사람이 해면이나 달걀을 사용하듯 그렇게 다루어야 한다.'

그렇게 상처를 다루듯이 시련을 받아들여야 한다. 우리가 존재하지 않는 과거나 미래에 연연하는 동안에 시간은 우리가 그 흐름을 느끼지 못할 만큼 도도하게 흐른다. 어리석은 시절을 단절하자. '놓치고 싶지 않은 추억, 그림처럼 그려두고 싶은 감동의 순간, 나만이 경험한 이야기, 영화보다 더 생생한 인생의 언어'를 스토리로 써서 쉬지 않고 흐르는 시간의 흐름 속에 걸어두자. 책을 쓰는 목적은 어리석은 시절을 단절하고 인생의 생기를 기록하는 일이다.

"성질대로 해버리면 끼니가 걱정일 처자식 때문에 참는다"라는 한 선배의 말을 무용담처럼 들었던 적이 있다. 직장생활의 어려움을 토로한 말이었지만 당시에 그 말이 그렇게 위로가 될 수 없었다. 용기나 진실 따위를 추구하다가는 존재감 자체가 난도질당하기 일쑤인 조직생활에서 살아남는 방법은 두 가지다. 조직을 통하여 평생을 지속할 직업을 연단하는 것과 겉치레를 과감하게 거부하고 자기다움으로 전체의 성과에 주체가 되는 것! 그럼에도 영혼의 문제가 남는다. 혼신을 다해 어리석음을 탈출하여 나를 되찾는 것. 어떤 선택을 하든 '영혼이 없는 어리석은 시간'과 싸워 그 시간을 '자유의 에너지'로 바꾸는 용기가 필요하다. 이때 현명한 방법이 책 쓰기다. 오사카 가즈키는 말했다.

"이것도 하고 저것도 하는 식의 양립이란 불가능하다. 그럴 작정으로 소설 같은 것을 쓰기 시작했다면, 회사에서 '귀찮은 놈' 취급을 하거나 일을 잘 맡기지도 않는 그런 사람이 되는 편이 낫다. 출세 같은 것은 못할 사람이거나 사람들로부터는 비웃음을 산다. 그러나 그것을 받아들이는 것은 '세상'(일상적 사고방식)을 상대화하기 위한 훈련이기도 하다."

인생의 끝부분 어딘가에 행복이나 당신이 꿈꾸던 안락한 또 다른 세계가 펼쳐지리라는 꿈은 환상이다. 지금 잘못된 길을 알아챘다면 당장 새로운 길로 궤도를 바꾸어야 한다. 어리석은 시절을 단절하자. 자신에게 주어진 세상의 권력이 계속될 것이라는 착각에 빠져 하루하루를 헛되이 보내는 일도 멈추자. 쓸 수 있는 인생이라면 어떤 시련도 기쁨이다.

:나비일지 3:

- 어둠의 제국 -

화려한 불빛과 육신이 감당할 수 없는 쾌락으로 눈이 멀어가고 있다. 도박장 앞 다리에서 새벽마다 대롱거리던 육신들, 자녀를 자신의 탐욕 수단으로 키워낸 부모, 인간 위에 군림하고자 하는 권력욕, 그리고 무엇보다도 나태의 늪에 빠져 자신에게 주어진 생명을 그대로 땅속에 묻어둔 채 일생을 보내는 사람들이 늘어가고 있다. 탐욕스럽게 먹고 쌓아두고 감추어두는 데 혈안이 된 어리석은 시절이 계속되었다. 어둠은 지상 곳곳에서 어렵지 않게 찾아볼 수 있게 되었다.

〈진이 1부, 제3장 어둠의 제국 중〉

사자(死者)들은 누구나 먼저 어둠의 숲으로 떨어진다. 빛의 제국까지 도달하기 위해서는 깃털의 도움이 절대적이다. 깃털은 고뇌의 온도에 따라 지급된다. 시련 앞에서 수치심과 두려움, 분노를 이겨내지 못한 영혼은 어둠의 제국에서 홀로 살아가야 한다. 그곳은 매일매일 불화살과 유황비가 내린다. 한 치 앞을 내다볼 수 없는 어둠 속에서 후회와 불안을 안고 피의 전쟁을 치러야 한다. 끝이 없는 살육의 전쟁. 지상에서 생명의 존귀함을 유지하지 못한 사람들은 깃털을 지급받지 못한다. 깃털은 성품과 같다. 천상에서 깃털은 겸손과 자신감의 기준이 된다. 높은 평정심과 깨달음을 얻은 사람들, 즉 고뇌의 온도가 충만한 사람들은 최고의 깃털을 받을 수 있었다.

고뇌의 온도를 높여 천상의 에너지를 증폭시킨 사람들은 평온함을 유지한다. 지상에서 고뇌를 견뎌내며 살아간 사람들은 천상에서 빛의 제국 백성이 되어 평정심과 깨달음으로 하루하루를 보냈다. 천상의 백성들은 쉬지 않고 숲을 산책하며 명상을 생활화하여 생의 균형을 유지하며 살아간다. 천상의 백성들은 그들의 성품을 연찬하기 위하여 매주 정원 옆 도서관에서 열리는 기도회에 참여했다. 기도회는 연중 낭독, 쓰기, 토론, 기도 등으로 진행된다. 천상제국에서 빛의 제국에 배속된 아이들은 도서관 앞의 넓은 광장에서 마음껏 뛰놀 수 있었다. 도서관은 항상 사람들의 발길이 끊이지 않았다.

그러던 어느 날 정원위원회가 긴급히 소집되었다. 화원은 최근 부쩍 생기를 잃어가고 있었다. 심지어 화단 동편의 수국은 뿌리째 말라가고 있었다. 자연과 동식물을 인위적으로 변형시키는 인간의 불손함으로 고뇌의 온도는 급격히 떨어졌다. 도피처로 죽음을 선택한 인간들은 즉시 어둠의 제국에 배속되어 한철을 보내고 나서야 정원관리위원회의 심판을 받았다. 그러나 어둠의 제국에서 한철을 보내고 난 자들은 더이상 빛을 볼 수가 없었다.

어둠의 제국에서 벗어나기 위해서는 '깃털, 스승의 도움, 빛의 제왕의 은총'이 세 가지가 필요했다. 그러나 깃털은 지상에서 살아낸 '고뇌의 온도'로 보급되기 때문에 조건(고뇌의 온도로 측정)에 해당되지 않는 인간에게는 지급되지 않았다. 스승의 도움과 빛의 제왕의 은총은 '고뇌의 온도'를 기준으로 부여되었다. 그러므로 게으른 자들은 결코 어둠의 제국을 벗어날 수 없었다. 지상의 인간들은 어리석은 시절을 반복하고 있었다. 그러나 누구도 이 사실을 기록하는 자는 없었다. 인생의 바닥을 용기 있게 차고 일어서 시련을 견뎌낸 사람들만이 어리석은 시절을 단절했다. 이들이 높은 고뇌의 온도의 대가로 지급받는 깃털은 구름처럼 부드럽고 별처럼 윤이 났다. 빛나는 깃털의 선택을 받은 사람들은 어둠의 숲을 단숨에 벗어날 수 있었다.

어둠의 제국은 빛의 왕국과 깊은 강 하나를 두고 인접해 있다. 세상의 짐이 된다는 생각에 출구를 찾을 요량으로 죽음을 선택한다면 그 죽음은 고통의 시작을 알리는 신호였다. '고뇌의 온도'가 높은 사람은 세상 사람들의 인구(人口)에 번잡하게 회자(會子)되지는 않았다. 그러나 그들의 인내는 사람들의 심장 한가운데에 조용히 자리하여 '기쁨과 사랑'을 선사하였다. 자신에 대한 수치심, 죄책감, 증오, 슬픔, 두려움, 욕망, 분노, 자부심 등을 가진 자들은 '고뇌의 온도'를 상승시키지 못하였다.

: 오늘의 박카스 :

고뇌의 온도는 어둠의 제국을 탈출하는 열쇠다.

04

부조리한 세상에
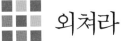
외쳐라

인간의 탐욕은 가늠할 수 없다. 초심의 순수한 마음을 헌신짝처럼 버리고 다른 사람이 되어버리는 것을 종종 본다. 대통령이 되기 전, 사학재단을 설립할 때의 순수한 교육열, 처음 권력을 잡았을 때의 의지, 첫사랑을 만났을 때의 설렘은 싹 사라지고 전혀 다른 사람으로 돌변해버린다. 이들이 만들어내는 세상의 부조리는 많은 사람에게 상처를 준다. 사람의 능력 차이는 매우 작고 미묘하다. 그럼에도 윗선을 먼저 선점했다는 이유로, 권력을 잡았다는 이유로, 더 많은 재산을 소유했다는 이유로 횡포를 부리는 사람들이 있다. 그 과정에서 얼마나 많은 사람이 삶의 희망을 잃고 좌절하고 포기하는가?

글 쓰는 일은 이들의 부조리를 고발하고 널리 알려 사회를 정화하는 역할을 한다. 사회 구석구석의 약자들의 고뇌를 생생하게 그려내는 작가들이 있다. 〈딴지일보〉 총수 김어준의 《닥치고 정치》·《건투를 빈다》, 주진우 기자의 《주기자》, 한강의 《소년이 온다》, 조정래의

《풀꽃도 꽃이다》, 성석제의 《황만근은 이렇게 말했다》·《투명인간》과 같이 생생한 글쓰기를 하는 작가들은 무엇보다 약한 사람들의 분투와 부조리한 세상에 대한 외침을 쓴다.

시련을 극복해내는 과정에서 자신이 주인공인 영화가 '상영 중'이라면 당신은 어떤 배역을 담당할 것인가 상상해보자. 당신의 영화는 이미 상영 중이다. 단지 당신이 세상을 기웃거리며 방황하는 동안 알아채지 못했을 뿐이다. 당신의 배역은 무엇인가? 부조리한 세상에서 을로 살아가는 일은 고달프다. 그러나 그 을이 부조리한 세상을 뚫고 일어서는 주인공이라면 많은 사람이 용기를 낼 것이다.

나는 매일 세상 어딘가에서 분투하는 이웃인 을들이 주인공인 이야기를 만들고 있다. 을들에게 사다리를 내리거나 밧줄을 내리는 일, 힘이 되는 일, 이해하고 공감하는 일, 내게 글쓰기는 분투하는 이웃들과 통하는 창구다.

책을 써내 세상의 부조리에 맞서자. 그 외침으로 조금씩 변화의 한 몫을 담당하자. 악다구니를 쓰며 물잔을 던지는 갑, 경비원의 뺨을 때린 대표, 돈을 뿌리며 금액만큼 맞으라며 야구방망이를 휘두르는 재벌, 평범한 국민에게 발포 명령을 내린 독재자, 죽어가는 영혼들을 앞에 두고 표의 득실을 셈하는 정치인, 감옥에 갇혀서도 권력을 휘두르는 관료, 자신을 믿어준 가장 가난한 친구의 돈을 노리는 사기꾼, 그리고 작은 재력으로 사람의 목숨을 쥐락펴락하는 업주……

한때 부조리와 몰염치에 대한 극도의 혐오감이 나를 감싼 적이 있다. 물론 그 잔상은 아직도 남아 있다. 이리저리 발목을 빼보려 용을 써보아도 혐오감은 지워지지 않는다. 전력으로 달려보아도 한번 감염된 마음은 좀처럼 떨어져 나가지 않는다. 한때 갑들의 횡포에 농락당한 아버지가 말 한마디 하지 못하고 전역을 당한 일, 곪아터진 맹장을 안고 죽을 고비를 넘기며 백 리 길을 걸어온 일, 그 후유증으로 실명한 얘기를 들었을 때는 끓어오르는 분노를 참을 수가 없었다. 권력자의 탐욕으로 인한 잘못된 판단 하나로 얼마나 많은 생명이 속절없이 죽어갔는가. 생각을 곱씹다 보면 다시 화가 치밀곤 한다. 곰곰이 문제의 원인을 분석해보지만 명쾌한 해결책을 찾을 수 없다.

결국 문제를 분석만 하는 것은 해결책이 아님을 깨닫게 되었다. 한번에 해결책을 찾고 통쾌하게 복수하려는 마음은 문제를 해결할 수 없을 뿐만 아니라 오히려 해악이 된다. 그때 필요한 것이 글쓰기다. 부조리를 꿰뚫어 중심을 관통하는 글로 세상에 외치자.

"어이, 그래! 모두들 좋겠다. 그런데 심장을 남의 손에 건네고 사는 당신, 기분이 어떠신가? 심장에게 물어보시게. 그 누구의 심장이 아닌 당신이 키운 심장에게."

자기만의 기준으로 한 걸음씩 나아가는 것! 행동하는 자기를 보는 것! 죽음으로부터 생명을 지킬 용기를 내는 것! 자기를 비워내는 것! 질서에 완전한 믿음을 갖는 것! 나는 기도를 통하여 고뇌의 온도를 가늠하는 이 기준을 응답받았다. 그 덕분에 마음을 더 생기 있는 곳으로 돌린다. 뒤에서 들려오는 온갖 음흉한 웃음소리와 비아냥거림을 뒤로한 채 가만히 견디며 용기를 낸다. 양손을 가슴에 올려 기도하며 내게 주어진 질서에 완전히 노출한다. 시간이 지나 분노의 감정이 흘러가고 나면 그곳에 남는 것이 있다. 그 느낌을 주목해두었다가 나는 차분하게 다시 쓴다.

농부는 밭을 갈고 풀을 뽑고 가지를 치면서 분노를 가라앉힌다. 작가도 마음을 비워두고 신성한 노동을 시작한다. 인생은 살아 있는 자체로 부조리의 온상이다. 탐욕은 끝이 없으며 '인정'을 받기 위한 욕망 또한 한정이 없다. 이런 말이 있다.

'일은 스스로 좋아지길 원치 않는다.'

작가는 부조리한 세상에 먼저 다가가는 사람이다. 부조리를 해석하지 않고 있는 그대로 정면 돌파하여 앞으로 나아가는 태도, 이는 부조리에 대처하는 작가들의 소리 없는 외침이다. 날씨 때문에, 파도 때문에, 각종 부조리 때문에, 모두 틀어박혀 있을 때조차 쉬지 않고 외치는 이들이 작가다. 당신이 누구든 무슨 일을 하든 세상을 살아가는 빚을 갚고자 한다면 부조리한 세상에 외쳐라. 그리고 당신의 마법을 보여주자. 의식의 돌판 위에 사진보다, 음악보다, 영상보다, 그림보다 더 선명하게 기록해주자.

:나비 일지 4:

-천상제국 -

문맹이던 우리 어머니는 죽지 않았다. 나는 그 증거로 어머니의 말을 기억한다. "이야기 주머니를 간직한 사람은 죽지 않는다"며 도깨비 이야기를 끊임없이 지어내셨던 어머니. 어머니의 사갑(死甲) 때였다. 바람보다 가벼운 당신의 뼈를 추슬러 모을 때 보관할까 망설이게 했던 틀니, 동치미를 마음껏 씹고 싶던 그 틀니를 쥐고 있어도 죽음이 실감나지 않았다. 하늘나라 어느 곳에서 도깨비 방망이, 뿔, 그리고 외로울 때마다 들려오는 소리.

"아프지 마라, 뚝딱."

작가, 이야기로 부조리에 담대하게 맞서라. 눈을 부릅뜨고 부조리한 세상에 외쳐라. 이야기를 품은 사람은 죽지 않는다.

〈진이 1부, 제4장 천상제국 중〉

인간의 교만은 천상제국을 넘보는 단계까지 도달했다. 지상 여기저기에서 탁한 빛이 감지되었다. 탁한 빛은 인간의 수치심과 증오로부터 발현되었다. 세상 곳곳에서 고뇌의 온도는 급격히 하락했다. (중략)

진이가 목을 맨 그네 앞에 이런 메모가 있었다.

누구든 이 노트를 보게 된다면 전해주세요. 이건 진심이에요. 엄마, 죄송하지만 제가 허락할게요. 엄마는 이제부터 자유예요. 엄마에게 줄 수 있는 마지막 선물이에요. 한 번도 엄마를 구속한 적은 없다고 생각했는데 내가 짐이 된다는 생각을 했어요. 그리고 엄마가 나에게 걸었던 기대, 희망, 그리고 꿈은 모두 엄마의 것이라는 것도 알게 되었어요. 엄마가 뺨을 맞았을 때 엄마가 한 여자라는 생각을 했어요. 엄마가 아닌 '여자' 엄마에게 줄 수 있는 게 이것밖에 없어요. 누구든 이 편지를 보신 분이 있다면 저를 기억해주세요. 저는 다시 돌아올 거예요. (중략)

책상 위에는 쓰다 만 일기장이 '눈부신 5월이다'에서 멈춰 있었다. 책꽂이 앞 다트판에는 작품 목록이라 써 있는 종이가 붙어 펄럭이고 있었다. 진이의 서랍 속에는 켜켜이 ≪수호지≫, ≪바람과 구름과 별과 시≫, ≪자살에 대한 오해와 편견≫, ≪자살백과≫ 등의 책들이 뒤엉켜 있었다. 연둣빛 이파리와 분홍 꽃들이 넘실대는 오월이었다.

'이젠 오월을 더 이상 보고 싶지 않아.'

진이는 촉촉한 눈으로 하늘을 바라보았다.

'눈부신 하늘이 싫어.'

철물점에서 노끈을 사고 13층의 계단을 오르는 내내 반복한 말이었다. 이제는 더 이상 엄마를 한숨짓게 하지 않을 테야. 세상에 짐이 되는 일은 더 이상 하지 않겠어. 진이는 엄마가 지친 허리를 펴던 조립식 철봉을 물끄러미 바라보았다. 노끈을 꼼꼼하게 묶고 며칠 연습해둔 올가미를 만드는 동안 진이는 두려움보다는 여행을 떠나는 설렘과 안도감이 느껴졌다……. 노끈이 만들어낸 올가미 너머로 눈부신 하늘이 보였다. 고장 난 형광등처럼 세상이 깜박거린다. 귓전에 포피가 짖는 소리가 형광등 불빛처럼 불규칙하게 들린다.

'애가 뭘 안다고 징징거려! 오죽하면 애비가 버리고 갔을라고.'

엄마의 뺨에서 철썩 소리가 들렸다. (중략)

진이가 떠나간 날, 어머니가 절규하며 진이가 무슨 말을 했는지 묻는 질문에 현수는 눈을 꿈벅거리며 "지니 안 와" 하고는 "지니지니" 중얼거리며 바람의 광장을 향해 걸어갔다. 현수의 손에는 진이가 남긴 뱀 껍질 문양의 손칼이 들려 있었다.

: 오늘의 박카스 :

작가, 부조리한 세상에 외쳐라!

05

직업을

움직여라

　책 쓰는 일은 지금 당신이 하고 있는 일을 더 잘할 수 있게 한다. 자신이 하는 일을 깊이 돌아보고 그 본질을 정확히 간파하는 안목을 기른다. 적어도 자신의 부족한 점을 숨기기 위하여 남의 허물을 들추는 일은 하지 않는다. 주변에 당신의 관심 분야 책을 써낸 작가가 있다면, 그의 책을 사서 정성껏 읽고 "당신의 책을 읽어보니" 하며 그와 말문을 터라. 당신은 최고의 전문가를 얻게 될 것이다. 당신의 직업은 안녕한가? 의사, 공무원, 상담자, 교사, 회사원, 정치인, 기업 대표, 장사꾼 할 것 없이 그가 책을 썼다면 그는 깊은 성찰의 터널을 지나온 사람임을 알아채자. 자신이 하는 일을 기반으로 책을 써낸 작가는 자신의 직업을 움직이는 사람이다.

　직장을 직업으로 바꾸자. 직장은 장소의 의미로 나이와 근무 연한에 따라 어느 순간 흔적도 없이 사라진다. 그러나 직업은 시간과 공간을 초월하여 나를 주인으로 세워 살아갈 수 있다. 그러기 위해서는 일단 직장을 귀히 여겨야 한다. 사람들이 흔히 말하는 "까짓 직장 당장 때려치워" 하는 감언이설에 넘어가기 전에 반드시 살펴볼 것이 있다. 평생 직업에 성공한 사람들은 하나같이 직장생활 속에서 자기만의 직업을 발견했으며 그 업을 직장과 효과적으로 연계한 노하우를 가지고 있다. 그들의 성공 노하우는 단순한 인맥을 뛰어넘어 철저한 시간관리, 자기관리, 폭넓은 우정 그리고 저서다. 그중에서 핵심은 역시 저서다. 저서는 그가 직장생활을 하면서 일생의 꿈을 실현하기 위해 어떻게 매진했는지를 보여주는 증거다.

직장의 안면과 인맥만으로 제2의 직업에 성공하고자 계획했다면 당장 궤도를 수정해야 한다. 직장에서 치열한 직업 탐색의 과정을 거치지 않고는 디지털 시대에 아날로그로 살아가는 것이나 다름없다. 직업은 완전한 자기를 실현하는 일이다. 그러므로 어떤 난관도 '일생을 지속할 가슴 뛰는 일'이라는 자긍심으로 준비해야 한다. 당신이 직장을 직업으로 전환하는 과정에서 책을 써냈다면 독자들은 이렇게 요청할 것이다.

"당신이 직장을 통해 깨닫고 성취한 직업관에 관하여 들어보고 싶어요. 시간 한번 내주세요."

용기 있는 사람들은 당신의 가치를 알아본다. 최선을 다해 써 내려간 당신의 '경험의 결정체'로 직장생활에 지친 사람들은 궁금증을 해소하기도 하고 삶의 돌파구를 모색하기도 한다. 나는 직장생활을 하면서 많은 민원인을 만난다. 교사, 학부모, 학생, 영양사, 조리원 그리고 수많은 시설관리 업체와도 접한다. 민원을 상대하는 직장인에게 가장 필요한 것은 상대의 마음을 읽어내는 일, 상대의 요구를 이해하는 일이다. 민원이 폭주하는 학교들을 보면 실체보다는 소문이 오히려 무성한 경우가 많다. "그 학교 밥이 맛이 없다", "찬이 부실하다", "여름철에 교실이 찜통이다", "겨울철에 입에서 김이 폴폴 나온다" 등의 근거 없는 소문의 진원지는 언제나 학교에 불만을 가진 몇몇 학부모와 학생의 입이다. 그 진원지를 찾아 잘못된 소문의 확산을 막으려면 '대화와 소통'이 우선되어야 한다.

내가 직장에서 직업으로 전환하기로 정한 분야는 '상담'이다. 첫 책《말주변이 없어도 대화 잘하는 법》이 독자들에게 좋은 인상을 주었던 것도 직장 현장을 직업으로 전환하는 과정을 생생하게 그려냈기 때문이다. 이렇게 자리 잡은 직업은 '변화 대화법, 관계 대화법, 감동 대화법, 품격 있는 대화법, 구치소 집단상담, 학부모 대화법, 민원인 면접법' 등의 주제로 강연할 수 있는 교두보를 확보하게 되었다.

중요한 것은 역시 행동력이다. 당신이 평범한 직장인이라면 일단 쓰자. 직장인들이 책을 쓰지 못하는 이유는 변화를 기피하는 '안정매너리즘'에 빠져 있기 때문이다. 책 쓰기의 시작부터 막아서는 걸림돌을 보면 다음과 같은 것들이다. 쓰기 전에 당신은 우선 이 사람 저 사람에게 물으며 어떤 책을 쓰는 게 좋을지, 그 과정은 어떤지, 그리고 누가 책에 관심을 가져줄 것인지를 계획하고 조사한다. 책에 반응할 동료와 선후배의 평가, 지점과 본점의 인원수, 책을 쓰는 과정에서 거쳐야 할 난관 등을 미리 알아본다. 그리고 결국 책을 쓰는 일이 얼마나 어려운지에 대한 변명을 양산해낸다. 누군가가 "책 쓴다더니 어떻게 되었느냐" 물으면, '책 쓰는 일의 갖가지 난점'을 나열하며 그 어

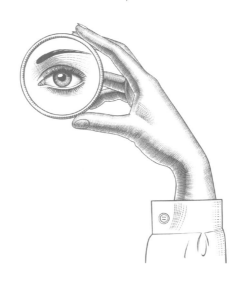

려운 일을 하지 않은 자신이 얼마나 괜찮은지를 변명한다. 시작부터 이런 식이면 책을 쓰는 일은 묘연해진다.

일어나지 않은 일에 대한 걱정은 책 쓴 다음에 하자. 왜냐하면 당신이 계산한 사람들은 당신이 책을 쓰고 있다는 사실을 짐작조차 하고 있지 않을 테니까. 직장생활을 하는 동안에 책을 쓰지 못하는 이유는 주변에 함께 어울리는 사람들이 책의 가치를 모르기 때문이다. 당신의 동료들은 책을 읽을 시간도 계획도, 하물며 써야 할 필요성도 깨닫지 못할 가능성이 높다. 그래서일까, 책을 쓴 직장인 대부분은 불필요한 인간관계를 말끔히 정리한다. 불편한 상사나 동료들은 자신들의 직위를 동원하여 당신을 압박할 만반의 태세를 갖출 것이다. 그러나 걱정하지 않아도 된다. 압박도 관심의 표현이며 '악플'도 '플'이다.

지인이 책을 출판했을 경우 많은 이가 SNS상의 출판사 서평 정도를 훑어보고 이러쿵저러쿵 떠벌린다. 이들은 그중 관심 있는 사람 축에 속한다. 많은 동료는 애써 외면하기 급급하다. 그러나 걱정할 필요 없다. 아무려나 당신이 걱정하는 격한 반응들은 결단코 일어나지 않는다. 이 역시 책을 쓰고 나서 걱정할 일이다.

또한 "책은 아무나 쓰나, 읽어보니 별것 없더만, 뭘" 하는 얘기를 서슴지 않는 이들도 득실거린다. 어차피 당신이 프로의 자세로 책을 썼다면 신경 쓸 필요 없다. 서점은 넓고 독자는 많다. 당신이 염두에 두었던 독자들을 제외해도 요즘 세상에 직업의 가치에 대하여 관심 있는 독자는 차고 넘친다. 사람에 대한 따뜻한 시선은 언제나 힘이 세다. 거듭 강조하지만 진심을 다해 당당하게 써냈다면 응원군은 차고 넘친다.

"대단하군. 내 술을 살 테니 그 얘기를 들어보세. 물론 내가 책을 몇 권이든 구입해서 만나겠네."

이런 성자들은 당신이 미리 걱정하며 헤아렸던 그 숱한 동료 중에는 존재하지 않는다. 성자들은 생면부지의 독자들로서 당신과 닿을 날을 탐색하며 당신의 진심 어린 책에 밑줄을 그으며 읽어준다. 그는 그러므로 책의 가치를 알고 책을 읽고 쓰는 예비 작가들임에 틀림없다. 겸손과 진심으로 당신의 업을 세웠다는 전제가 반드시 필요한 이유다. 자기를 기만하는 글을 써놓고 어떤 방법으로든 출판 사실을 알리기 위해 뜬금없이 안면을 트고 인맥을 동원하여 책의 존재를 알리는 데 급급하다면 책의 가치는 금세 바닥을 보인다. 예측 불허의 직장에서 몸을 담고 적지 않은 날들의 수모를 견뎌냈다면 그곳에서 당신이 평생을 살아낼 직업의 가치를 찾아내자.

책 쓰는 일은 직업을 살아 움직이게 하는 일이다. 한 권의 책으로 인생을 바꾼 이른바 현업 작가들을 보면 책 한 권이 어떻게 직업을 빛나게 하는지 확인할 수 있다. 의사 박경철, 피아노학원 원장 김미경, 혜민 스님, 차동엽 신부님, 업을 가진 수많은 사람 중 단연 앞서는 사람들이다. 그들의 직업 앞에는 항상 그들의 저서와 함께 강사라는 제목이 붙는다. 책을 쓴 사람은 그가 하고 있는 직업에 두 배 열 배 백배의 시너지 효과를 낸다. 책을 쓰는 순간 그들의 직업은 살아 움직이기 시작한다.

《기록 너머에 사람이 있다》를 쓴 부장검사 안종오. 그의 책을 읽어본 사람들은 '사건 하나에 적어도 하나의 인생이 걸려 있다'는 그의 성품을 엿볼 수 있을 것이다. 그는 이 책을 세상에 내놓고 부장검사 자리를 박차고 변호사의 길을 택했다. 그의 직업은 사람을 품은 변호사다. 직장을 떠나 평생의 직업을 얻은 사람들은 하나같이 "일하는 것이 신나고 행복하다"라고 말한다. 조직이라는 베이스캠프가 없어졌기 때문에 인간관계도 회식도 없는 외로운 생활과 불안정한 수입 때문에 불안할 수도 있다. 하지만 단 하루만이라도 '가슴 뛰는 일'을 할 수 있다면 당신은 어떻게 하겠는가? 현재 몸담고 있는 직장을 허투루 여기지 않고 최선을 다해 매진하면서 책을 써라. 직위와 직급 등에 눈멀지 말고 평생 직업을 선택하는 교두보를 마련하자. 그것은 바로 당신의 저서 제1권으로부터 시작된다.

당신이 세상에 나와 하고 싶은 일은 무엇인가? 누구도 당신이 하고 싶은 일이 무엇인지 묻지 않았다고 변명할 것인가? 그렇다면 그 질문을 지금 들어보라. 당신은 지금 하고 있는 일이 평생을 지속하고 싶은 일인가?

작가가 되어 당신의 직업을 움직여라!

:나비일지 5:

– 전사의 비전 –

시간과 공간을 초월한 업을 찾아라. 심장의 박동에 맞추어 리듬을 타라. 리듬과 선율을 타지 못하면 생명은 멈춘다. 심장의 호흡을 놓치지 말 것. 쉬지 말고 '나'를 견지할 것. 자신을 의심하지 말 것, 두려움 없이 담대하게 날아오를 것, 결코 비교하지 말 것. 작가는 꿈을 간직한 채 지금 하고 있는 일을 평생의 직업으로 기록하는 사람이다.

〈진이 1부, 제5장 전사의 비전 중〉

전사의 선발 과정은 세 단계로 진행되었다. 우선 1차 '나(자아)' 찾기, 2차 '기도, 명상, 호흡 다스리기', 3차 '음악회'의 단계였다. 지상에서 열리는 음악회에서 애도를 마치고 모든 것을 비워낸 자만이 최후의 전사로 태어날 수 있었다. 전사들에게는 각자 성품에 맞는 깃털이 지급되며 최고의 전사는 빨간색 깃털을 부여받는다. 깃털의 용도는 이동, 방어와 공격 수단이었다. 자신에 맞는 깃털을 만났을 때 비로소 전사는 자신의 에너지를 효과적으로 사용할 수 있다.

1차 선발은 신청자 중에서 깃털의 지명을 받는 사람이 선발된다. 전사로 태어나기 위해 거쳐야 하는 가장 중요한 단계이다. 지원자들은 각자의 이름과 비전을 기록하여 커다란 조가비 안에 넣어두고 기다린다. 정원으로부터 색색의 깃털이 날아와 전사들 앞을 선회한다. 자신이 기록한 비전과 일치하는 전사들은 깃털이 펜이 되어 전사의 머리 위에 '이름'을 수놓는다.

이렇게 이름을 부여받은 전사들은 깃털을 타고 날아올라 깃털의 호흡에 맞추어 수국의 정원을 한 바퀴 돌아 나와야 했다. 선회 도중에 평정심을 잃어버리면 정원 근처의 숲으로 나뒹굴곤 했다. 한 번 깃털에서 떨어진 전사들은 성난 깃털을 길들이기가 매우 힘겨워진다. 자기를 기만하는 참가자들은 깃털의 선택을 받지 못하였다. 몇 번을 다시 시도해보아도 깃털과 접속하지 못한 전사들은 숲으로 돌아가 다음을 기약해야 했다. 통곡의 계곡에 이끼 낀 바위, 깃털의 선택을 받지 못한 전사들이 머물러야 할 곳이었다. 수국의 향기와 빛으로 정원 에너지의 힘을 체득한 전사들이 선발되었다. 용선은 1차 예선을 통과한 전사들을 호명했다. 이름은 전사들이 지상에서 이루지 못한 꿈을 표시하였다. 깃털이 정원을 선회하여 조가비 앞에 안착하면 전사들의 이름이 그려졌다. 전사들은 조가비 안에 서 있고 조가비 위로 전사 한 사람 한 사람의 이름이 공중에 새겨졌다.

생명의 에너지 하늘정원, 잃어버린 건반 피아노의 숲, 속 깊은 통로 흐르는 강물처럼, 꺼지지 않는 열정 움직이는 불빛, 천상의 날갯짓 오리의 꿈, 창조하는 유발자 여왕개미의 서식처, 한껏 즐거운 말괄량이의 파티, 5월의 축제 춤추는 진달래, 축제의 탑 내 이름은 로큰롤, 산등성이 아우라 산사의 포효, 우정의 물결 친구야 기다려라, 속깊은 서슬 에메랄드빛 바다……

선발된 선사들 앞으로 책갈피 하나씩이 전달되었다. 책갈피에는 경연을 시작하게 될 전사들의 비전이 적혀 있었다. 생명의 에너지 하늘 정원의 경우 이렇게 적혀 있었다.

'아버지와 상처 게임, 관계의 에네르기, 정원의 연못 속에는 5월의 하늘과 구름다리. 올챙이, 물방개, 소금쟁이, 연못을 둘러싼 수국이 청보라색을 뽐내며 탐스럽게 피어 있고 그 사이사이로, 청포, 봉숭아, 나리꽃, 사루비아. 몸을 부대끼며 수천의 동료들이 자라고 있었다.'

잃어버린 건반 피아노의 숲에는 소리와 빛, 영혼의 선물, 악보 없는 선율, 바람소리, 빛의 냄새 그리고 숲의 속삭임, 나비와 다람쥐, 낮잠에 빠진 뱀이 있었다. 전사들은 책갈피를 손에 쥐고 다음 경연을 기다리고 있었다. 경연을 관장하는 용선은 말했다.

"나의 비전을 찾는 일은 전사의 첫걸음이다."

이제 두 번의 경연이 남아 있다. 한 치의 의심이 있어서는 안 된다. 지상에 돌아가는 일은 최고의 전사들만이 가능한 일이다. 지금 천상의 정원은 생기를 필요로 한다. 남아 있는 두 번의 경연은 깃털의 역할이 한껏 증폭된다. 이제 두려움과 마주해야 할 경연이 남아 있다.

: 오늘의 박카스 :

작가, 평생의 직업을 행동하라.

06

한껏 즐기며

세상을 구원하라

《하늘이 낸 세상 구원의 공식》을 쓴 우명 작가는 세상을 구원하는 공식을 이렇게 표현했다.

'우주에서 내 몸과 마음을 빼고 내 관념 속에 있는 망령의 우주마저 지우면 진리인 우주 허공만 남고 이 허공인 우주의 대영혼으로 나면 그곳이 천국이고 영원히 사는 것이다. 마음을 버리면 본성을 되찾고 상대는 물론 세상과 하나가 된다.'

독자에서 작가로 거듭나며 나는 가을, 겨울, 봄, 여름을 지나는 동안 일지를 썼다. 평범한 하루하루였지만 쓰는 순간만큼은 즐거웠다. 글쓰기와는 관계가 없는 일터에서는 그야말로 지리멸렬하고 울적한 기분에 사로잡혔지만, 집으로 돌아와 글쓰기를 시작하면 대견한 나를 발견하곤 했다. 삶의 결핍을 채우기보다는 견디기 위해 정진하는 마음으로 쓰고 또 썼다. 글의 영감은 순서도 예고도 없이 들이닥쳤다 사라지곤 했다. 불현듯 쓰다가 미친 듯 지우고 다시 쓰는 수행의 과정이었다. '무엇'보다는 '어떻게', '가격'보다는 '가치' 쪽으로 나를 몰아세우며 견뎌냈다.

그러던 중 문득 예고 없이 '세상을 떠난 사람들은 지금 안녕한가?'라는 의문이 생겼다. 아니, 지상에 남아 있는 사람들은 과연 안녕한가? 떠난 사람들은 지금쯤 천상의 어느 곳에서 살고 있을까? 지상에서 작별 인사도 하지 못하고 떠난 사람과 애도하지 못하고 떠나보낸 사람은 안녕한가? 막힘없이 웃으며 바람처럼 거침없는 마음으로 살아갈 수 있는가? 단 하루만이라도 마음껏 즐기며 살아갈 수 있을까?

즐긴다는 말은 책임감, 의무감, 포부, 의도, 결과에 대한 기대와 불안 등에 대한 일종의 포기를 말한다. 그냥 즐기라는 말은 '내려놓음, 비움, 바라보기'와 동의어다. 결국 내려놓고 '그냥 하고 싶은 것을 하며 살아가는 것'을 가로막는 것은 무엇일까? 가슴 한구석에 염증처럼 아픈 상실, 그것을 치유하는 데 글쓰기만 한 게 있을까? 문득 하고 싶은 것이 글쓰기라서 천만 다행이라는 생각이 들었다. 비로소 나는 세상과 통하는 길을 발견한 셈이다.

좋다, 그렇다면 '지금'을 있는 그대로 완전하게 인정하는 데서 시작하자. 그리고 한껏 즐기며 세상을 구원하자. 결단코 '인정하고 싶지 않은 지금의 나'를 객관적으로 바라보는 것. 내 앞에 놓여 있는 삶을 존귀하게 여기고 '나라는 그'가 바라는 인생을 당장 살아가도록 허락하자. 이렇게 물어보자.

'살아 있는 나는 안녕한가? 살아 있는 우리는 이미 세상을 떠난 사람들보다 안녕한가? 살아 있는 만큼 즐기고 있는가?'

15층 아파트, 딸이 버스에서 내릴 정류장을 거쳐 아내의 사무실 간판, 경사진 진입로, 교문, 시도 때도 없이 웃통 벗고 등목을 하는 고등학생들, 어김없이 저대로 계절을 만끽하고 있는 칠사산, 하늘을 찌를 듯한 적송들, 오리배가 유유히 헤엄쳐가는 곳에 가까이 다가가 보면 식은땀을 흘리며 페달을 밟고 있는 가장들, 물속에 얼굴을 비추어 보면 그 속에 '쉬지 않고 살아가는 나'가 보인다. 인생의 빙산 앞에 서 보면 비로소 제대로 된 내가 보인다. 더 이상 물러설 곳도, 잃을 것도 없다면 붓을 들어 마음껏 써 내려가자. 세상에 하나뿐인 이야기를 쓰자. 작가, 한껏 즐기며 세상을 구원하자.

남아 있는 사람의 가슴에 티 없는 희열을 남기는 죽음은 없는 것일까? 그런 애도는 어디에 있을까?

: 나비일지 6:

– 전사의 경연장 –

"남에게 기만당하는 것은 결코 아니다. 스스로 자기를 기만하는 것이다."

괴테의 이 말은, 운명은 결국 자기기만 때문에 결정된다는 의미 아닐까? 그러니 자기를 기만하는 일을 당장 그만두자. 그리고 한껏 즐기며 세상을 구원하자.

〈진이 1부, 제6장 전사의 경연장 중〉

첫 번째 과정을 통과한 전사 몇몇은 감상에 젖기도 하였다. 지장에서 열리는 마지막 경연에 참여할 전사들은 완전에 가까운 평정심이 있어야 가능했다. 천상에서 지상으로 가는 길은 그 반대의 길보다 훨씬 험난했다. 잊고 싶었던 모든 두려움에 맞서야 했다.

"경연을 시작하라!"

용선이 경연의 시작을 알리며 오른손에 있는 지팡이를 하늘 높이 던졌다. 지팡이는 팔색조가 되어 색색의 깃털을 공중에 날려보냈다. (중략)

"자! 천상의 깃이여 전사와 접속하라!"

신호가 떨어지기 무섭게 전사 몇은 한 손으로 깃털을 잡고 허공중으로 날아오르다 수직으로 하강하여 땅에 허리를 접으며 나뒹굴었다. 키가 크고 뚱뚱한 전사 한 명은 깃털이 움직이기 전에 두 손으로 덮쳐 스노보드처럼 타고 공중으로 날아올랐다. 사방에서 새 떼처럼 날아든 깃털들이 분주하게 전사들의 주위를 맴돌았다. 깃털은 펜처럼 글씨를 써대며 자신의 의사를 전달하고 있었다.

진이는 깃털을 한참 응시했다. 지상에서 그러했듯 견디고 바라보는 것은 진이가 잘하는 일 중 하나였다. 애완견 포피와 밥을 먹을 때도, 눈알이 빠지도록 기다리던 엄마가 돌아오던 골목길의 호박꽃…… 탐스럽던 호박꽃에 눈을 빼앗겨 꿈속에서조차 아른아른하던 호박꽃을 볼 때도, 한 살 때 집을 나갔다던 아버지를 기억해보려고 애쓰며 그림을 그릴 때 눈 코 입이 생각나지 않아 한참을 궁리하며 들여다보던 도화지 앞에서도 진이는 견딜 수 있었다. 바람이 불고 초록이 그 색깔을 감당하지 못하여 연둣빛으로 덧칠하던 5월, 그 눈부시게 시리던 초록과 함께 빛나던 햇살, 그 고즈넉한 시간을 보낼 때도 진이는 그렇게 견디는 연습을 했었다.

진이 앞으로 날아온 깃털이 가는 솜털을 날리며 조금씩 부풀어 오르고 있었다. 옆으로 넓게 펴지며 공중으로 두둥실 떠올랐다 내렸다 하였다. 좌우로 흔들던 털을 쭈뼛 세우다가 허공중에 수십 개의 깃털이 화살처럼 일제히 날아오르기도 했다. 진이는 허리를 굽혀 땅에 손글씨를 썼다.

'너를 믿어, 나는 세상의 붓이 될 거야.'

고개를 들자 허공중에 깃털이 '내가 너를 알아'라고 썼다. 진이는 천천히 고개를 들었다. 희미하게 웃던 진이는 "너를 믿어" 하며 양팔을 하늘을 향해 치올렸다. 순간 깃털이 진이의 심장을 향하여 돌진하더니 심장을 헤집고 들어왔다. 진이는 사자의 포효와 같은 비명을 질렀다. 심장에서 검붉은 핏물이 튄다. 진이의 등 뒤로 빠져나간 핏물은 연기처럼 허공으로 사라져 갔다. 핏물을 머금은 깃털은 포르륵 날아오르며 핏물을 털어냈다. 깃은 허공을 향하여 다시 한 번 '내가 너를 알아' 하며 진저리를 치고 진이 앞에 섰다. 깃털은 이제 허공중을 타원형으로 선회하기 시작했다. 깃털은 한결 커지고 우아해졌는데, 가는 솜털은 부풀어 올랐다 폈다 하며 그 기상을 자랑하고 있었다. 문득 깃털은 조명처럼 붉은 빛을 발하며 진이 앞으로 살포시 내려앉았다.

"붉은 깃이다!"

여기저기에서 환호성이 터졌다.

진이는 붉은 깃털 위에 펄쩍 뛰어올랐다. 깃털은 조가비 위로 높이 날아오르며 붉은 자국을 수놓았다.

"전사들이여, 한껏 즐기며 세상을 구원하라!"

용선이 외쳤다. (중략)

진이는 다시 한 번 큰 소리로 외쳤다.

"전사들이여, 한껏 즐기며 세상을 구원하자!"

진이는 지상으로 함께 갈 전사들을 지목했다. 지목된 전사들의 심장으로 연이어 깃털이 통과했다. 깃털이 전사들의 심장을 통과할 때마다 뿌연 물안개 같은 핏물이 허공에 흩뿌려졌다. 천상제국에서 마지막 경연이 끝났다. 음악회를 위해 지상으로 오는 장도식 때 제왕은 예비 전사들을 모아놓고 교지를 낭독했다.

"천상제국 정원의 생기는 너희들 손에 달려 있다. 수국의 빛을 기억하라. 한껏 즐기며 세상을 구원하라! 시간과 공간을 넘어 노래하며 춤추는 나비가 되라!"

교지가 낭독되자 각자의 조가비에 서 있던 전사들 앞으로 깃털이 하나씩 날아와 섰다. 전사들은 색색의 깃털에 올라타 각자의 임무가 적힌 교지를 받아들었다. 교지에는 전사의 이름과 임무가 기록되어 있었다. 진이의 이름은 '여왕개미의 서식처'였다. 용선은 최종 선발된 전사들의 이름을 하나씩 호명했다. 하늘정원, 피아노의 숲, 흐르는 강물처럼, 움직이는 불빛, 오리의 꿈, 여왕개미의 서식처, 말괄량이의 파티, 춤추는 진달래, 내 이름은 로큰롤, 산사의 포효, 친구야 기다려라, 에머랄드빛 바다!

: 오늘의 박카스 :

<mark>작가, 한껏 즐기며 세상을 구원하라!</mark>

07

노래하며 춤추는
나비가 되라

사람들은 자신이 누구보다 잘 알고 있다고 생각하는 일들, 원하는 일들을 마음의 감옥에 가두고 살아간다. 감옥은 늘 주변의 다른 사람과 견주어 자신을 평가하면서 만들어진다. 멋진 말로 수많은 질문을 던지며 성자가 말한 정답을 상기하며 충고하고 지적하는 데 많은 시간을 허비한다. 그리고 언젠가 노래하며 춤추는 날이 올 것을 기대한다. 그러나 단언컨대 그런 날은 어느 날 그 먼 날에 있지 않다. 작가가 되어 노래하고 춤추는 나비처럼 살아가자. 베토벤은 고통스럽고 힘들 때마다 이렇게 결심했다.

"꼭 그래야만 하는가? 그래야 한다."

지독한 생의 끈을 부여잡고 일생을 운명에 저항하며 정면으로 운명에 맞서왔던 그가 매 순간 되뇌던 말이다. 나는 이 말을 하고 싶다.

"꼭 써야만 하는가? 그렇다, 그래야 한다."

자신을 압박하는 혹독한 운명을 정면으로 맞서며 자신의 예술혼을 불태웠던 베토벤. 그는 '아버지처럼 무기력하게 살고 싶지 않다'는 자립심을 끝내 놓지 않았다. 그는 결국 일생의 업적인 운명교향곡을 남겼다.

인생은 끝이 없는 고난의 연속이다. 당신이 살아 있는 지금 이 순간 노래하고 춤추자. 이제는 좀 쉬고 싶다고 말하지만 막상 좀 쉬어도 될 때는 공교롭게도 더 이상 쓸모없는 인생이 된다. 정보의 홍수 시대에 살면서도 우리는 방향을 찾지 못하고 끝없이 자신의 진가를 찾아 헤맨다. 나의 진가는 내 안에 있음을 기억하자. 세상 그 어느 곳에도 '나만의 이야기'는 하나밖에 존재하지 않는다.

최면을 걸 때 눈앞에서 움직이는 추처럼, 우리를 감옥에 가두는 촉매제가 있다. 죽음의 고비, 견딜 수 없는 모멸감, 살아갈 목적의 상실, 사랑하는 사람의 죽음, 선택의 여지없는 불편한 만남들, 믿었던 사람의 배신, 돈과 명예 앞에 어처구니없이 내던져진 자아 등등 이런 것들이 우리를 가두는 촉매제 역할을 한다. 이 촉매제는 '자기 연민 자의식'이라는 창살이 되어 우리를 가두어버린다. 이 감옥은 보이지 않는 족쇄로 손과 발을 묶어 우리의 행동을 막는다. 그러면서 "~ 때문에 춤출 수 없고, ~ 때문에 노래할 수 없다"라고 말한다. 과연 그럴까?

나는 이제 순찰을 마무리하고 일지를 당신에게 인계할 것이다. 이 일지는 당신이 받고 당신의 순찰 기록 일지를 또 다른 누군가에게 건네주기 바란다.

:나비일지 7:

- 초대 -

　내가 쓰고 있는 그 아이 '진이' 이야기다. 세상에서 삶의 관성을 벗어나고 싶을 때 나는 매일 진이를 만난다. 한순간도 예측할 수 없는 하루하루를 보내면서도 나는 '쓰는 자'의 자세를 세우고 분투하며 견디는 사람들의 고뇌를 주목한다. 잠자리에 들면 꿈속에서 바람의 광장에 올라 동네를 내려다보며 하루를 마무리한다. 나는 이곳에서 노래하며 춤추는 나비가 된다. 광장에서는 전사들의 노랫소리와 율동 그리고 유리도서관의 불빛을 본다. 저물녘이 되면 나는 음악회에 초대받은 사람들의 마음을 느낀다. '진이'의 이야기는 전사들과 함께 당신을 바람의 광장으로 초대할 것이다.

　〈진이 1부, 제7장 초대장 중〉

　당신을 음악회에 초대합니다. 당신의 가슴에 묻어둔 사람을 만날 수 있습니다. 당신은 두 명을 선택할 수 있습니다. 이 사실은 비밀입니다. 2021년 5월 4일, 바람의 광장, 방법: 광장에 도착하여 입구에서 초대장을 종이비행기를 접어 골담추 나무를 향해 날리세요.

　-예술위원회-

　천상의 화원에는 수국이 만발하다. 그러나 수국은 생기를 잃어가고 있다. 용선은 형제봉, 불곡산, 영장산, 대지산으로 이어지는 봉우리를 바라본다. 나는 불곡산 자락 아래 둥지를 틀고 도시를 내려다보고 있다. 봉우리는 신도시를 가슴에 품고 완만하게 연결되어 있다. (중략)

음악회가 열리는 날이다. 바람의 광장에 하나둘 사람들이 모여들었다. 초대장을 비행기 접어 날릴 때마다 바람의 광장 입구가 열렸고 초대받은 사람들이 입장했다. 출입문을 들어서면 무대가 펼쳐진 광장과 유리도서관이 보인다. 평소 육안으로 볼 수 없었던 입구와 유리도서관이 광장을 화려하게 수놓았다.

평소에는 누구도 진입할 수 없었던 유리도서관이 초대받은 사람들에게 개방되었다. 사람들은 유리도서관의 화려한 내부를 관람한다. 입장객이 들어설 때마다 유리도서관에 별빛 조명이 반짝이며 수많은 책장과 내부의 풍경이 펼쳐진다. 유리도서관 뜨락의 휴게 공간에 무지개가 떠 있다. 처음 보는 신비한 광경 앞에 참석자들은 크게 놀란다.

유리도서관은 음악회가 열리는 날에 한하여 참석자들에게 개방된다. 도서관 안에는 생명의 탄생과 죽음, 천상의 역사, 영혼의 순례지, 정원의 근원, 깃털의 진원지, 제왕의 말씀 등과 관련된 장서가 빼곡하게 진열되어 있었다. 물론 어둠의 왕국에 관한 내용도 포함되어 있었다. 유리도서관은 마치 비밀의 숲과 같았다.

저녁노을이 지면 달빛 조명이 광장을 환하게 비춘다. 광장 앞 탁 트인 숲으로 깃털을 탄 전사들이 음악회의 시작을 알리는 축하 퍼레이드를 벌이고 있다. 광장에는 풍성한 과일과 음료 등 만찬이 차려져 있고 전사들이 깃털을 타고 날아와 단상 앞에서 음악회의 시작을 알리는 합창으로 개막을 알린다. 숙연한 분위기를 단번에 바꾸어주는 화려한 화음이다. 비행이 끝나면 전사들은 무대에서 사라지고, 초대받은 사람이 지상에서 더 이상 볼 수 없게 된 사람의 이름을 크게 호명하는 것으로 음악회는 시작된다. 순서는 초대장에 기록되어 있는 번호 순서로 진행

된다. 초로의 한 남자가 퀭한 눈으로 무대를 향하여 손나팔을 만들어 소리친다.

"준서야! 아빠가 왔다."

장내는 작은 풀벌레 소리가 들릴 만큼 고요하다. 일순간 바람의 광장에 모든 불이 꺼지고 별과 달빛만 남는다. 하늘 저편에서 갈색 깃털을 탄 아이가 날아올라 무대로 내려앉았다.

"저는 김준서입니다. 김준태 씨의 자랑스러운 아들이고요, 준서의 아빠가 되어주셔서 감사합니다. 저는 아빠가 걱정하시던 모습을 뛰어넘어 그 이상으로 자랐습니다. 덕분에 저는 중요한 일을 할 수 있게 되었습니다. 그리고 배운 것을 전해줄 수 있는 사람으로 자랐습니다. 지금부터 저의 노래를 시작합니다. 저의 이름은, 김준서. 이곳에서는 하늘정원으로 불립니다."

준서의 아버지는 얼어붙은 채 아들의 모습을 바라보고 있다. 이때 사회자가 행사의 집사인 용선을 소개한다. 용선은 짙은 수염을 나부끼며 쩌렁쩌렁한 목소리로 말했다.

"오늘 만남으로 여러분의 가슴에 남아 있는 사람들을 깊은 애도로 보내주시기 바랍니다. 여러분이 보고 있는 모습은 모두 진실입니다. 그들은 중요한 일을 시작합니다. 부디 음악회를 축제로 즐기시기를 바랍니다."

용선의 말이 끝나기가 무섭게 광장에는 멋진 오케스트라가 울려 퍼지며 축제의 축포가 터진다. 준서의 첫 번째 노래가 시작되었다. 음악회의 시작이었다. (후략)

작가는 오늘 하루를 쓰는 사람이기 전에 오늘하루를 자기답게 살아낸 사람이다. 리처드 바크의《나를 찾는 길》에서 성자는 이렇게 말했다.

'용기를 내어서 손을 놓기만 하면 강물은 기꺼이 우리를 들어올려 자유롭게 해줄 것이다. 우리가 진정으로 해야 할 일은 바로 모험의 항해를 하는 것이다. 행복의 길 속에서 우리는 우리가 이 생애를 선택했던 이유를 알게 될 것이다. 그것은 바로 깨달음이다. 나는 비로소 그 사실을 알게 되었다. 이제 너희가 원하는 대로 자신의 길을 걷도록 나는 떠날 것이다.'

최면에 걸린 사람은 스스로 자신을 바라보고 있지만 마치 구경꾼처럼 행동한다. 최면에서 벗어나려면 촉매 요인을 찾아내 그것이 허상임을 발견해야 한다. 그때 비로소 구경꾼이던 자아가 스스로를 통제하기 시작한다. 그 순간 최면에 걸린 채 끝없이 바닥으로 침잠하던 무기력한 자기를 깨워낼 수 있다. 그것이 바로 쓰는 자의 자세 아닐까. 이제 노래하며 춤추는 나비가 되자.

: 오늘의 박카스 :

작가, 노래하며 춤추는 나비가 되자.

08

꽃들의 사랑을

전하라

최선을 다했지만 결과는 언제나 기대와 다른 게 인생이다. 그러나 짐작과 다른 결과를 두고 실패한 인생이라고 말할 수 있는 자 누구일까? 최선을 다하는 노력은 어떤 모습으로든 열매로 나타난다. 그러나 많은 사람이 그 열매를 알아차리지 못한다. 전력을 다했지만 결과가 원하는 모습이 아니라고 하여 실망할 필요는 없다. 그 결과를 어떻게 수락하고 이해하느냐 하는 것이 인생의 승패를 좌우한다.

노력에 대한 결과는 사람마다 천차만별이다. 노력이 실패로 돌아올 때의 실망감을 다루기란 결코 쉽지 않은 일이다. 그 후속으로 끝도 없이 파고드는 자기 연민을 이기는 방법으로 123의 법칙(1. 사명, 2. 지금 여기서 기도, 3. 감사 감동 최선)을 제안한다.

우선, 지금의 결과가 당신 인생의 사명을 세우는 데 절망적인가? 한두 번의 실패가 과연 당신이 선언한 사명을 송두리째 뽑아버릴 정도인가? 한두 번으로 일거에 무너질 사명이라면 그 사명을 다시 세우자. 인생은 당신이 기만하지 않는 한 결코 사명을 쓰러뜨리지 못한다.

두 번째는 가차 없이 지금 당장 하자. 그래도 될지 의심스러우니 누군가 증인을 서면 좋겠다면 내가 증인을 서겠다. 사명을 실천하는 일을 지금 당장 하라.

세 번째는 최선을 다하라, 감사하라, 감동하라, 이 세 가지 미덕을 기억하자. 인생 123의 법칙으로 일어서자. 123은 결국 사랑을 실천하는 전략이다. 칸트는 자기가 아는 것을 예로 들어 설명하지 못하면 그것은 아는 것이 아니라고 했다. 글로 써낼 수 없는 것은 자기 것이 아니다.

이제 일지를 마무리한다. 당신이 누구든 언젠가 바람의 광장 음악회에 초대될 것이다. 그때 할 말을 모아두기 바란다. 행복을 즐기는 일은 지금 이 순간뿐이다.

"지금 여기서 당장 행복하자."

작가라는 인생의 여정에서 우선, 이 한 토막을 남긴다. 호흡을 가다듬고 기도하는 마음으로 멈추지 말고 쓰자. 저 멀리서 광장의 음악회가 열리는 5월이 손짓하고 있다.

:나비일지 8:

-나비의 처소-

깊은 애도가 없이는 누구도 지상을 떠날 수 없다. 천상제국에서도 그들의 처소는 준비되어 있지 않다. 속 깊은 만남과 통곡 이후에 비로소 민낯을 볼 수 있다.

〈진이 1부, 제8장 나비의 처소 중〉

음악회가 끝났다. 초대받은 사람들은 유리도서관을 견학했다. 유리도서관에서 방문객들은 그들이 견뎌온 고뇌를 확인할 수 있다. 물론 속절없는 이별과 관련되었다. 애도하지 못한 이별. 견학은 초대받은 사람들에게 주어지는 특별한 선물이다. 유리도서관 3층, 신도시 쪽을 향하고 있는 사다리를 오르면 '나비의 처소'라는 간판이 보인다. 안으로 들어서면 가죽 장정된 책들이 가지런히 놓여 있다. 책표지에는 초청자들의 가슴속에 있던 전사들의 이름이 보인다. (중략)

진이의 깃털은 여봐란듯이 호수를 선회하며 전사의 제복을 레이스로 장식한다. 마침내 최고의 전사를 입증시켜주는 징표를 어깨에 찍어주었다. 진이는 입술을 부르르 떨며 툼벙 흐르는 눈물을 닦아내고 있었다. 그러나 그 눈물을 본 사람은 없었다. 단지 천상의 제왕만이 눈물의 의미와 수국의 온도가 깊은 관련이 있음을 감지하였다.

바람의 광장에 배속된 전사들이 활동을 시작했다. 지상의 전사들은 5월 한 달 동안 바람의 광장에 머물며 활동했다. 진이는 '여왕개미의 서식처'라는 이름으로 유리도서관에서 전사들의 리더로 활동하였다. '광장 음악회, 새벽 산책, 기도, 명상, 호흡 프로그램 진행' 등 전사들이 활동하는 동안 지상의 '고뇌의 온도'는 급격히 상승했고 수국의 정원은 생기를 띠었다. 말라비틀어진 수국의 뿌리에서 새순이 돋기 시작했다.

유리도서관의 장서에는 사람들의 이야기가 쌓여갔다. 음악회에 초대받은 사람들은 일상으로 돌아가 자신에게 충실하며 겸손과 자신감을 겸비해갔다. 그들 주변에 사람들이 늘기 시작했다. 그러나 그 누구도 음악회에 대하여 말하는 사람은 없었다. 그들은 조용히 자신들의 할 일을 실천할 뿐이었다. 주변에 그들을 알고 지내던 사람들은 어떤 비밀이 있었는지 궁금해했다. 그러나 궁금증은 조금씩 사라져갔다. 초대받은 사람들은 이런 말을 할 수 있게 되었다.

"생명은 소중하지요. 균형은 자연의 질서에 맡기고 즐겁게 살아가세요."

그들이 얻은 평온은 음악회와 깊은 관련이 있었다. 그러던 어느 날, 보랏빛 깃털이 바람의 광장에서 멀지 않은 능선에서 발견되었다. 5월에도 떨어지지 않는 대왕참나무의 가랑잎이 작은 생명체로 움직이고 있었다. 절망과 고뇌의 정점에서 죽음을 선택하는 사람들은 여전히 줄지 않았다. 높은 고뇌의 온도가 감지될 때마다 진이는 붉은 깃털을 타고 날아가 혼탁하고 가쁜 호흡들을 도서관의 장서에 넣어두었다. (후략)

손이 곱고, 피부에 온통 검버섯이 내렸어도 사랑하는 마음은 꽃이다. 세상에 할 말을 못 다한 꽃들이 지천이다. 책을 써서 꽃들의 사랑을 전하는 나비가 되자. 글은 사랑을 전하는 힘이 있다. 표현하지 않으면 사랑도 하나둘, 돌처럼 지푸라기처럼 무심히 구르고 흩어진다. 그 불씨를 가슴에 담아놓고 화톳불처럼 키우자. 전하지 않는 사랑은 세월의 먼지가 쌓여간다. 가슴에 묻어둔 사랑이 넘쳐나 눈으로 쏟아져 나와야 탁한 눈을 씻을 수 있다. 연못은 장맛비가 차고 넘쳐야 연을 키울 수 있다. 고인 물을 퍼내고 뿌리에 생수를 공급하듯 눈물이 솟아야 눈동자가 투명해진다. 나비가 되기 위해서는 알몸으로 추운 겨울을 나야 한다. 어떤 숭고한 사랑도 작가의 섬세한 감각과 표현 없이는 세상의 빛을 보지 못한다. 그러므로 작가는 통로이며 연결자다.

그 어느 누구도 깊은 고뇌의 눈물이 없이는 도달할 수 없는 경지가 있다. 그곳이 바로 생명으로 가는 임계점이다. 아주 작은 애벌레들이 나비가 되는 과정에서 터득한 말들이 있다. 깨달음 그리고 깨달음을 전하는 일! 비로소 나비가 되어 날아오르는 애벌레가 속 깊이 새겨둔 말이다. 사람이 꽃과 비견될 수 있을까? 꽃과 비견될 수 있는 인간은 어떤 인간일까? 삶과 죽음의 경계선에서 쉬지 않고 자기를 연마하는 사람, 자기만큼 타인을 존귀하게 여기는 사람은 꽃이다. 나비의 보람은 깨달은 것을 전하는 일, 바로 그것 아닐까.

이제 나의 일지를 독자들에게 인계할 때가 온 것 같다. 모든 근무자들이 떠난 외로운 숙소에서 밤새 순찰하는 마음으로 일지를 쓴다. 세상을 순찰한 일지를 당신에게 전한다. 변변치 않지만 당신이 받아주기 바란다. 이제는 한껏 즐기며 세상을 구원하기를, 노래하며 춤추는 나비가 되기를, 꽃들의 사랑을 전하기를 바라며 일지를 마무리한다. 작가라는 불안정하기 이를 데 없는 길에 들어서길 원하는 독자라면 이 일지를 기꺼이 받아들고 당신만의 일지를 써 나아가라. 내 경험이 당신의 일상에 인계되어 당신이 더 가벼워지기를, 부디 용기를 내주기를, 한 번쯤은 당신이 원하는 길을 선택하기를, 당신이 빚진 세상에 답하기를 바란다.

작가, 꽃들의 사랑을 전하는 나비가 되자.

이 도서의 국립중앙도서관 출판예정도서목록(CIP)은 서지정보유통지원시스템 홈페이지 (http://seoji.nl.go.kr)와 국가자료공동목록시스템(http://www.nl.go.kr/kolisnet)에서 이용하실 수 있습니다.(CIP제어번호: CIP2018021552)

삐뚤어진 또라이의 작가 일지

초판 1쇄 인쇄 2018년 7월 10일
초판 1쇄 발행 2018년 7월 20일

지은이 | 김영돈
펴낸이 | 전영화
펴낸곳 | 다연
주　소 | 경기도 고양시 덕양구 은빛로 41, 502호
전　화 | 070-8700-8767
팩　스 | 031-814-8769
메　일 | dayeonbook@naver.com

본　문 | 미토스
표　지 | 김윤남

ⓒ 김영돈

ISBN 979-11-87962-50-2 (03320)

* 잘못 만들어진 책은 구입처에서 교환 가능합니다.